教育部人文社会科学研究一般项目资助成果（目批准号：16YJA820009)

RESEARCH ON THE SYSTEM OF
JOINT MARITAL DEBT

夫妻共同债务制度

李洪祥 著

社会科学文献出版社
SOCIAL SCIENCES ACADEMIC PRESS (CHINA)

目　录

绪 论

一　研究课题的价值、国内外研究现状及其趋势

（一）研究课题的理论价值和实践价值

1. 研究课题的理论价值

我国夫妻共同债务制度研究为《民法典》"婚姻家庭编"的建构提供充分而坚实的基础理论支撑。随着社会经济的发展，立法和司法解释不断更新，1980 年《婚姻法》于 2001 年进行了修正，最高人民法院相继颁布了《关于适用〈中华人民共和国婚姻法〉若干问题的解释（一）》《关于适用〈中华人民共和国婚姻法〉若干问题的解释（二）》《关于适用〈中华人民共和国婚姻法〉若干问题的解释（三）》（以下简称《婚姻法解释（一）》《婚姻法解释（二）》《婚姻法解释（三）》），夫妻一方举债纠纷等方面的司法判例广泛传播，夫妻共同债务问题的理论研究也很活跃，对于夫妻共同债务的含义、范围、性质、方法等的认定，基于不同的价值判断，出现了不同的理论观点，且各抒己见很难形成统一意见。1993 年《最高人民法院关于人民法院审理离婚案件处理财产分割问题的若干具体意见》、2017 年《最高人民法院关于适用〈中华人民共和国婚姻法〉若干问题的解释（二）的补充规定》、2018 年《关于审理涉及夫妻债务纠纷案件适用法律有关问题的解释》等相继出台，2020 年 5 月《民法典》颁布，《民法典》"婚姻家庭编"对夫妻共同债务制度也做出了规定。这直接涉及众多当事人之间利益平衡的理论基础和前提条件——法理依据是选择夫妻"财产共有、债务共担"，还是选择夫妻共同意思为核

心的"法律行为理论",涉及婚姻家庭的稳定、社会的安宁,更涉及人们的观念和夫妻之间、社会成员之间的信赖和诚信的养成,以及对整个社会的影响。因此,对这个问题研究的理论价值显得重大而深远。

2. 研究课题的实践价值

该研究课题为完善我国现行婚姻家庭立法和司法解释提供依据。司法实践中,夫妻一方向第三人举债、承担担保责任等一方举债的情况、纠纷时有发生,原因可以从不同角度观察。一是夫妻通谋,通过假离婚逃避债务,这在以往的司法实务中是较多出现的情形,后来,由于相关司法解释对其采取否认态度,这种情形被有效遏止。二是举债方与第三人串通,损害举债方配偶利益,间接冲击婚姻家庭的伦理。尤其离婚时,举债方为了获取利益而侵害举债方配偶利益的情形时有发生。有些案例中制造的虚假债务已经超过夫妻共同财产的总和。有一对刚刚结婚一年的小夫妻,所有的财产就是父母在他们结婚时为其购买的一套住房,但一方却拿出900多万元的借据,要求夫妻共同偿还,到了令人发指的程度。三是其他情况。诸如夫妻一方侵权造成的债务、夫妻一方赌博所负债务等,也要求夫妻共同承担清偿责任。当然,负债方往往称这些债务是夫妻共同生活债务或者家庭日常生活需要范围内的债务。这些问题在司法实务中处理的难度很大,尤其财产形式、种类、数量均呈现多样化、复杂化趋势,亟须立法或司法解释做出明确指向。只有对其进行研究,为婚姻家庭立法和相关司法解释能够解决这些现实问题提供理论和制度规则,使各方当事人之间的利益能够达到平衡,以便在家庭成员之间、社会其他成员之间树立讲诚信的正能量价值观,才能保护婚姻家庭的完整,使其免遭破坏,在社会关系中永续健康发展。

（二）国内外夫妻共同债务制度研究的现状和趋势

1. 国内关于夫妻共同债务制度研究的现状和趋势

学者和裁判文书中体现出来的关于夫妻共同债务的观点未能得到统一,

分歧较大。分歧主要针对两个问题展开。

一是法律适用位阶之争。有学者认为婚姻法司法解释已经超出了《婚姻法》的基本规范，所以不能完全适用《婚姻法解释（二）》第 24 条的规定，夫妻一方举债发生纠纷，应当优先适用《婚姻法》关于夫妻法定财产制的婚后所得共同制的规定，夫妻共同债务以用于家庭日常生活需要为一般认定和推定规则。这里涉及债务是否用于家庭日常生活需要的举证证明，那么谁负有举证责任则是需要认真对待的问题。《民法典》颁布后，由于《民法典》"婚姻家庭编"已经规定了夫妻共同债务制度，因此该问题已经不复存在。

二是法律对策中的立法重构与法律解释之争。按照上述逻辑对现有观点可做如下区分。

其一，根据民法中债的相对性原理，以夫妻一方个人名义举债并将该债务按共同债务处理违背了个人责任的基本原则，将举债方的债务义务和举证责任，分配给举债方配偶是不公平的，这种"共同债务推定"规则与民法的基本精神相悖。还有学者指出，"共同债务推定"规则否认了婚姻中配偶双方各自的独立人格。在现有法律框架内解决该问题可以创设新的法律规范，持该观点的学者对该问题提出的解决方案可分为两种：一是以列举的方式明确规定何为夫妻共同债务，何为一方个人债务；二是以抽象概括的方式规定新的认定或者推定规则。还有学者坚持列明各项情形后加"兜底条款"。也有学者认为应当增加"推定举债方配偶实施了欺诈行为"的规则，补充于《婚姻法解释（二）》第 24 条夫妻共同债务推定规则中。

其二，最高人民法院提出应当按照婚姻内部规则与外部规则的不同，区分夫妻共同债务与个人债务。内部是指夫妻之间，一方以个人名义所负的债务一般可以认定为个人债务；如果涉及第三人，则应当按照《婚姻法解释（二）》第 24 条的规定处理——婚姻关系存续期间的所有债务，均推定为夫妻共同债务，由夫妻对第三人负连带清偿责任。

其三，夫妻债务问题是相对复杂的法律问题，在相关法律制度形成制约以后，以司法解释明确如何适用法律制度就可以了。只有举债行为符合日常家事代理权条件的，才有可能适用《婚姻法解释（二）》第24条规定，举证方应当为举债方配偶；如果是在日常家事代理权之外的债务，则必须由债权人和债务人负举证责任，证明该笔债务用于夫妻共同生活、夫妻共同生产经营或者基于夫妻共同意思表示，否则举债方配偶不承担连带责任。

2.国外关于夫妻共同债务制度的现状和趋势

国外的相关立法和司法实践，无论大陆法系国家还是英美法系国家都对夫妻共同债务制度有明确规定。大陆法系国家的立法和司法实践主要表现在以下几个方面。

其一，夫妻债务分为个人债务与共同债务。个人债务由夫妻个人负责清偿，共同债务由夫妻用共同财产清偿。一般夫妻一方以个人名义所负债务，即使用夫妻共同财产清偿了，他方也可以向对方追偿。《瑞士民法典》《法国民法典》《德国民法典》中对此均有规定。

其二，夫妻共同债务制度一般与夫妻财产制相联系。只有实行婚后夫妻共同财产制，而且其法律行为结果归于夫妻共同财产之中时，才由夫妻用共同财产予以清偿。如《德国民法典》规定：在实施财产共同制期间，只有举债行为经管理共同财产的配偶一方同意，或该举债行为不经其同意也有利于夫妻共同财产时，共同财产才负清偿责任。如果用夫妻共同财产或者一方财产清偿债权人的债务，则配偶他方负有赔偿的责任。

其三，夫妻共同债务制度一般与夫妻日常家事代理权相联系。如果夫妻一方债务由双方对第三人承担连带清偿责任，那么夫妻一方行为必须符合日常家事代理权的要求。《法国民法典》规定：如果债务是基于日常家事代理权产生的，债权人有权要求扣押举债方配偶所得的收益和工资。《瑞士民法典》规定：夫妻双方均有权因家庭共同生活需要独立订立以维持家庭日常生活需要与教育子女为目的的合同，夫妻另一方负有连带清偿责任。《意大利民法典》还规定了债权人受清偿的顺序，如果债权人无担保，则夫妻双方共同的债权人优先受偿。

其四，应尊重夫妻双方的共同意思表示。夫妻关系存续期间，夫妻一方的法律行为为对方认可、夫妻双方共同实施并签字的行为，由夫妻用共同财产清偿。

其五，一般的夫妻债务清偿责任为有限责任。对于共同债务之外的债务，夫妻一方仅以其个人财产和其所有的共同财产中的份额承担责任。

英美法系国家的立法和司法实践主要表现在以下几个方面。夫妻各方对其个人财产享有唯一的所有权，享有完整独立的权能，包括管理权、使用权、收益权和处分权，夫妻各方以个人财产独立承担个人债务。只有为共同生活所负费用或所负债务，才由夫妻共同承担。

二 研究成果的主要内容

（一）夫妻共同债务制度问题的提出

在夫妻共同债务制度方面，我们经常遇到的问题为：夫妻合谋转移财产，侵害第三人利益；夫妻一方与第三人串通，侵害举债方配偶利益，甚至影响人们对婚姻家庭的信任和婚姻家庭作为社会细胞在社会中的稳定。无论上述哪一种情形，最终都是对婚姻家庭的破坏，都可能导致婚姻家庭陷入诚信危机。而现阶段后者居多，甚至出现夫妻一方与第三人制造虚假债务的情形。同时，还有其他情况，诸如名义上是夫妻共同生活债务或者家庭（夫妻）日常生活需要形成的债务，实际上竟然是夫妻一方侵权造成的债务、夫妻一方赌博所负债务等，侵害举债方配偶的利益。上述债务属于夫妻共同债务还是举债方个人债务？确定夫妻共同债务性质的基础依据的应然选择何在？关于夫妻共同债务的立法和司法解释较为丰富，但是认定规则和推定规则并没有统一的标准，法官面临的可供选择的法律规范较为丰富，没有办法选择一种最合适的适用规则。该现象一方面反映了立法工作与司法实践变化和社会发展同步向前推进，另一方面还反映了法官在选择哪一条法规和司法解释为认定规则时遇到困难，面对位阶不同、时间不同、反映价值取向不同的法律规范和司法解释很难进行权衡。在对举债方、举债方配偶和债权人三方利益进行平衡，保护交易安全与保护婚姻家庭健康发展存在取舍的前提下，如何实现实质公平正义的判决结果，已然成为法院在现行法律、司法解释规则内面临的最大困境。

（二）夫妻共同债务制度功能的变迁

夫妻共同债务制度功能随着经济发展而变化，从单纯的对夫妻一方和婚姻家庭制度的保护，到主要关注交易安全、保护善意第三人。但由于夫妻一体主义的破灭，特别是诚信、信用的缺失，需要在婚姻家庭、夫妻、夫妻一方与第三人之间进行利益衡量。从这种制度功能的变迁中寻找立法和司法解释中可能存在的缺陷或不足，以期完善相关认定或推定规则。夫妻共同债务的推定规则以其目的为核心要素，实质考察债务是否用于家庭共同生活。该推定规则最早体现在 1950 年《婚姻法》第 24 条、1980 年《婚姻法》第 32 条、修改后的 1980 年《婚姻法》第 41 条中，是对目的推定规则保留和发展的结果。《最高人民法院关于人民法院审理离婚案件处理财产分割问题的若干具体意见》（以下简称《离婚财产分割意见》）第 17 条的规定是在坚持目的推定规则下，在完善夫妻意思自治认定规则基础上更明确了配偶一方行使夫妻共同财产支配权的范围。基于鼓励市场经济交易的时代背景，将民法中财产交易适用的规则加入夫妻共同财产关系中也是必然选择。所以基于保护交易安全的需要，《婚姻法解释（二）》第 24 条将保护交易第三人利益放在了重要位置，婚后若配偶单方举债则通过举证责任分配规则侧重保护债权人利益。但是对于交易第三人的保护倾斜使得债权人与举债方恶意串通损害举债方配偶利益的案件多发，损害公平，引发婚姻家庭危机，不利于保护婚姻家庭中的伦理道德，这是否需要再评估、再平衡，也是一个值得思考的问题。

（三）夫妻共同债务制度的司法实证调查与问题发现

选择一定数量和范围的人民法院处理夫妻共同债务的司法判例，用司法数据归纳实务中存在的问题，对夫妻共同债务进行类型化：夫妻合意之债与夫妻一方非合意之债；夫妻一方或者双方的合法之债与非法之债；夫妻依日常家事代理权形成的债与日常家事代理权范围之外的行为形成的债等。当前，夫妻共同债务确定规则主要有四种情况。第一种，以债务是否用于夫妻共同生活为判断核心，又称为"目的规则"或者"用途规则"。该规则规定于《婚姻法》第41条、《离婚财产分割意见》第17条、《民法总则》第56条。第二种，以债务是否为婚姻关系存续期间所负为判断核心。该规则规定于《婚姻法解释（二）》第24条、《最高人民法院关于贯彻执行〈中华人民共和国民法通则〉若干问题的意见（试行）》（以下简称《民法通则意见》）第43条。第三种，以举债行为是否属于日常家事代理权范围为判断核心。此类型核心是日常家事代理权范围的界定。该规则规定于《婚姻法解释（一）》第17条、浙江省高级人民法院《关于审理民间借贷纠纷案例若干问题的指导意见》第19条，以及《民法典》第1064条。第四种，夫妻基于"合意"或者"共同意思表示"而举债。该规则规定于《离婚财产分割意见》第17条第2款，以及《民法典》第1064条。

（四）夫妻共同债务制度的性质

夫妻共同债务制度与法律行为制度、夫妻共同财产制度、物权制度、日常家事代理权制度、离婚财产分割制度、侵权行为之债都有一定的关联性，这些制度都会对夫妻共同债务制度规则的形成产生重要影响。就具体的夫妻共同债务的法律推定规则或者认定规则来说，在婚姻关系存续期间，对配偶单方举债行为的立法是继续坚持物权法"财产共有、债务共担"的法理，还是应以法律行为做出基本法理判断，具体包括以"共债共签""共同意思表示"进行认定和推定，同时兼顾债务是否用于家庭共同生活、共同生产经营，在共同债务推定规则基础之上确定举证责任分配规则，通过举证责任分配来平衡推定规则可能造成债权人、举债方和举债方配偶三方利益保护不均的情况，还必须在保护交易安全和保护婚姻家庭方面做出取舍等，这些都是价值衡量的结果。

（五）夫妻共同债务的确定依据和规则

夫妻债务是否具有共同意思表示、是否用于夫妻共同生活应当是认定夫妻共同债务的依据。夫妻共同债务的判断规则可以区分为认定规则和推定规则，还可以区分为判断的实体规则和程序规则，以及夫妻关系内部规则与夫妻一方与第三人之间的外部规则。这些对夫妻共同债务的影响，在哪些场合应当有所区别，夫妻共同债务制度应当如何进行完善，都亟待学者们去研究。夫妻共同债务制度应当特别关注规则确立的价值取向、债务范围、债务形成时间、认定或者推定的标准，以及如何清偿等关键节点。

三　研究成果的主要特点

（一）研究成果的基本思路和方法

研究成果的宏观视角是从法律解释学理论入手，探寻夫妻共同债务制度出现的司法困境，包括构成夫妻共同债务要素的探讨；规则确立的价值取向、债务范围、债务形成时间、认定或者推定的标准，以及债务如何清偿等关键节点和依据。

通过司法实务调研对夫妻共同债务制度的立法和司法困境的现实状况进行评估，综合归纳出产生司法困境的原因，准确定位、把握夫妻共同债务制度立法的功能，并以此为突破口，探讨解决司法困境的具体操作办法。

对夫妻共同债务制度立法和司法整体状况的评估，采用司法数据调查、数据统计分析、理论归纳等方法进行。

对夫妻共同债务制度司法困境原因和夫妻共同债务制度构成要素以及制度完善建议等的分析，采用比较分析、社会性别分析、法体系分析等方法。

（二）研究成果对拟实现目标的把握

第一，总结归纳出夫妻债务在司法实践中的类型，根据不同类型探讨夫妻共同债务的含义、性质、范围、责任承担方式。

第二，为相关立法、司法解释和司法实践中相关纠纷的解决方法提供理论支撑。探讨相关法律依据和法理基础；探讨影响夫妻共同债务的含义、性质、范围、责任承担方式的因素；探讨夫妻债务承担的共同责任、连带责任的性质、范围、责任承担方式等立法或者司法解释的规则（包括实体规范和程序规范）的有效实施。

第三，探讨夫妻共同债务制度与婚姻家庭法相关法律制度，如日常家事代理权制度、夫妻财产制度、离婚财产分割制度、法律行为制度、侵权行为制度等的关系，探讨它们之间相互联系、相互作用的要素。

第四，弘扬、倡导人与人之间树立讲诚信的正能量价值观，保护婚姻家庭，维护婚姻家庭关系的稳定，保障经济社会的健康有序发展。这应当是《民法典》"婚姻家庭编"的立法宗旨。

第一章

我国近年来夫妻共同债务制度研究的主要观点评述

近年来，随着我国的经济发展水平不断提高，人们的物质财富不断积累，随之而来的离婚现象不断增多。从国家统计局网站公布的相关数据可知：2013 年办理离婚登记 350.01 万对，2014 年办理离婚登记 363.68 万对，2015 年办理离婚登记 384.14 万对，2016 年办理离婚登记 415.82 万对，2017 年办理离婚登记 437.40 万对，2018 年办理离婚登记 446.08 万对；2014 年办理离婚登记同比增长 3.91%，2015 年办理离婚登记同比增长 5.63%，2016 年办理离婚登记同比增长 8.25%，2017 年办理离婚登记同比增长 5.19%，2018 年办理离婚登记同比增长 1.98%。[①] 离婚现象增多也使夫妻共同债务问题凸显出来。

《民法典》颁布之前，关于夫妻共同债务的规定分布零散且没有形成统一的确定规则，加之在司法实践中法律规范文件适用不统一，因此同案不同判的现象屡有发生。通过查阅《婚姻法》相关司法解释和夫妻共同债务认定、夫妻共同债务推定的相关论文，可以总结出我国关于夫妻共同债务认定、夫妻共同债务推定主要有三种不同的依据。第一，"用途论"规则，也有学者称之为"目的论"规则。根据 1950 年《婚姻法》第 24 条"离婚时，原为夫妻共同生活所负担的债务，以共同生活时所得财产偿还"可知，"为夫妻共同生活所负担的债务"是夫妻共同债务认定的依据，1980 年《婚姻法》第 32 条及 2001 年《婚姻法修正案》第 41 条一直沿用此依据并都有类似表述。第二，"合意制"规则，主要表现于 1993 年最高人民法院在坚持"用途论"

---

① 国家统计局网址：http://www.stats.gov.cn/，最后访问日期：2020 年 7 月 18 日。

规则的基础上颁布《最高人民法院关于人民法院审理离婚案件处理财产分割问题的若干具体意见》(以下简称《离婚财产分割意见》),其中第17条的规定^①使我国在认定夫妻共同债务时出现了两个认定标准,即"用途论"规则和"合意制"规则。《离婚财产分割意见》第17条第2款、第3款明确规定"一方未经对方同意",第2款所列债务不能认定为夫妻共同债务,属于"合意制"规则;第3款所列"其收入确未用于共同生活"则为"用途论"规则。第三,"时间论"规则,该规则主要体现在2003年12月最高人民法院通过、2004年4月1日施行的《关于适用〈中华人民共和国婚姻法〉若干问题的解释(二)》(以下简称《婚姻法解释(二)》)第24条中,该规则为推定规则,其规定:无论举债方配偶是否同意或追认,婚姻关系存续期间形成的债务,除了两项除外情形,均推定为夫妻共同债务。2017年2月28日最高人民法院公布了《最高人民法院关于适用〈中华人民共和国婚姻法〉若干问题的解释(二)的补充规定》(以下简称《婚姻法解释(二)的补充规定》),在《婚姻法解释(二)》第24条两项除外情形^②基础上又增加了两项补充规定。至此,三种标准都可以作为夫妻共同债务认定或者推定的依据。三种夫妻共同债务认定或者推定依据导致法院在具体司法实践中运用不同规则及法律条文规定时,可能会出现不同的判决结果。有学者运用实证研究方法在"北大法

---

① 《离婚财产分割意见》第17条规定:"夫妻为共同生活或为履行抚养、赡养义务等所负债务,应认定为夫妻共同债务,离婚时应当以夫妻共同财产清偿。下列债务不能认定为夫妻共同债务,应由一方以个人财产清偿:(1)夫妻双方约定由个人负担的债务,但以逃避债务为目的的除外;(2)一方未经对方同意,擅自资助与其没有抚养义务的亲朋所负的债务;(3)一方未经对方同意,独自筹资从事经营活动,其收入确未用于共同生活所负的债务;(4)其他应由个人承担的债务。"

② 《婚姻法解释(二)》第24条列举了两项除外情形:"夫妻一方能够证明债权人与债务人明确约定为个人债务,或者能够证明属于婚姻法第十九条第三款规定情形的除外。"最高人民法院2月28日公布的《婚姻法解释(二)的补充规定》增加两项除外情形:"夫妻一方与第三人串通,虚构债务,第三人主张权利的,人民法院不予支持;夫妻一方在从事赌博、吸毒等违法犯罪活动中所负债务,第三人主张权利的,人民法院不予支持。"

宝"检索平台以"夫妻共同债务认定"为关键词查询相关案例，在 126 份案例中有 123 份案例以"时间论"规则作为判案依据，仅有 3 份案例以"用途论"规则作为判案依据。同时，该学者通过在"法律文书裁判网"查询"夫妻共同债务认定"案件，发现此类案件经过二审、再审、审判监督程序的比例高达 35.6%。① 较高的上诉率及再审率说明人们对法院的判决并不满意，处理夫妻共同债务的相关法律及其司法解释并未有效地实现调节社会矛盾的功能。于是，最高人民法院在 2018 年 1 月又发布了《关于审理涉及夫妻债务纠纷案件适用法律有关问题的解释》（以下简称"法释〔2018〕2 号"），对夫妻共同债务认定或者推定问题重新进行了规制，形成了新规则。该规则内容于 2020 年 5 月纳入《民法典》，规定在《民法典》"婚姻家庭编"中。

笔者通过中国知网，以"夫妻共同债务"为主题关键词进行检索，发现有 92 篇核心期刊文章，比 2017 年之前的 46 篇，增加了一倍。② 其中 2018~2020 年共有 28 篇。"北大法宝"平台中，2018~2019 年关于"夫妻共同债务"的核心期刊文章有 8 篇。

通过研读这些论文，针对目前学界中关于夫妻共同债务认定争论较多的议题做如下综述。

第一节　夫妻共同债务认定的观点梳理

我国夫妻共同债务的认定可以总结为两个方面。一方面从纵向上看，夫妻共同债务的认定分为两个阶段，一个阶段以《婚姻法解释（二）》第 24 条为依据，但其因机械适用导致损害举债方配偶利益等受到批判，学者对此条

---

①　陈法：《我国夫妻共同债务认定规则之检讨与重构》，《法商研究》2017 年第 1 期，第 127 页。

②　王礼仁、何昌林：《夫妻债务的司法认定与立法完善》，人民法院出版社，2019。

的适用也产生了"时间论""用途论""折中论"的不同观点；另一个阶段在
对第24条的反思和总结的基础上，"法释〔2018〕2号"确立了因日常家事
代理权所负债务为夫妻共同债务的认定标准，但学者对此的态度仍是褒贬
不一。另一方面从横向上看，夫妻债务的认定分为普通的夫妻共同债务认定
和特殊情形下的夫妻共同债务认定，特殊情形具体包括夫妻一方单独巨额负
债、夫妻分居期间的债务、基于日常家事代理权产生的夫妻共同债务、无偿
保证之债和夫妻单方侵权之债，不同学者对特殊情形的认定也持有不同观
点。学者对上述问题的观点分述如下。

一　夫妻共同债务认定依据

通过上述数据分析，在司法实践中审判机关一般以《婚姻法解释（二）》
第24条"时间论"推定规则作为认定夫妻共同债务的依据。但依据该解释
第24条所做出的判决并没有实现公平，无法很好地平衡债权人与举债人及
其配偶的利益，没有对婚姻家庭给予应有的重视和必要的保护，为社会所诟
病。为此学界针对夫妻共同债务的认定及推定规则进行了广泛、深入的探
讨，笔者针对学界、实务界的观点进行分类归纳如下。

（一）否认"时间论"，以"用途论"为标准

笔者与夏吟兰、蒋月、薛宁兰、冉克平、叶名怡、张驰、翟冠慧、刘
英明、姜大伟等学者，否认以《婚姻法解释（二）》第24条作为认定夫妻共
同债务的依据。张驰、翟冠慧运用体系解释方法及历史研究方法，通过研
究1980年《婚姻法》及2001年修订后的《婚姻法修正案》，认为以《婚姻
法解释（二）》第24条规定的"时间论"规则认定夫妻共同债务会扩大其范
围，且司法解释的位阶应低于法律，不应超越。因此认为，认定夫妻共同债
务应以夫妻双方的目的、用途为主要判断依据，兼顾其他因素，夫妻共同债
务具体应包括夫妻共同行为所负债务，维持家庭生活日常开支、履行法定义

务、继承或接受遗赠归入共同财产所负债务，夫妻为达共同生活目的的侵权债务，夫妻单方举债但债权人善意的债务。① 夏吟兰教授运用体系解释的方法得出《婚姻法解释（二）》第 24 条的推定规则违反了《婚姻法》第 41 条规定的"目的论"的结论。她认为《婚姻法解释（二）》第 24 条在实践中易造成法官解读与适用的困惑，将侵害举债方配偶的财产权益，在《婚姻法》中应明确日常家事代理权制度。② 刘英明认为《婚姻法解释（二）》第 24 条除外情形限缩不当、推定效力过高。③ 姜大伟运用价值分析方法认为婚姻立法应以统筹保护婚姻家庭和社会利益为指导，提出《婚姻法解释（二）》第 24 条易导致夫妻一方与第三人恶意串通、虚构债务，使举债方配偶的财产权益受损，这不符合法律的公正性原则，也不利于保障举债方配偶的利益及家庭乃至社会的稳定，夫妻共同债务应以用于家庭共同生活的"目的论"为依归。④ 叶名怡教授运用实证研究的方法，从"中国裁判文书网"下载 4797 份关于《婚姻法》第 41 条和《婚姻法解释（二）》第 24 条的案例并对其进行分析，总结了应该废除《婚姻法解释（二）》第 24 条的五个方面的原因，并且在夫妻共同债务认定标准上，其认为应将"共债推定"限于家庭日常生活范围内，超出家庭日常生活范围的债务应取得夫妻双方的一致同意，在存在重大事由时，一方配偶可不经另一方同意而为夫妻共同利益举债。⑤ 笔者从"时间论"理论依据不足和婚姻道德危机四伏、违背家事代理权的法理、

① 张驰、翟冠慧：《我国夫妻共同债务的界定与清偿论》，《政治与法律》2012 年第 6 期，第 80~83 页。

② 夏吟兰：《我国夫妻共同债务推定规则之检讨》，《西南政法大学学报》2011 年第 1 期，第 31 页。

③ 刘英明：《证据法视角下的夫妻共同债务推定规则》，《学术探索》2014 年第 4 期，第 55 页。

④ 姜大伟：《我国夫妻共同债务认定规则的反思与重构》，《西南政法大学学报》2013 年第 4 期，第 33 页。

⑤ 叶名怡：《〈婚姻法解释（二）〉第 24 条废除论——基于相关统计数据的实证分析》，《法学》2017 年第 6 期，第 43 页。

举证责任失衡三个方面论述了《婚姻法解释（二）》第24条的缺陷，并认为"区分债务内外关系"仍然是"时间论"的问题，建议对《婚姻法解释（二）》第24条进行修正或者废除。① 张力、李倩也持上述观点。② 蒋月教授运用比较研究法，在充分参考国外夫妻共同债务相关立法基础上，建议我国立法应明确以下三类债务为夫妻共同债务：其一，维持家庭共同生活合理需要所生之债；其二，夫妻合意之债；其三，在家事代理权范围内单方行为所生之债。并在确定夫妻共同债务的清偿责任时，应在双方共同清偿的前提下，根据债务发生的原因或用途，区分类型差别对待。③

（二）坚持以"时间论"为标准并辅以相关制度

冯源运用"夫妻一体主义"理论，认为《婚姻法解释（二）》第24条确立的推定规则应予坚持，但应该进行改进。如：债务发生在婚姻关系存续期间，未用于婚后夫妻共同生活的婚前债务不属于夫妻共同债务；要建立日常家事代理权制度，并对侵权之债和分居期间所生之债进行认定。④ 孙科峰也是运用"夫妻一体主义"理论，坚持认定夫妻共同债务应以《婚姻法解释（二）》第24条为依据，但要合理分配举证责任。⑤ 胡苷用坚持"双重推定"规则，认为应在《婚姻法解释（二）》第24条共同债务推定的基础上，再增加一项推定规则，即推定举债方配偶实施了欺诈行为。⑥ 汪家元和祝建军认为不能孤立地看待和理解《婚姻法解释（二）》第24条，应该基于

---

① 李洪祥：《论夫妻共同债务构成的依据》，《求是学刊》2017年第3期，第88~89页。
② 张力、李倩：《夫妻共同债务认定中的用途规则——兼论最高人民法院法释〔2018〕2号的体系融入》，《江西师范大学学报》（哲学社会科学版）2019年第3期，第86页。
③ 蒋月：《域外民法典中的夫妻债务制度比较研究——兼议对我国相关立法的启示》，《现代法学》2017年第5期，第41页。
④ 冯源：《夫妻债务清偿规则的价值内涵与立法改进》，《中南大学学报》（社会科学版）2014年第5期，第136页。
⑤ 孙科峰：《论夫妻一方以个人名义所负债务的性质》，《甘肃政法学院学报》2011年第5期，第139、140页。
⑥ 胡苷用：《夫妻共同债务的界定及其推定规则》，《重庆社会科学》2010年第2期，第68页。

《婚姻法》第 41 条对《婚姻法解释（二）》第 24 条进行理解，尽管第 24 条中没有用于"夫妻共同生活"的规定（在司法实践中对夫妻共同债务的理解应当满足"共同生活"这一条件和前提）。汪金兰、龙御天认为《婚姻法解释（二）》第 24 条用于处理夫妻债务的外部关系，《婚姻法》第 41 条用于处理夫妻债务的内部关系，二者并不冲突；同时第 24 条的制度设计具有合理性，平衡了债权人与举债方配偶的权利保护，应该在肯定第 24 条的基础上，通过对推定适用的反证要件进行扩大解释、合理安排举证责任的方式进一步完善。① 以上这些作者认为《婚姻法解释（二）》第 24 条是严格限定在现行法律规定范围内对法律适用问题做出的解释，没有超越现行法律规定。针对《婚姻法解释（二）的补充规定》中新增设的两条共同债务除外情形，他们认为现有法律对虚假债务、非法债务本来就是不予保护的，所以该补充规定毫无新意且令人费解。②

（三）坚持"折中论"

所谓折中论，即指以"用途论"和"时间论"两个标准共同认定夫妻共同债务。王跃龙运用体系解释的方法认为对《婚姻法解释（二）》第 24 条的理解不能脱离《婚姻法》，债务客观上不能用于共同生活的、原本个人债务之延续、专属于合同当事人的债务、无偿行为所生债务及"明确约定为个人债务"的情形均属于夫妻个人债务。③ 林振通运用案例分析方法举例说明现实生活中存在举债人与债权人恶意串通、虚构债权债务，损害举债方配偶合法利益的情况，提出《婚姻法解释（二）》第 24 条的规定应当以符合夫

---

① 汪金兰、龙御天：《我国夫妻共同债务推定规则的法理基础与适用》，《安徽大学学报》（哲学社会科学版）2018 年第 2 期，第 107~110 页。

② 汪家元、祝建军：《夫妻共同债务规则之理性审视与适用》，《学术界》2017 年第 6 期，第 167~169 页。

③ 王跃龙：《无偿保证所生之债务不应认定为夫妻共同债务》，《法学》2008 年第 10 期，第 125 页。

妻共同债务性质为前提条件。① 江河运用体系解释方法，认为《婚姻法解释（二）》第 24 条是对夫妻共同债务的一种合理推定且考虑了当事人的举证情况，实质仍在于夫妻共同生活。② 杨晓蓉、吴艳认为《婚姻法解释（二）》第 24 条的"时间论"规则与《婚姻法》第 41 条的"用途论"规则并不冲突，只是推定导致夫妻共同债务范围外延过大，应在《婚姻法解释（二）》第 24 条两种除外情形的基础上增加一种例外情形，即"另一方举债非用于共同生活"。③ 刑景明、李富建认为认定夫妻共同债务应根据借款的目的、用途区分日常家事行为与商事行为，根据《婚姻法》第 19 条第 3 款、第 41 条以及《婚姻法解释（二）》第 24 条的规定，综合认定是否为夫妻共同债务。④ 李红玲认为《婚姻法解释（二）》第 24 条的适用以《婚姻法》第 41 条为基础，这两条规定在对债务性质的界定上是一致的，两者都是采用"用途论"标准。⑤ 王雷否定对《婚姻法解释（二）》第 24 条运用身份推定标准的文义解释方法，主张对夫妻共同债务推定规范的适用进行目的性限缩解释。他认为应将夫妻共同债务推定规则限缩解释为"夫妻共同生活所负的债务"，把身份标准和推定标准结合在一起。⑥ 刘耀东以民法中推定规范的创制为视角，在介绍夫妻债务推定规范的基础上，提出将"家庭共同生活"作为认定夫妻

---

① 林振通：《夫妻一方对外举债纠纷裁判方法的选择与适用》，《人民司法》2010 年第 22 期，第 65 页。

② 江河：《夫妻一方对外设立的无偿保证债务是否为共同债务》，《人民司法》2010 年第 22 期，第 68 页。

③ 杨晓蓉、吴艳：《夫妻共同债务的认定标准和责任范围——以夫妻一方经营性负债为研究重点》，《法律适用》2015 年第 9 期，第 37 页。

④ 刑景明、李富建：《夫妻共同债的认定规则》，《人民司法（应用）》2016 年第 1 期，第 33 页。

⑤ 李红玲：《论夫妻单方举债的定性规则——析〈婚姻法解释（二）〉第 24 条》，《政治与法律》2010 年第 2 期，第 118 页。

⑥ 王雷：《〈婚姻法〉中的夫妻共同债务推定规范》，《法律适用》2017 年第 3 期，第 106 页。

共同债务的标准并合理设计推定规则。①

有学者认为对夫妻共同债务的认定应当有顺序地适用法律规则。刘雁兵运用案例分析方法,认为法院依据《婚姻法》及司法解释认定夫妻共同债务易于操作,但该方法笼统、苛刻甚至形同虚设。他认为如果当事人证据充足,应依据《离婚财产分割意见》第 17 条认定夫妻共同债务;若当事人证据不充分,则应运用《婚姻法》及《婚姻法解释(二)》等证据学上的"推定"来确定该债务是否属于夫妻共同债务。② 熊学庆运用案例分析方法阐明在具体案件中二审和一审适用法律依据不一致,他认为应先以《婚姻法》第 41 条认定夫妻共同债务,在第 41 条无法认定时,再以《婚姻法解释(二)》第 24 条加以认定。③

吴晓芳、赖紫宁、周云焕坚持"内外有别论",即在离婚纠纷中应用"用途论"来认定夫妻共同债务,在对外的债务纠纷中应适用《婚姻法解释(二)》第 24 条的"推定"标准来认定夫妻共同债务。④

笔者认为针对夫妻共同债务认定问题,应当充分注意到,夫妻双方或者一方举债是法律行为的结果,所以应当坚持两个认定标准。其一是夫妻共同举债的合意。夫妻双方合意举债,符合民法意思自治原则。夫妻共同举债的合意包括两个方面,即举债发生之前的同意和举债发生之后的追认,夫妻合意进行的举债,即使该债务未用于夫妻共同生活,也应认定为夫妻共同债务。夫妻共同举债应以明示的方式做出意思表示。其二是债务用于夫妻共同生活。"用于夫妻共同生活"的认定标准符合《婚姻法》

---

① 刘耀东:《民法典编纂视野下夫妻共同债务推定规范的构建》,《妇女研究论丛》2018 年第 4 期,第 50 页。

② 刘雁兵:《关于确认夫妻共同债务的审判思考》,《法律适用》2006 年第 5 期,第 57 页。

③ 熊学庆:《婚姻期间夫妻一方借款的债务性质》,《人民司法》2009 年第 6 期,第 72 页。

④ 吴晓芳:《〈婚姻法〉司法解释(三)适用中的疑难问题探析》,《法律适用》2014 年第 1 期,第 76 页;赖紫宁、周云焕:《确定夫妻共同债务:标准与诉讼结构》,《法律适用》2008 年第 8 期,第 52 页。

一贯的立法精神，从 1950 年《婚姻法》到 2001 年《婚姻法修正案》都坚持了这一夫妻共同债务认定标准，也符合权利义务相一致原则，夫妻单方或双方为共同生活而负债，双方共同享受其利益，应该共同承担偿付债务的义务。

二 修改《婚姻法解释（二）》第 24 条的依据

针对《婚姻法解释（二）》第 24 条在司法实践适用中存在的一系列弊端，学者们纷纷提出观点，要求对其修正，综述观点如下。

有学者从扩大反证范围角度提出观点。杨晓蓉、吴艳认为《婚姻法解释（二）》第 24 条应增加配偶可以通过证明"另一方举债非用于共同生活"来推翻夫妻共同债务的认定作为第三种除外情形。[①] 胡苷用坚持"双重推定"规则，建议在《婚姻法解释（二）》第 24 条的基础上增加推定举债方配偶实施了欺诈行为。[②] 汪金兰和龙御天建议可以通过确认法律明定的个人债务以及债权人自始不可能相信其具有夫妻合意或者举债方配偶会分享对价利益的债务，从而排除推定规则的适用。[③]

有学者认为应把《婚姻法解释（二）》第 24 条所确立的推定规则限定在日常家事范围内适用，但淑华副教授持此观点。[④]

有学者从债权人角度对《婚姻法解释（二）》第 24 条进行修正。孙若军教授认为凡是债权人有理由相信举债人举债时具有夫妻合意或该债务用于夫

[①] 杨晓蓉、吴艳：《夫妻共同债务的认定标准和责任范围——以夫妻一方经营性负债为研究重点》，《法律适用》2015 年第 9 期，第 37 页。

[②] 胡苷用：《夫妻共同债务的界定及其推定规则》，《重庆社会科学》2010 年第 2 期，第 68 页。

[③] 汪金兰、龙御天：《我国夫妻共同债务推定规则的法理基础与适用》，《安徽大学学报》（哲学社会科学版）2018 年第 2 期，第 110 页。

[④] 但淑华：《对〈婚姻法解释（二）〉第二十四条推定夫妻共同债务规则之反思》，《妇女研究论丛》2016 年第 6 期，第 71 页。

妻共同生活的，就应当推定为夫妻共同债务。①

有学者认为《婚姻法解释（二）》第24条应符合"用途论"和"合意制"规则。刘英明首先否定了"婚姻共同体理论"，反对婚姻共同体吸收夫妻部分个人人格的观点，认为其只是一种生活上的共同体。其次，运用体系解释方法及目的解释方法在《婚姻法解释（二）》第24条规定的两条除外情形基础上增加第3条，即"该借款未经举债方配偶事前同意也未用于夫妻共同生活"，并将这三条除外情形中的债务确定为夫妻一方的个人债务。最后，在举证方面，在不改变第24条规定的举证责任分配前提下，降低举债方或举债方配偶的举证难度，将推定夫妻共同债务的证明责任由客观标准改为主观标准。②

有的学者从基础事实和推定事实的盖然性角度否认第24条。推定是基于基础事实和推定事实的高度盖然性，但第24条中的反驳要素在夫妻共同债务纠纷中与推定事实之间只有较低的盖然性，因此第24条备受诟病。刘耀东副教授持此观点。③

采用《婚姻法解释（二）》第24条的"时间论"推定规则认定夫妻共同债务，优点明显，有利于司法实务操作上的简便，极大保护债权人的利益，但其存在的缺点更加突出，这种保护过于向债权人的利益倾斜，损害举债方配偶的合法权益，不利于实现债权人、债务人及举债方配偶之间的利益平衡，对婚姻家庭的保护造成潜在风险。因此，笔者认为此条文有两种修正方案：一是直接废止该条规定；二是按照《婚姻法》及相关司法解释的规定，在符合《婚姻法》第41条规定分配举证责任给债权人和举债方的前提

---

① 孙若军：《论夫妻共同债务"时间"推定规则》，《法学家》2017年第1期，第152页。

② 刘英明：《证据法视角下的夫妻共同债务推定规则》，《学术探索》2014年第4期，第54~58页。

③ 刘耀东：《民法典编纂视野下夫妻共同债务推定规范的构建》，《妇女研究论丛》2018年第4期，第47页。

下，在债权人、举债方和举债方配偶负有举证责任的情况下，在债权人、举债方举证证明债务用于夫妻共同生活且举证较为优势时，适用《婚姻法解释（二）》第24条规定进行推定；或者举债方利用离婚转移财产，损害债权人利益时，比如，离婚时把积极财产都给了举债方配偶而把消极财产都给了举债方，也应适用《婚姻法解释（二）》第24条规定进行推定，但夫妻共同债务的偿还范围应当以夫妻共同财产为限。①

三 "法释〔2018〕2号"关于夫妻共同债务的认定

根据"法释〔2018〕2号"，夫妻合意举债以及用于家庭日常生活需要的债务为夫妻共同债务；超出家庭日常生活需要的债务，推定为夫妻个人债务。但债权人举证证明债务用于夫妻共同生活、共同生产经营或者基于夫妻双方共同意思表示的，仍然构成夫妻共同债务。对此，学者仁者见仁、智者见智，存在不同意见。

部分学者对其持肯定态度。张力、李倩认为"法释〔2018〕2号"提供了当前实现《婚姻法》第41条的最优路径，扩大了作为共同债务用途的范围以及"共债共签"的规定，能在一定程度上解决债权人举证困难的问题。②还有的学者认为"法释〔2018〕2号"与《婚姻法解释（二）》第24条比较有肯定之处，但也有一些遗留问题。夏江皓持此观点。他认为"法释〔2018〕2号"规定的认定标准在尊重债的相对性和个人的独立地位、平衡举债方配偶的合法权益、协调日常家事代理权制度等方面更具合理性和正当性，但是其第2条中何种债务属于"为家庭日常生活需要所负的债务"这一事实责任

---

① 李洪祥：《论夫妻共同债务构成的依据》，《求是学刊》2017年第3期，第88页。

② 张力、李倩：《夫妻共同债务认定中的用途规则——兼论最高人民法院法释〔2018〕2号的体系融入》，《江西师范大学学报》（哲学社会科学版）2019年第3期，第87页。

需要探讨。① 田韶华也是这样的观点，认为"法释〔2018〕2号"对夫妻共同债务的认定标准予以新的界定，得到了学界以及实务界相当程度的认可，却没有对债务的清偿问题予以规定，由此带来了一系列的问题。②

但也有学者对其表示否定。李贝认为，"法释〔2018〕2号"虽然有所创新，但是从实际适用情况来看，并没有达到政策目的，并且简单地将夫妻债务等同于连带债务，未能严格区分夫妻债务的内外层关系。③ 刘征峰也对其持否定态度，认为"法释〔2018〕2号"没有解决利益平衡问题，建议对夫妻债务问题在债务认定、财产划分、清偿顺序、追偿等方面进行多层次互动，从而实现利益平衡。④ 陈凌云则认为，"法释〔2018〕2号"中的"共同生产经营"规则在适用中多为"共同生活""举债合意"两个认定规则所取代，不具有逻辑上的独立性。还有学者认为"法释〔2018〕2号"虽然具有一定的进步性，但是却导致出现了大量的二审改判或者再审提审改判的情况，新规则出现了是否超越立法原意问题的冲突，对夫妻共同债务问题可以通过全国人大常委会行使解释权的方式解决，王晓英持此观点。⑤

四　特殊情形下夫妻共同债务的认定

（一）夫妻一方单独巨额负债

夫妻一方单独巨额负债，往往出现两种情况：其一，负债人与债权人恶

---

① 夏江皓：《论中国民法典夫妻共同债务界定与清偿规则之构建》，《妇女研究论丛》2018年第4期，第58页。

② 田韶华：《论共同财产制下夫妻债务的清偿》，《法律科学》（西北政法大学学报）2019年第9期，第182页。

③ 李贝：《夫妻共同债务的立法困局与出路——以"新解释"为考察对象》，《东方法学》2019年第1期，第105～111页。

④ 刘征峰：《夫妻债务规范的层次互动体系——以连带债务方案为中心》，《法学》2019年第6期，第88页。

⑤ 王晓英：《夫妻债务司法解释的合法性问题及其根源与解决对策》，《学术交流》2019年第6期，第87、91页。

意串通，然后通过夫妻双方共同偿还债务，骗取夫妻共同财产，损害举债方配偶的合法财产利益；其二，夫妻一方单独向债权人举债，又将夫妻共同财产变为举债方配偶的个人财产，最后通过证明债务属于举债人的个人债务，以此来损害债权人的合法利益。针对夫妻一方单独负债的问题，学界也进行了深入的探讨。学界关于夫妻一方单独举债是否属于夫妻共同债务的观点，基本上要求举债人与其配偶协商一致或该债务用于夫妻共同生活才可构成夫妻共同债务。

刘雁兵、浦纯钰认为夫妻一方以个人名义向外巨额负债，须夫妻双方事先协商一致，并有书面协议，未经协商一致，一方单独负巨额债务的，除债权人能够证明债务人的负债行为没有超出日常家事代理权范围或者确属夫妻共同债务外，应按夫妻个人债务处理。他们认为在夫妻一方单独巨额举债时，债权人应以一个"善良家父"的标准询问举债方配偶的意见。[1] 蒋月也认为夫妻举债，应征得配偶同意，但同意的方式比刘雁兵、浦纯钰多了一种，即事后追认。否则配偶一方无义务偿还，除非举债方证明该债务用于家庭生活或举债方配偶享受了利益。[2]

（二）夫妻分居期间的债务问题

我国没有设立夫妻分居制度，但是夫妻分居的情况在我国也是存在的。在这一期间容易出现夫妻一方单独对外举债的行为，法院对于认定此种债务是否属于夫妻共同债务存在较大困难。关于夫妻分居期间一方单独举债的问题，学者们也进行了广泛的探讨，主要观点如下。

有学者认为分居期间产生的债务应被确定为夫妻个人债务。黄海涛认为把夫妻分居期间产生的债务认定为夫妻共同债务不符合《婚姻法解释

---

[1] 刘雁兵：《关于确认夫妻共同债务的审判思考》，《法律适用》2006 年第 5 期，第 58 页；浦纯钰：《夫妻共同债务的认定》，《社会科学家》2010 年第 12 期，第 78 页。

[2] 蒋月：《夫妻财产制与民事交易安全若干问题研究》，《法学》1999 年第 5 期，第 23 页。

（二）》第 24 条的例外情形，并且分居在我国没有独立的法律效果。分居期间家事代理权中止，且分居期间可视为夫妻之间无举债合意，债务也不会用于夫妻共同生活。①

　　但大部分学者认为应对夫妻分居期间的债务问题辩证地看待，不能一刀切。蒋月认为夫妻分居期间，一方单独举债的债务不能按夫妻共同债务对待。但为抚养教育子女、赡养老人、治疗疾病等进行的举债，应该属于夫妻共同债务。② 在我国，分居期间债务没有独特的法律效果，在这点上，黄海涛法官与蒋月教授的观点一致，但蒋月教授在此基础上又深入探讨了分居期间债务应被认定为夫妻个人债务的合理性。姜大伟采取了具体列举的方式，他认为若夫妻一方举债是为了履行抚养教育子女、赡养老人等法定扶养义务，应该认定该债务为夫妻共同债务；若夫妻一方举债是为了其个人的不合理消费，或为了赌博、吸毒等非法活动，则应认定为个人债务。③ 刘雁兵、浦纯钰从债权人角度分析分居期间的债务是否构成夫妻共同债务，他们认为夫妻分居期间，夫妻一方举债，债权人明知夫妻处于分居状态仍然出借的，应按个人债务处理，但债权人能够证明夫妻一方的举债行为属于日常家事代理权范围或确属夫妻共同债务的除外。④

　　法律应该及时适应社会生活的需要进行修改，在《婚姻法》中明确规定夫妻分居制度。制定该制度时，应考虑夫妻虽已分居，但夫妻关系仍然存在，在此期间为履行法定扶养义务及教育子女等情形所负债务应按照"用途

---

①　黄海涛：《夫妻共同债务的司法认定——对〈婚姻法解释二〉的理解》，《人民司法》2015 年第 19 期，第 71 页。

②　蒋月：《夫妻财产制与民事交易安全若干问题研究》，《法学》1999 年第 5 期，第 23 页。

③　姜大伟：《我国夫妻共同债务认定规则的反思与重构》，《西南政法大学学报》2013 年第 4 期，第 35 页。

④　刘雁兵：《关于确认夫妻共同债务的审判思考》，《法律适用》2006 年第 5 期，第 58 页；浦纯钰：《夫妻共同债务的认定》，《社会科学家》2010 年第 12 期，第 78 页。

论"及"合意制"来判断夫妻分居期间一方举债的性质。

（三）基于日常家事代理权产生的夫妻共同债务问题

我国立法在《民法典》颁布之前没有规定日常家事代理权制度，但其对于认定夫妻共同债务具有关键作用，学者们对日常家事代理权制度进行了广泛、深入的讨论。也有人认为《关于适用〈中华人民共和国婚姻法〉若干问题的解释（一）》（以下简称《婚姻法解释（一）》）第17条应为日常家事代理权的规定。[①] 将夫妻一方在日常家事代理权范围内所负债务认定为夫妻共同债务，基本上属于学界和司法实务界的多数人的意见。王歌雅、黄海涛、吴晓芳、陈川、田桔光、曲超彦、裴桦一致认为在日常家事代理权范围之内，夫妻一方对外举债应视为夫妻共同债务，对于超出日常家事代理权范围的债务则有不同的观点。王歌雅、黄海涛认为，对于超出日常家事代理权范围的援引表见代理规则处理。[②] 吴晓芳认为对于超出日常家事代理权范围的债务是否属于夫妻共同债务要根据债务是否由夫妻共同意思表示形成或是否用于夫妻共同生活、经营来判断。[③] 陈川、田桔光认为对于超出日常家事代理权范围的债务，不能认定为夫妻共同债务，除非举债行为构成表见代理，举债方配偶予以追认或者举债方配偶分享了债务带来的利益。[④] 薛宁兰也认为超出日常家事代理权范围的债务应当根据夫妻共同生活、共同生产经营以及合意来判断，但是对于夫妻一方以个人名义与第三人形成的合同之债，不能援

---

① 参见最高人民法院2001年12月25日公布实施的《关于适用〈中华人民共和国婚姻法〉若干问题的解释（一）》第17条。

② 黄海涛：《夫妻共同债务的司法认定——对〈婚姻法解释二〉的理解》，《人民司法》2015年第19期，第72页；王歌雅：《离婚财产清算的制度选择与价值追求》，《法学论坛》2014年第4期，第30页。

③ 吴晓芳：《〈婚姻法〉司法解释（三）适用中的疑难问题探析》，《法律适用》2014年第1期，第75页。

④ 陈川、田桔光：《夫妻共同债务在审判实践中应如何认定》，《法律适用》2012年第9期，第115页。

引表见代理从而推定为夫妻共同债务。[①] 赵莉运用比较研究法，参照日本民法，认为在日常家事代理权范围内，一方的行为可以被视为另一方的行为，双方可以看为同一个人，一方行为所产生的效果归属于夫妻双方，她认为这种行为不符合代理制度的构造，因此是一种代表关系。[②] 曲超彦、裴桦认为在日常家事代理权范围内形成的债务应该属于夫妻共同债务；不在此范围进行举债应认定为夫妻一方个人债务，除非该债务的形成经过夫妻合意、举债方配偶事后追认或债权人有理由相信其为夫妻共同意思表示的情形及其他应当认定为夫妻共同债务情形的按夫妻共同债务处理，由提出该债务属于夫妻共同债务主张的一方承担举证责任。[③] 冉克平认为，家庭日常生活需要是引起夫妻共同债务的重要原因，但是对于"家庭日常生活需要"的界定要受到必要的限制。[④] 同时，夫妻一方超出家庭日常生活需要所负的债务，除非夫妻实行"共债共签"，原则上应推定为举债方的个人债务。[⑤] 刘征峰认为，日常家事代理权制度不同于普通的代理，家事代理不会使配偶成为合同当事人，只是在夫妻共同债务的认定及清偿上体现代理效果，超出日常家事代理的部分，采用"家庭共同利益"标准认定共同债务。[⑥]

但也有学者对日常家事代理权持批判意见，王战涛认为日常家事代理权被错误地用来解释和建构夫妻共同债务规则，其既违反了债的相对性又有悖

---

① 薛宁兰：《中国民法典夫妻债务制度研究——基于财产权平等保护的讨论》，《妇女研究论丛》2018年第3期，第20页。

② 赵莉：《论确立夫妻日常家事代表权制度之必要——日本夫妻家事代理权制度带来的启示》，《江海学刊》2009年第2期，第226页。

③ 曲超彦、裴桦：《论我国夫妻债务推定规则》，《求是学刊》2017年第3期，第95页。

④ 冉克平：《论因"家庭日常生活需要"引起的夫妻共同债务》，《江汉论坛》2018年第7期，第107页。

⑤ 冉克平：《论夫妻共同债务的类型与清偿——兼析法释〔2018〕2号》，《法学》2018年第6期，第67页。

⑥ 刘征峰：《夫妻债务规范的层次互动体系——以连带债务方案为中心》，《法学》2019年第6期，第90~92页。

于夫妻共同财产制精神。我国在未来《民法典》"婚姻家庭编"中可以设计全新的家事委托代理规则。①

《婚姻法》未明确规定日常家事代理权制度，因此在夫妻共同债务认定上存在困难，可以从夫妻串通逃债和夫妻一方与第三人串通侵害举债方配偶的角度讨论夫妻共同债务认定，从而有效平衡各方利益。②

（四）无偿保证之债

学界和司法实务界对于无偿保证之债不属于夫妻共同债务这一观点，基本上可达成一致意见。江河、王跃龙认为保证责任具有无偿性，保证人并不享有利益，无偿保证之债客观上无法实现"为夫妻共同生活"之目的，不应推定为夫妻共同债务。③ 同时王跃龙运用扩张解释的方法，认为应对《婚姻法解释（二）》第24条做扩张解释，为他人提供无偿保证形成的债务属于《婚姻法解释（二）》第24条"明确约定为个人债务"的情形。对于有偿保证，获得利益用于家庭生活的则可认定为夫妻共同债务。④ 吴晓芳法官从债权人角度分析此问题，她认为对于无偿保证之债，债权人知道该债务并非用于家庭共同生活，配偶一方对此债务没有偿还义务。⑤

以上学者和司法实务工作者仅从无偿保证之债未用于夫妻共同生活方面认定其不属于夫妻共同之债，姜大伟在此基础上增加了另外一种认定标准，即夫妻合意。他认为，考虑这个问题应从两个方面入手：第一，从是否

---

① 王战涛：《日常家事代理之批判》，《法学家》2019年第3期，第138页。

② 李洪祥：《夫妻一方以个人名义所负债务清偿规则之解构》，《政法论丛》2015年第2期，第83页。

③ 江河：《夫妻一方对外设立的无偿保证债务是否为共同债务》，《人民司法》2010年第22期，第68页；王跃龙：《无偿保证所生之债不应认定为夫妻共同债务》，《法学》2008年第10期，第126页。

④ 王跃龙：《无偿保证所生之债不应认定为夫妻共同债务》，《法学》2008年第10期，第126页。

⑤ 吴晓芳：《〈婚姻法〉司法解释（三）适用中的疑难问题探析》，《法律适用》2014年第1期，第76页。

用于"夫妻共同生活"这一角度考虑，无偿保证之债应属于夫妻个人债务；第二，若此债务基于夫妻合意或得到配偶追认则应认定为夫妻共同债务。[①] 笔者赞同姜大伟的观点，此观点更加全面地从夫妻共同债务认定标准的角度分析了无偿保证之债是否属于夫妻共同债务。

（五）夫妻单方侵权之债

关于夫妻单方侵权之债是否应被认定为夫妻共同债务，学者们和司法实务工作者基本持辩证看待的观点。吴晓芳法官认为夫妻一方因侵权产生的债务，如果该侵权行为系为了家庭利益或事实上使家庭受益的，应当认定为夫妻共同债务；否则应认定为个人债务。[②] 冯源认为侵权产生的债务属于个人债务，夫妻共同侵权的除外。[③] 江河认为由侵权行为所生之债应以认定为夫妻个人债务为原则，以认定为夫妻共同债务为例外。他认为侵权的民事责任具有一定的惩罚性，一般以行为人的过错为构成要件，其惩罚性是针对有过错的行为人的，故不应对其配偶一并处罚，侵权之债属于个人债务。但即使是专属个人的合同，若实则是为夫妻共同生活而负债的应为夫妻共同债务。[④] 吴晓静认为根据"概括吸纳理论"，一般性的侵权之债属于社会常态，是人们日常生活的一种副产品，属于夫妻共同之债。但是有两种情况仍应认定为个人债务：一是侵权行为与增进行为人配偶的利益无关，纯属行为人恶意行为；二是侵权行为导致巨额债务。[⑤] 缪宇认为，婚后侵权之债的债

[①] 姜大伟：《我国夫妻共同债务认定规则的反思与重构》，《西南政法大学学报》2013 年第 4 期，第 35 页。

[②] 吴晓芳：《〈婚姻法〉司法解释（三）适用中的疑难问题探析》，《法律适用》2014 年第 1 期，第 76 页。

[③] 冯源：《夫妻债务清偿规则的价值内涵与立法改进》，《中南大学学报》（社会科学版）2014 年第 5 期，第 136 页。

[④] 江河：《夫妻一方对外设立的无偿保证债务是否为共同债务》，《人民司法》2010 年第 22 期，第 68 页。

[⑤] 吴晓静：《现行单方婚内债务处理规则解读》，《法律适用》2008 年第 12 期，第 77 页。

权人没有选择加害人的自由，他不能因加害人的已婚身份蒙受不利，因此侵权之债属于夫妻共同债务。[①] 蔡立东、杨柳认为，夫妻一方的侵权之债应被认定为共同债务，对在法律上处于相对弱势地位的受害人进行倾斜保护，既遵循了弱者保护原则，又改变了现有夫妻共同债务认定规则的粗糙状态。[②]

以上是关于特殊债务是否属于夫妻共同债务的一系列观点，笔者认为这些特殊债务虽然表现形式多样，但最终分析其是否属于夫妻共同债务都要坚持两个标准：一是夫妻是否有共同举债的意思表示，具体包括事前同意和事后追认；二是该债务是否用于夫妻共同生活，具体包括共同生活债务和共同经营债务。

夫妻共同债务的确定是具体处理夫妻共同债务的逻辑起点，明确夫妻共同债务的确定规则至关重要。《婚姻法》及其司法解释对夫妻共同债务的确定存在多个标准，造成实务界在解读和适用中的混乱，因此，需要在《婚姻法》中明确夫妻共同债务的概念、性质、认定、举证责任、清偿等问题。针对以上特殊债务我国没有建立具体制度加以规制，笔者建议建立大额债务夫妻双方签字制度、分居制度，并对夫妻单方侵权和夫妻单方无偿保证之债加以明确，并完善相关举证责任。同时，应当加大对日常家事代理权制度的研究力度，考察其在我国现有法律体系下，是否具有适用余地。

---

① 缪宇：《走出夫妻共同债务的误区——以〈婚姻法司法解释（二）〉第 24 条为分析对象》，《中外法学》2018 年第 1 期，第 263 页。

② 蔡立东、杨柳：《侵权纠纷中夫妻共同债务认定的困境与立法回应——以机动车交通事故责任纠纷为研究对象》，《法学论坛》2020 年第 3 期，第 87 页。

第二节　夫妻共同债务的性质及债务
责任承担的观点梳理

关于夫妻共同债务的性质和责任承担问题，学界进行了广泛的讨论，笔者通过阅读相关论文，发现学者对夫妻共同债务的性质的认定主要分为四种：连带债务、特殊连带债务、合伙债务和共同债务。其中，连带债务和特殊连带债务都主张夫妻关系解除后，夫妻双方对共同债务在外部承担连带责任，特殊连带债务只是在清偿方式上具有特殊性；合伙债务说将夫妻看作个人合伙从而得出结论；共同债务说以共同共有债务为基础，对偿还债务所用的财产分成夫妻共同财产和个人财产进行讨论。而对于债务性质认定后的责任承担问题，各个学者的观点不一。针对上述问题学者的观点分析如下。

一　夫妻共同债务的性质

（一）连带债务说

李晓斌、何学忠、邓卫平、刘征峰坚持此观点。夫妻连带债务是指夫妻关系解除后，对于夫妻共同债务，夫妻任何一方都有清偿全部债务的责任，当一方清偿全部债务后，超出自己应清偿的债务数额的，发生内部追偿之债，并坚持离婚时确定夫妻各方的清偿比例。[1]

---

[1] 李晓斌、何学忠：《离婚案夫妻共同债务处理之我见》，《现代法学》1995年第3期，第59页；邓卫平：《离婚案件中夫妻共同债务处理存在的问题及建议》，《法律适用》1996年第5期，第23页；刘征峰：《夫妻债务规范的层次互动体系——以连带债务方案为中心》，《法学》2019年第6期，第90页。

（二）特殊连带债务说

尚志东、张西、王文信、冯源、王歌雅认同此观点。该观点认为夫妻共同债务属于连带债务，但在清偿方式上具有其特殊性。应坚持夫妻共同债务先以共同财产清偿，夫妻共同财产不足清偿的由夫妻各方承担连带责任，在夫妻一方承担了全部债务后，即意味着其在内部取得了向夫妻另一方追偿其所应承担份额的权利。[1] 冯源运用了比较研究法，将法国、德国、日本、瑞士作为考察对象。王歌雅运用了比较研究的方法，以《澳门民法典》《美国路易斯安那民法典》为考察对象。

（三）合伙债务说

刘莉、张雨梅把家庭视为个人合伙组织，这种组织不具有营利性，认为夫妻任何一方对夫妻共同债务承担无限连带责任。[2] 胡苷用认为夫妻共同债务是执行婚姻合伙的事务所产生的。[3] 但薛宁兰教授对此持否定态度，她认为合伙和夫妻在财产上具有相似性，但是在身份上具有较大差异，将婚姻关系与合伙关系类比，由举债方配偶承担无限连带责任的观点值得商榷。[4]

（四）共同债务说

张驰、翟冠慧认为夫妻共同债务应按"共同债务说"处理，该观点注重夫妻共同债务形成基础的特殊性。在外部关系中，该观点将夫妻共同债务作为一个由夫妻团体共同承担的债，避免了民法逻辑体系的混乱。对外清偿夫

---

[1] 尚志东、张西、王文信：《婚姻法不宜设定以夫妻共同财产清偿共同债务》，《人民司法》2009 年第 1 期，第 69 页；冯源：《夫妻债务清偿规则的价值内涵与立法改进》，《中南大学学报》（社会科学版）2014 年第 5 期，第 136 页；王歌雅：《离婚财产清算的制度选择与价值追求》，《法学论坛》2014 年第 4 期，第 30 页。

[2] 刘莉、张雨梅：《浅议夫妻共同债务清偿问题的立法缺陷及完善》，载万鄂湘主编《婚姻法理论与适用》，人民法院出版社，2005，第 270 页。

[3] 胡苷用：《夫妻共同债务的界定及其推定规则》，《重庆社会科学》2010 年第 2 期，第 65 页。

[4] 薛宁兰：《中国民法典夫妻债务制度研究——基于财产权平等保护的讨论》，《妇女研究论丛》2018 年第 3 期，第 23 页。

妻共同债务时，准用合伙债务的清偿规则，以夫妻共同财产清偿，不足部分准用连带清偿方式扩展至以个人财产清偿。以共同财产清偿债务的，夫妻内部不发生追偿问题。但夫妻共同债务需要以个人财产偿还，而夫妻一方的个人财产不能完全清偿时，夫妻各方有义务偿还夫妻共同债务，且在夫妻内部发生追偿之债。[①] 缪宇、田韶华、冉克平也同意以上观点。[②] 夏江皓同样认定夫妻共同债务为共同债务，应当先以共同财产清偿，但其认为对共同财产不足清偿的部分应由夫妻双方协商，协商不成的由法院判决夫妻双方共同清偿。[③] 薛宁兰教授也认为夫妻共同债务属于共同共有债务。[④]

二　夫妻共同债务责任承担

夫妻共同债务的认定是对定性问题的解决，而责任的承担则是定性后的法律后果。具体而言，责任的承担包括责任财产范围和责任承担方式两个方面。

李贝认为应当对夫妻共同债务做区分对待。对基于日常家事代理权或者夫妻双方合意产生的债务，双方应对债权人承担连带责任；对于不是因日常家事代理权而产生的夫妻共同债务，双方共同责任产生的基础在于财产共有关系的存在，因此在婚姻关系存续期间，债权人应有权就举债方的个人财产以及夫妻双方的共同财产部分受偿，但配偶一方的个人财产部分不应成为

---

① 张驰、翟冠慧：《我国夫妻共同债务的界定与清偿论》，《政治与法律》2012 年第 6 期，第 84~87 页。

② 缪宇：《走出夫妻共同债务的误区——以〈婚姻法司法解释（二）〉第 24 条为分析对象》，《中外法学》2018 年第 1 期，第 255~256 页；田韶华：《论共同财产制下夫妻债务的清偿》，《法律科学》（西北政法大学学报）2019 年第 5 期，第 186 页；冉克平：《论夫妻共同债务的类型与清偿——兼析法释〔2018〕2 号》，《法学》2018 年第 6 期，第 78~79 页。

③ 夏江皓：《论中国民法典夫妻共同债务界定与清偿规则之构建》，《妇女研究论丛》2018 年第 4 期，第 65 页。

④ 薛宁兰：《中国民法典夫妻债务制度研究——基于财产权平等保护的讨论》，《妇女研究论丛》2018 年第 3 期，第 22 页。

债权实现的责任财产；在婚姻关系因离婚或者一方死亡而终结时，此时非举债一方配偶应当以其从共同财产中取得的份额为限，承担共同债务的清偿责任，并且此时的责任形式为按份责任而不是连带责任。① 汪洋②、朱虎③ 与李贝的观点大致相同，但是朱虎对于超出家庭日常生活需要所负债务的表述更加细致，其认为当配偶另一方未能合理证明该债务用于共同生活，或者虽然配偶另一方能够合理证明该债务未用于共同生活，但因配偶另一方的原因使得债权人有理由相信该债务用于共同生活的时候，此种超出家庭日常生活需要所负的债务，为配偶双方的共同债务，应以该方的个人财产和配偶双方的共同财产偿还。但冉克平存在不同看法，其坚持非举债方配偶以夫妻共同财产为限承担有限责任仅具有形式上的合理性而欠缺现实合理性，鉴于夫妻团体的特殊性，举债方配偶仅以夫妻共同财产为限承担责任欠缺现实操作性。④ 蔡立东和杨柳在夫妻侵权之债上认定以夫妻共同财产清偿夫妻共同债务，以此使夫妻共同债务的清偿无法及于与共同债务完全无关的侵权人配偶的个人财产；夫妻共同财产不足以清偿共同债务的，应当由侵权人以个人财产对不足部分承担清偿责任。⑤ 夏江皓则认为，夫妻共同债务应当先以共同财产进行清偿，对共同财产不足清偿的部分由夫妻双方协商，协商不成的由法院判决夫妻双方共同清偿。⑥

① 李贝：《夫妻共同债务的立法困局与出路——以"新解释"为考察对象》，《东方法学》2019 年第 1 期，第 109~111 页。
② 汪洋：《夫妻债务的基本类型、责任基础与责任财产——最高人民法院〈夫妻债务解释〉实体法评析》，《当代法学》2019 年第 3 期，第 51~56 页。
③ 朱虎：《夫妻债务的具体类型和责任承担》，《法学评论》2019 年第 5 期，第 58 页。
④ 冉克平：《论夫妻共同债务的类型与清偿——兼析法释〔2018〕2 号》，《法学》2018 年第 6 期，第 78~79 页。
⑤ 蔡立东、杨柳：《侵权纠纷中夫妻共同债务认定的困境与立法回应——以机动车交通事故责任纠纷为研究对象》，《法学论坛》2020 年第 3 期，第 87 页。
⑥ 夏江皓：《论中国民法典夫妻共同债务界定与清偿规则之构建》，《妇女研究论丛》2018 年第 4 期，第 65 页。

第三节　夫妻共同债务在处理程序上的观点梳理

第一节、第二节主要论述的是夫妻共同债务在学理上的认定问题，但是其不仅在认定上存在分歧，在司法实践的处理程序上也存在不少争议。笔者通过阅读文献，发现其在处理程序上的问题主要集中在三个方面：在离婚案件是否能够处理夫妻共同债务的问题上，学者们基本上持否定态度，但是对于具体的拆分处理方法又有不同意见；关于夫妻债务纠纷中正当当事人的判断，有的学者从债权人起诉角度论述，有的从债权人能否作为第三人参与夫妻共同债务诉讼来进行论述，并且在不同的角度中学者们的观点也不尽相同；最后在追加举债方配偶为被执行人的问题上，学者们根据"主观范围扩张理论""受益理论""民事诉讼法教义学"等理论得出了不同的结论。具体的观点如下。

一　离婚案件和夫妻共同债务"拆分处理"

学界对于离婚案件是否能够处理夫妻共同债务问题基本持一致否定观点。但对这种"拆分处理"观点细分主要有两种：一种是"拆分处理"完全取代"合并审理"；另一种是适度的"拆分处理"。

李晓斌、何学忠、孟宪东、刘亚林、刘世杰认同第一种观点，即"拆分处理"完全取代"合并审理"。以上学者撰文从"合并审理"的不合理性角度进行分析。李晓斌、何学忠从离婚和借贷的适用法律规范不同、主体不同及司法实践中存在诸多难以理解和解决的问题等角度论证。[①]　孟宪东从夫妻共

---

① 李晓斌、何学忠:《离婚案夫妻共同债务处理之我见》,《现代法学》1995 年第 3 期,第 58 页。

同债务的性质、离婚案件诉讼主体的法律界定及"合并审理"将导致诉讼的复杂和拖延三个方面对此问题做出说明。① 刘亚林、刘世杰运用历史研究的方法分析"合并审理"在历史上所起的作用，同时根据目前我国国情——家庭举债情况增多、举债数额变大等一系列新特点，对"合并审理"提出了质疑并以其不合法理、损害债权人及要求离婚一方当事人的利益、拖延离婚案件审结时间等方面进行论证。②

蒋月教授认同第二种观点，即适度的"拆分处理"。所谓适度拆分处理，就是以合并审理为基础，必要时拆开处理。蒋月教授运用价值分析的方法及比较研究方法，在充分分析了"拆分处理"的合理性及不合理性的基础上做出价值选择，同时借鉴英国、美国、日本、德国的相关法律规定，认为在处理离婚案件时针对夫妻债务问题要有适度的独立性，并要通过《婚姻法》或《中华人民共和国民事诉讼法》(以下简称《民事诉讼法》)加以规定。③

笔者赞同第一种观点，"拆分处理"将解除夫妻关系和夫妻一方与第三人的债务纠纷分开处理，此种做法能尽快解除夫妻人身关系，使当事人开始新生活，在债权人及时起诉债务人时，不至于夫妻双方恶意串通，损害债权人利益。

二　夫妻债务纠纷中正当当事人的判断

关于夫妻债务纠纷中正当当事人的判断，有的是从债权人起诉角度论述，有的是从债权人能否作为第三人参与夫妻共同债务诉讼来进行论述，笔者现归纳分析如下。

---

① 孟宪东：《离婚案件夫妻共同债务处理之我见》，《法学论坛》1997年第2期，第38~39页。
② 刘亚林、刘世杰：《离婚诉讼中一并审理夫妻共同债务质疑》，《现代法学》1997年第2期，第90~91页。
③ 蒋月：《夫妻财产争议与离婚案件拆分审判探析》，《华东政法大学学报》2007年第6期，第57~58页。

（一）从债权人起诉夫妻双方角度分析

黄海涛认为在未确定是否属于夫妻共同债务的情况下，解决这一争议应依据合同相对性原则，债权人直接起诉举债方，如果债权人想要认定举债方配偶为债务人，则应提起新的诉讼。[1] 刘璐、曾媛媛认为在已确定属于夫妻共同债务的情况下，构成夫妻共同债务的应以夫妻双方为当事人，构成夫妻个人债务的，举债方是正当当事人。[2] 曲超彦将夫妻共同债务分为"单方型"与"合意型"，认为"单方型"债务的性质为共同之债，夫妻双方为被告，"合意型"债务的性质为连带之债，债权人可选择举债方或其配偶作为被告或者二者作为共同被告。[3] 王雷认为在夫妻共同债务诉讼中，债权人可将举债方及其配偶列为共同被告，但如果债权人没有将举债方配偶列为被告，则举债方配偶可以以第三人身份参与诉讼。[4]

（二）从债权人能否以第三人身份参与夫妻共同债务的审理角度分析

邓卫平认为应通知债权人以第三人身份参与夫妻共同债务案件的审理，这样有利于保护债权人的合法权益，简化诉讼程序，减少法院诉累。[5] 而刘亚林、刘世杰提出了相反的观点。他们认为债权人以第三人身份参与夫妻共同债务诉讼，没有法律依据，因为根据《民事诉讼法》及民事诉讼理论，只有原告提出的确认之诉和给付之诉才存在第三人参与诉讼的问题。而离婚诉讼中，确定夫妻共同债务承担问题，原被告之间没有权利之争，只是关于是否承担义务及承担义务的多少的纠纷，因此夫妻之间的债务承担不构成诉，

---

[1]　黄海涛：《夫妻共同债务的司法认定——对〈婚姻法解释二〉的理解》，《人民司法》2015 年第 19 期，第 75 页。

[2]　刘璐、曾媛媛：《民间借贷纠纷正当当事人的判断》，《政治与法律》2013 年第 12 期，第 12 页。

[3]　曲超彦：《夫妻共同债务清偿规则探析》，《法律适用》2016 年第 11 期，第 63~64 页。

[4]　王雷：《〈婚姻法〉中的夫妻共同债务推定规范》，《法律适用》2017 年第 3 期，第 105 页。

[5]　邓卫平：《离婚案件中夫妻共同债务处理存在的问题及建议》，《法律适用》1996 年第 5 期，第 23 页。

债权人以第三人参与夫妻之间债务承担的纠纷没有法律依据。[①] 参考以上学者的观点，在完善思路上，笔者认为法院在办理离婚案件时，应将债务人夫妻离婚情况告知债权人，债权人可以夫妻双方为被告提出新的债务诉讼，这样利于查明债务性质，同时也解决了债权人以第三人身份参与夫妻债务分担纠纷的不合法性。

（三）追加举债方配偶为被执行人的观点

江苏省扬州市中级人民法院参照"主观范围扩张理论"[②]，根据执行依据，如果确定为夫妻共同债务则可追加举债方配偶为被执行人主体，若没有确定为夫妻共同债务，则可根据《婚姻法》及有关司法解释的规定将债务推定为夫妻共同债务，执行共同财产。[③] 张海燕同样从执行力主观范围扩张角度论证执行程序中法院追加被执行人配偶的实体正当性，并提出增加追加前的审查程序以及追加后的救济程序来保障配偶的程序权利。[④] 李长军、王庆丰认为根据"民法受益理论"[⑤]，在执行债务人财产时，其配偶应当在受益范围内承担责任。他们运用价值分析法，权衡公正与效率价值，认为对于执行异议程序可以直接查明的异议较小的夫妻共同债务，可以在执行程序中直接追加举债方配偶为被执行人；在执行异议阶段难以查明的，则应通过诉讼程序解决，执行中止。[⑥] 陈皓认为，法院判决为夫妻担责的，执行夫妻共同财

---

① 刘亚林、刘世杰:《离婚诉讼中一并审理夫妻共同债务质疑》,《现代法学》1997 年第 2 期，第 91 页。

② 主观范围扩张理论:未参加诉讼的夫妻另一方应属当事人的继受人范畴，参加诉讼一方的夫或妻的权利义务直接对未参加诉讼的另一方发生效力。

③ 江苏省扬州市中级人民法院课题组:《变更和追加被执行主体问题研究》,《法律适用》2008 年第 10 期，第 67 页。

④ 张海燕:《执行程序中被执行人配偶追加问题研究》,《当代法学》2019 年第 1 期，第 36~38 页。

⑤ 民法受益理论:民事主体在受益范围内承担民事责任，不受益不担责。

⑥ 李长军、王庆丰:《执行债务人配偶财产的法律思考》,《法律适用》2013 年第 4 期，第 76 页。

产；只判定一方担责的，如果按照《婚姻法》规定为夫妻共同债务的，执行夫妻共同财产，不属于夫妻共同债务的，仅执行负履行义务一方的财产。如果法院判决为夫妻一方担责，根据《婚姻法》规定为夫妻共同债务的，夫妻双方离婚的，又分为三种情况进行讨论。[1]　王雷认为在夫妻共同债务诉讼中，如果已生效的法律文书只确定夫妻一方为债务人，在案件执行中不能直接追加另一方为被执行人，从而执行夫妻共同财产。应告知债权人另行提起诉讼，在取得被执行人配偶的执行依据后合并执行。[2]　任重从"民事诉讼法教义学"视角分析，认为无论是追加夫妻另一方为被执行人，还是未追加夫妻另一方的情况下直接执行夫妻共同财产中被执行人的份额，都是突破了执行合法原则和审执分离原则的。因此，为债权人起诉夫妻另一方提供明确的请求权基础，从而确保其经由诉讼获得针对夫妻另一方的生效给付判决的做法，才是满足民事诉讼基础理论要求的。[3]　针对这个问题，笔者认同王雷的观点，任何执行行为都应依据法院的判决，在执行程序中，执行主体不应无视法律文书，自行根据《婚姻法》及相关司法解释推定未被法院确定为债务人的夫妻一方是债务人，进而执行夫妻共同财产。如果债权人想以举债方及其配偶的夫妻共同财产为执行对象，应对举债方及其配偶提起诉讼，在法院判决夫妻同为债务人，并取得法院的执行依据后，才可执行债务人的夫妻共同财产。

夫妻共同债务问题是一个极其复杂的问题，尽管最高人民法院发布了一系列司法解释，以期实现债权人、举债方及其举债方配偶之间的利益平衡，但不少当事人对判决结果仍颇多不满。因此，立法者在修订《婚姻法》时应

---

[1]　陈皓：《关于追加债务人配偶为被执行人之法理思考》，《法律适用》2006 年第 10 期，第 89 页。

[2]　王雷：《〈婚姻法〉中的夫妻共同债务推定规范》，《法律适用》2017 年第 3 期，第 105 页。

[3]　任重：《民事诉讼法教义学视角下的"执行难"：成因与出路——以夫妻共同财产的执行为中心》，《当代法学》2019 年第 3 期，第 45 页。

兼顾夫妻的个体独立性与婚姻生活的共同性，合理分配当事人的举证责任，平衡当事人之间的利益，保护婚姻家庭关系。同时，司法机关应力求查清案件事实，在此基础上依法适用法律，实现法律公平与正义。

第二章

我国法律和司法解释中夫妻共同债务
制度的梳理与分析

相关法律应当对夫妻共同债务制度有一个比较清晰的界定，包括它的基本含义、基本特征、基本规则，也包括夫妻共同债务制度的基本类型以及清偿问题。关于夫妻共同债务制度，《婚姻法》没有明确界定，相关司法解释直到"法释〔2018〕2号"颁布才渐显明晰，《民法典》对其的规定与"法释〔2018〕2号"相比没有大的变化。关于夫妻共同债务规则及其基本类型问题，夫妻共同债务规则基本包括认定规则和推定规则，这一点在《民法典》颁布之前就已经存在了；夫妻共同债务制度的基本类型可以分为：夫妻在家庭共同生活中形成的债务，夫妻在社会关系中形成的债务。无论何种生活关系都可能存在夫妻个人债务和夫妻共同债务。关于夫妻共同债务的清偿问题，主要包括清偿的性质和清偿的路径问题。

第一节　夫妻共同债务制度的基本含义、特征和规则

夫妻共同债务制度是一个极其复杂的问题。严格来讲，在《民法典》和"法释〔2018〕2号"颁布以前，对于夫妻共同债务制度没有形成制度设计。夫妻债务规则主要作为处理离婚纠纷财产分割的内容存在，法律条文为《婚姻法》第41条，但《婚姻法》的相关司法解释对此多有涉及，相关规则经历不断完善的过程，直到"法释〔2018〕2号"和《民法典》对其做出规定，作为法律制度的夫妻共同债务制度才基本形成。

一　夫妻共同债务制度的基本含义和特征

（一）夫妻共同债务制度的基本含义

按照"法释〔2018〕2号"和《民法典》"婚姻家庭编"的规定，有三种债务被认为是夫妻共同债务：其一是基于夫妻双方共同意思表示形成的债务；其二是夫妻一方在家庭日常生活需要范围内形成的债务；其三是债权人举证债务用于夫妻共同生活、共同生产经营形成的或者基于夫妻共同意思表示形成的债务。这些债务应当由夫妻共同承担清偿责任。其基本含义在"法释〔2018〕2号"和《民法典》"婚姻家庭编"的规定中得到充分体现。[①] 理论上，确定债务是属于夫妻个人债务还是共同债务，有两个标准。第一个是夫妻是否有共同举债的合意。如果夫妻是出于共同意思表示进行举债，即夫妻举债时共同签字确认或者一方举债另一方事后追认，以及在家庭日常生活需要范围内的举债，就不需要考虑债务利益是否为夫妻共享，债务均被视为夫妻共同债务。第二个是债务用于夫妻共同生活、共同生产经营或者夫妻共享债务所带来的利益。这些情形可以作为夫妻在此问题上有共同举债的意思表示，《民法典》规定由债权人负举证责任。

（二）夫妻共同债务制度的特征

法律和司法解释中的夫妻共同债务制度具有以下特点。

---

① 《最高人民法院关于审理涉及夫妻债务纠纷案件适用法律有关问题的解释》（法释〔2018〕2号）规定："为正确审理涉及夫妻债务纠纷的案件，平等保护各方当事人合法权益，根据《中华人民共和国民法总则》《中华人民共和国婚姻法》《中华人民共和国合同法》《中华人民共和国民事诉讼法》等法律规定，制定本解释。第一条　夫妻双方共同签字或者夫妻一方事后追认等共同意思表示所负的债务，应当认定为夫妻共同债务。第二条　夫妻一方在婚姻关系存续期间以个人名义为家庭日常生活需要所负的债务，债权人以属于夫妻共同债务为由主张权利的，人民法院应予支持。第三条　夫妻一方在婚姻关系存续期间以个人名义超出家庭日常生活需要所负的债务，债权人以属于夫妻共同债务为由主张权利的，人民法院不予支持，但债权人能够证明该债务用于夫妻共同生活、共同生产经营或者基于夫妻双方共同意思表示的除外。第四条　本解释自2018年1月18日起施行。"

1.夫妻共同债务一般以婚姻关系存续为前提

夫妻共同债务发生的时间，一般是在婚姻关系存续期间内，即从夫妻双方登记结婚之日至婚姻关系终止之日。但夫妻一方所负的债务，确实用于婚后共同生活的，尽管债务发生在婚前，亦应认定为夫妻共同债务，即夫妻共同债务是以婚姻关系的存在为基础与前提的，如果婚姻关系不复存在，则亦不应当再存在夫妻共同债务问题。

2.夫妻共同债务基于夫妻双方共同合意而成立

意思自治是民法的法理、法律原则，夫妻双方当然亦可基于自愿约定而产生共同债务。夫妻通过约定明确进行家庭日常生活所需的交易行为产生夫妻共同债务，也可以约定夫妻超出家庭日常生活所需而负担的债务为夫妻共同债务，还可以约定由夫妻共同承担的任何债务均属于夫妻共同债务。只要夫妻双方在债务问题上达成了真实一致的意思表示，该债务就属于夫妻共同债务。基于日常家事代理权形成的债务，推定为夫妻共同债务。这种情况实际是根据日常家事代理权范围内的行为，推定夫妻双方具有举债合意。

3.夫妻举债用于夫妻共同生活、共同生产经营的为夫妻共同债务

夫妻共同或者一方举债的用途，一般是为了维持家庭共同生活或共同生产经营。在家庭共同生活需要范围内所负的债务，包括因购置生活用品、购置或修建住房所负的债务，履行抚养教育义务、治疗疾病所负的债务，以及其他日常生活中发生的应当由夫妻双方共同负担的债务。用于夫妻共同生产、经营活动的债务包括双方共同从事工商业生产、经营活动或在农村承包经营土地所负的债务，共同从事投资或其他金融证券交易活动所负的债务，以及在共同生产经营活动中所应交纳的税款。还有，经夫妻双方同意由一方经营且收入用于共同生活所负的债务及夫妻双方同意一方用夫妻共同财产投资以个人名义从事生产经营或虽由一方独自筹资经营但收益用于共同生活所负的

债务等，这些都属于夫妻共同债务。

4. 夫妻共同债务的责任承担应当区分情况分别承担

夫妻共同债务的清偿责任是共同责任或者一定条件下的连带责任，逻辑上应当分为三种情形。第一种是夫妻共同生活债务，在婚姻存续期间，夫妻所得财产为夫妻共同财产，但双方对夫妻财产另有约定的除外。对共同所有的财产，夫妻双方有平等的处理权。这种对共同财产不分份额的共同共有以及平等的处理权，决定了夫妻对共同债务也不分份额、平等地负担偿还义务。债权人有权要求夫妻任何一方对债务承担全部清偿责任，作为债务人的夫妻任何一方也必须对全部债务进行清偿，夫妻共同债务的清偿责任为连带责任，即使夫或妻一方死亡的，生存一方仍然需要对夫妻共同债务承担全部的清偿责任。第二种是夫妻共同从事生产经营的债务。这种债务在形成之初的数额比较大，债权人应当具有更高的注意义务，以夫妻婚姻存续期间的财产收入作为清偿责任的担保更为适合。第三种是夫妻一方的举债行为使夫妻他方获得了相应利益，则其应当在获得利益的范围内负有清偿责任。

二　夫妻共同债务的认定规则和推定规则

（一）夫妻共同债务的认定规则

夫妻共同债务的认定规则，也称基于夫妻共同意思表示或者基于共同生活、共同生产经营构成的债务认定规则，是《民法典》"婚姻家庭编"、《婚姻法》和司法解释中关于夫妻债务认定所做出的规定，是指如何判断夫妻一方或双方举债属于夫妻共同债务的规则。夫妻共同债务以夫妻全部财产或者婚姻关系存续期间所得财产负清偿责任。规定何种债务属于夫妻共同债务的规则，属于认定规则，主要涉及《民法典》"婚姻家庭编"第1064条规定、

《婚姻法》第41条规定、《离婚财产分割意见》的相关规定。[①] 具体而言，夫妻共同债务的形成原因包括：夫妻共同意思表示构成的债务，如购置夫妻共同生活所需用品；购买、装修、修缮夫妻共同所有的房屋；夫妻正常取得、管理、使用、收益、处分共同财产；支付夫妻医疗费用；夫妻一方或双方履行法定抚养义务；支付夫妻一方或双方的教育、培训费用；夫妻从事正当的文化、教育、体育、娱乐活动等；支付正当必要的社会交往费用。司法解释通过司法实践经验从反面规定了哪些情形下所负债务不属于夫妻共同债务：夫妻双方约定由个人负担的，但以逃避债务为目的的除外；未经配偶同意，一方擅自资助与其没有法定义务的亲朋的；未经配偶同意，一方独自筹资从事经营活动，其收入没有用于共同生活的；其他应由个人承担的债务。

（二）夫妻共同债务的推定规则

夫妻共同债务的推定规则，即推定债务是否为夫妻一方或者双方在婚姻关系存续期间所形成的债务，《婚姻法解释（二）》第24条规定，除"但书"规定的除外情形，只要发生在婚姻关系存续期间就推定为夫妻共同债务；"法释〔2018〕2号"规定基于日常家事代理权形成的债务推定构成夫妻共同债务；[②]《民法典》"婚姻家庭编"也规定基于家庭日常生活需要所负债务推

---

① 《婚姻法》第41条规定："离婚时，原为夫妻共同生活所负的债务，应当共同偿还。共同财产不足清偿的，或财产归各自所有的，由双方协议清偿；协议不成时，由人民法院判决。"1993年《离婚财产分割意见》第17规定："夫妻为共同生活或为履行抚养、赡养义务等所负债务，应认定为夫妻共同债务，离婚时应当以夫妻共同财产清偿。下列债务不能认定为夫妻共同债务，应由一方以个人财产清偿：（1）夫妻双方约定由个人负担的债务，但以逃避债务为目的的除外；（2）一方未经对方同意，擅自资助与其没有抚养义务的亲朋所负的债务；（3）一方未经对方同意，独自筹资从事经营活动，其收入确未用于共同生活所负的债务；（4）其他应由个人承担的债务。"第18条规定："婚前一方借款购置的房屋等财物已转化为夫妻共同财产的，为购置财物借款所负债务，视为夫妻共同债务。"

② 《婚姻法解释（二）》第24条规定："债权人就婚姻关系存续期间夫妻一方以个人名义所负债务主张权利的，应当按夫妻共同债务处理。但夫妻一方能够证明债权人与债务人明确约定为个人债务，或者能够证明属于婚姻法第十九条第三款规定情形的除外。"

定构成夫妻共同债务；超出家庭日常生活需要所负债务，推定为夫妻一方的个人债务等。根据《婚姻法解释（二）》第 24 条，此种夫妻共同债务确定时的最大特点是：由举债方配偶负举证责任，须证明该债务被举债方与债权人明确约定为夫妻一方的个人债务，或者债权人知道举债方与其配偶实行约定财产制，或者夫妻一方与第三人串通虚构债务，或者举债方举债是为从事赌博、吸毒等违法犯罪活动。① 而且此种夫妻共同债务应当由夫妻承担连带清偿责任，但对以什么财产承担连带清偿责任，则没有具体规定。根据"法释〔2018〕2 号"第 2 条的规定和《民法典》"婚姻家庭编"第 1064 条的规定，将家庭日常生活需要范围内的举债，推定为夫妻共同债务；超出家庭日常生活需要范围的举债，推定为夫妻一方的个人债务。

第二节　夫妻共同债务制度的基本类型

夫妻关系是一种复杂的社会关系，在家庭关系中处于核心地位。夫妻关系中每一方又都是独立、平等的主体，无论是在一定的家庭中生活还是在一定的社会中生活，包括受雇于法人、社会组织或者自己成立公司等进行生产服务等活动。夫妻关系中每一个人的活动会有许多可能，自己的活动、夫妻（家庭）共同的活动、法人等社会组织的活动等。所以，由夫妻各种活动构成的债务的性质也会有所不同，可能存在夫妻个人债务、夫妻共同债务、与夫妻无关的法人和其他社会组织的债务等。

一　夫妻在家庭共同生活中形成的债务

夫妻在复杂的社会中扮演着不同的角色，而最基本的角色就是在家庭共

---

① 参见 2017 年 2 月 28 日公布的《婚姻法解释（二）的补充规定》。

同生活中扮演的不同角色。我们通过判断举债是夫妻一方的个人行为还是夫妻双方的共同行为，来区分债务性质为夫妻共同债务还是夫妻个人债务。主要区分要素应当包括：夫妻合意行为，也称夫妻共同行为；夫妻履行法定义务的行为也是共同行为；夫妻一方的持家行为；夫妻一方行为的后果为夫妻共同享有利益的行为；夫妻一方举债用于家庭日常生活需要的行为等。

（一）夫妻在家庭中的法律地位决定其行为为共同行为或者个人行为

夫妻在家庭生活中的法律地位，决定夫妻一方的行为是共同行为还是个人行为。古代社会的夫妻关系立法采用"夫妻一体主义"，规定男女结婚后合为一体，人格相互吸收，而实质上是妻的人格被夫吸收，被吸收的人格丧失主体地位。在此种立法背景下，妻没有独立人格、没有财产所有权、没有行为能力和诉讼能力。妻要为独立的个人行为是不可能的。这也是古罗马法创设日常家事代理权制度的原因。罗马法后期，"夫妻一体主义"因其强烈的身份性的立法特点逐渐被抛弃，由"夫妻别体主义"所取代。

在奴隶制、封建制以及早期的资本主义社会中，立法采用"夫妻一体主义"。直到近现代资本主义社会，资产阶级法律才逐渐摒弃了"夫妻一体主义"而采用"夫妻别体主义"。"夫妻别体主义"立法，确定了夫妻双方具有平等的法律地位，至少在形式上是平等的。但法律与实际生活差距甚大，夫妻在家庭中的地位远未达到完全平等。

当代国家婚姻家庭立法、司法实践，都以男女平等为原则规范夫妻之间的权利和义务。由于夫妻之间具有独立人格，彼此地位平等，都具有民事权利能力和民事行为能力，可以自由地进行民事活动。夫妻任何一方与第三人的民事法律行为除法律有明确规定或者双方有共同的合意外，要由自己负责，与夫妻他方无关。这也是民事合同具有相对性原理的体现。完全民事权利能力和民事行为能力人都享有独立的人格权，他们完全可以进行独立的民事活动，活动的后果当然应由进行活动的人自己负责。除非是夫妻双方合意的行为或者是在家庭日常生活需要范围内做出的行为，或者基于这个行为获得的财产利益用于夫妻共同生活、共同生产经营活动，这个行为的责任才能由夫妻共同承担。

综上，我们不难发现，在夫妻平等的家庭生活中，夫妻中一人与第三人做出一定行为时，除非这个行为是基于夫妻双方合意或者这个行为为夫妻双方带来了财产利益或者该收益用于夫妻共同生活、共同生产经营活动，都应当首先认定为一方的个人行为，个人行为当然由行为人自己独立承担法律责任。

（二）夫妻共同生活所负债务

有人可能质疑夫妻关系本身应当具有个体性和共同性这种双重性特征，个体性时进行的行为，就是个人行为，当然由个人承担责任；共同性时进行的行为，就是共同行为，当然由夫妻共同承担责任。还有人说，夫妻关系具有强烈的伦理特征，强调个人行为是忽略了这种伦理特征。可以肯定地回答，我们恰恰是注意到了上述问题，才得出个人行为个人承担责任，共同行为共同承担责任的结论。婚姻家庭的伦理性是指婚姻家庭关系内部存在的特性，不包括家庭成员与第三人之间的行为。这一点，笔者曾经在相关论文中提及，在此不再赘述。①

根据《婚姻法》第41条规定、"法释〔2018〕2号"和《民法典》"婚姻家庭编"的规定，"用于共同生活"作为夫妻共同债务的本质要素，是认定夫妻共同债务的最主要依据。但是，法律规范却没有界定何为"共同生活"，也没有相关阐述和解释。《民法典》"婚姻家庭编"和之前最高人民法院的司法解释已经明确夫妻在婚姻关系存续期间因共同从事生产经营所负的债务也

---

① 李洪祥：《论我国民法典立法之亲属法体系构建的价值取向》，《社会科学战线》2012年第12期，第176~183页；李洪祥：《亲属法规则财产法化趋向论》，《求是学刊》2016年第4期，第83~90页。

属于夫妻共同债务。学界通常认为，夫妻在婚姻关系存续期间的生活、生产经营等都属于夫妻共同生活范畴。夫妻共同从事生产经营是夫妻共同生活的一种方式，既包括夫妻出于共同意思进行投资、生产经营，也包括夫妻一方从事生产经营但利益归家庭共享的情形。"法释〔2018〕2 号"第 3 条和《民法典》"婚姻家庭编"第 1064 条规定，举债方以个人名义举债的，如果该债务超出家庭日常生活需要范围但实际用于夫妻共同生活、生产经营的，依然是夫妻共同债务。

维持夫妻共同生活存续所负的债务，是指夫妻为了维持正常家庭生活所负的债务，包括在家庭日常生活范围内形成的债务、基于日常家事代理权形成的债务，以及因履行夫妻的衣、食、住、行和教育等方面法定义务所负的债务。

夫妻履行抚养教育义务 。《民法典》"婚姻家庭编"第 1067 条规定："父母不履行抚养义务的，未成年子女或者不能独立生活的成年子女，有要求父母给付抚养费的权利。"《婚姻法》第 21 条规定，"父母对子女有抚养教育的义务"。抚养是指父母从物质上、生活上对子女的养育和照顾，如父母对子女的生活费、教育费、医疗费的付出；教育是指父母在思想、品德等方面为了使子女健康成长、成为对社会有用的人而进行的全方位的培养。未成年或不能独立生活的子女有要求不履行抚养义务的父母给付抚养费的权利。"抚养费"，包括子女的生活费、教育费、医疗费等费用。"不能独立生活的子女"包括尚在接受高中教育或九年制义务教育，或者丧失或未完全丧失劳动能力等非因主观原因而无法维持正常生活的成年子女。《婚姻法》第 23 条规定，"父母有保护和教育未成年子女的权利和义务"。当未成年子女对国家、集体或他人造成损害时，父母需要承担相应的民事责任。教育子女是夫妻双方对子女的义务。父母对子女有抚养教育义务，尤其是对未成年子女是无条件的、必须履行的义务；父母对成年子女的抚养教育义务则是有条件的、相对的，比如父母对于无劳动能力或不能独立生活的成年子女仍然要承担抚养义务。未成年的或不能独立生活的子女仍有要求不履行抚养义务的父母给付抚养费的权利。父母因履行子女抚养教育义务的所有花销均属于日常生活开销，故所负债务也属于夫妻共同债务。

对以夫妻一方的名义进行的负债行为的认定。如果利益共享，则在分享利益范围内责任共担。如果夫妻一方在上下班、个人游玩途中或驾驶车辆进行其他与家庭生活无关的活动时发生交通事故的，是其个人的侵权行为所致，其所负债务应认定为个人债务。

"用于夫妻共同生产经营"的认定标准可以从三个方面理解其内涵。其一，何为"共同"。"共同"是指夫妻出于共同意思进行经营行为。审判实践中，各地法院甚至同一法院的不同法官对共同性的理解亦常存差异。部分观点认为，夫妻"共同"经营的标准要求夫妻双方均进行经营管理活动，有自己的意思表示与行为，否则为不具有共同性。夫妻一方的正当经营行为所举债，应推定为夫妻共同债务。其二，何为"经营"。"法释〔2018〕2号"和《民法典》"婚姻家庭编"并没有阐释"生产经营"的内涵。部分观点认为，生产经营是指个体工商户、家庭承包经营户或其他实体经营组织进行的经营行为。笔者认为，法律法规对何为"生产经营"并无明确阐释，"生产经营"在社会飞速进步和发展的环境下无法有固定的概括含义，也无法进行列举定义，出于鼓励生产经营的原则，可以将任何合法的、不违背公序良俗的营利性行为均认定为生产经营，包括自谋职业、创业行为，只要是从事法律允许范围内的正当经营行为，均可认为是经营性行为。其三，何为"用于"。司法解释对"用于"的阐释中，采用的认定标准是以债务实际用途的性质衡量是否成立夫妻共同债务，并明确相应的举证责任在于债权人，因此，当债权人不能证明债务用于夫妻（或者家庭）共同生活时，应承担举证不能的法律后果，承担举债不能被认定为举债人夫妻共同债务的风险。但实践中"用于"的内涵如何理解也存在争议。有学者认为，对夫妻共同债务的用途应仅做形式审查，双方在举债合同中约定举债的用途是共同生产经营，即符合形式审查要求，债权人无法也无须审查债务的实际用途，也即债务实际用途并非用于共同生产经营，亦应认定为夫妻共同债务。笔者认为，"法释〔2018〕2号"规定系根据的实际用途作为衡量举债是否属于夫妻共同债务的判断依据，因此不能以约定用途为标准。对实际用途的理解亦应按照常理常情进行理解，若该举债并非实际用于夫妻共同生产经营，则不能认定为夫妻共同债务。《民法典》"婚姻家庭编"也应当做此解读。

二　夫妻在社会关系中形成的债务

夫妻在家庭内部扮演着重要角色的同时，也在与第三人进行交往的社会关系中扮演着重要的角色，因此研究在社会关系中的夫妻共同债务也有其必要性。社会关系中的夫妻共同债务问题主要从夫妻代表公司等法人进行的行为、夫妻在社会关系中代表家庭进行的行为以及夫妻在社会关系中的个人行为三个方面进行讨论。

（一）夫妻一方代表法人的行为

夫妻一方代表或者代理公司（法人型）形成的债务主要包括夫妻在有限责任或者股份有限责任公司中形成的债务。

代表或者代理有限责任公司形成的债务。夫妻在有限责任公司中作为公司的代表人或者代理人形成的债务是公司债务，由公司承担责任，除非公司财产与家庭财产混同，否则与夫妻共同债务无关。夫妻一方作为有限责任公司的股东，在婚姻关系存续期间以个人名义为公司举债或为公司举债提供担保的，形成的举债或担保债务一般属于夫妻个人债务。除非有限责任公司的财产与家庭财产混同，否则与夫妻共同债务无关。

代表或者代理股份有限责任公司形成的债务。夫妻一方在婚姻关系存续期间以个人名义代表或者代理股份有限责任公司举债所形成的债务，如果夫妻双方没有共同举债的合意或举债并未用于家庭生活，依据《公司法》相关规定公司财产独立于个人财产和家庭财产，一般不应认定为夫妻共同债务。作为夫妻公司、家族公司的法定代表人、控股股东的夫妻一方以个人名义为公司举债或者举债实际用于公司的，则该债务一般应认定为公司债务，不论举债时间是否为夫妻关系存续期间，也不论夫妻间实行何种财产制，都与夫妻他方没有债务关系。

（二）社会关系中夫妻一方代表家庭的行为

夫妻关系与其他类型的社会关系不同，家庭伦理、生活方式等各种因素都会对其产生影响，夫妻共同财产的占有、使用、收益和处分不同于其他民商事行为。因此，社会关系中一方代表家庭进行的行为所产生的债务主要有夫妻共同生产、共同经营形成的债务，包括农村土地承包经营、夫妻共同经营合伙企业产生的债务。

1. 夫妻共同生产、经营合伙企业形成的债务

《民法典》《合伙企业法》规定，夫妻共同经营的合伙企业，如二人为普通合伙，则双方作为普通合伙人都应以婚姻关系存续期间所得财产对合伙企业债务承担无限连带责任；如夫妻双方一人为普通合伙人，一人为有限合伙人，则作为普通合伙人的一方应承担无限连带责任，而作为有限合伙人的一方应承担有限责任。但夫妻关系较为特殊，并不是普通的合伙，夫妻双方以夫妻共同财产进行生产经营，共享收益，共担风险，因此应当以婚姻关系存续期间所得财产承担清偿责任。

2. 农村土地承包经营中形成的债务

《民法典》第55条规定："农村集体经济组织的成员，依法取得农村土地承包经营权，从事家庭承包经营的，为农村承包经营户。"第56条规定："个体工商户的债务，个人经营的，以个人财产承担；家庭经营的，以家庭财产

承担；无法区分的，以家庭财产承担。农村承包经营户的债务，以从事农村土地家庭承包经营的农户财产承担；事实上由农户部分成员经营的，以该部分成员的财产承担。"

（三）夫妻在社会关系中一方的个人行为

社会关系主要是依靠个人与个人的交往和活动维系的，在社会关系中，夫妻个人的行为占据了重要的位置，同时也在夫妻债务中占据着重要的位置。因此，笔者从夫妻一方的个人行为形成的债务，夫妻一方侵权、为他人提供保证以及违法、犯罪形成的债务等方面进行讨论。

1. 夫妻一方的个人行为形成的债务

在夫妻个人特有财产上建立的债务不属于夫妻共同债务。夫妻共同债务分为约定之债与法定之债，虽然约定之债大部分都属于夫妻共同债务，但对于夫妻个人特定的具有人身性的合同之债则不应当属于夫妻共同债务。婚姻成立前后任何一方未经他方同意，且并非为家庭利益所负的债务应属于夫妻一方的个人债务。婚姻成立前后夫妻一方为独立个体，且该债务并非用于家庭利益的亦不应当认定为夫妻共同债务，否则有违司法公正。

2. 夫妻一方侵权形成的债务

夫妻一方侵权形成的债务，一般是个人债务。对于夫妻双方共同侵权形成的债务，应为夫妻共同债务，由共同财产偿还这一规则，学界没有异议。但是对于在婚姻关系存续期间因夫妻一方侵权形成的债务如何处理，存在争议。第一种观点认为，应当适用《婚姻法解释（二）》第 24 条的规定，推定夫妻单方侵权形成的债务为夫妻共同债务。但该推定规则对未实施侵权行为的夫妻一方过于苛刻。第二种观点认为，夫妻单方侵权形成的债务应当由侵权一方承担责任，这是侵权人的个人债务。该观点是以侵权行为产生的赔偿带有惩罚性质为出发点，债务是针对侵权人的行为进行规制，从而将债务排除在夫妻共同债务之外。但是该规则限制了受害人请求赔偿的范围，侵权人虽为个人但绝非与夫妻共同生活无关,如果将单方侵权之债认定为个人债务,就很可能产生侵权人与配偶通过离婚将共同财产转移给配偶一方以规避债务,损害受害人利益的情况。夫妻一方侵权情况不同于合同中的债权债务关系,不需要考虑对交易安全的保护,只需要平衡夫妻个人利益和受害人利益。在现有法律法规的体系下,法官应当灵活运用法律法规和司法解释,寻找各方之间的利益平衡,尽可能地实现司法的公平和正义。因此,笔者赞同第三种观点,即在婚姻关系存续期间因夫妻单方侵权形成的债务应当由侵权一方承担责任,这是侵权人的个人债务,该债务的形成与夫妻家庭生活有关或者家庭因该行为享有利益的除外。

当然,这里的除外情形的举证责任分配给债权人,但债权人如果没有提供适当的证据证明该侵权行为与家庭共同生活有关,法官可以依职权进行审查,并不必然驳回当事人的诉讼请求,在考察双方的陈述和证据后,如果仍然无法认定侵权行为与夫妻家庭生活有关或者侵权行为给家庭带来利益时,债权人才承担败诉的风险。

关于如此处理的法条引用问题,笔者认为《婚姻法解释(二)》第24条的规定于此情形并不适用,《民法典》"婚姻家庭编"的相关规定和《婚姻法》第41条的规定更为合适,以债务用于夫妻共同生活为认定标准,即使夫妻关系仍然存续,也可以适用该条规定,使债权人在诉讼中承担较多的举证责任。

3. 夫妻一方为他人担保形成的债务

夫妻一方为他人担保形成的债务,是个人债务。关于夫妻一方为他人担保形成的债务的性质如何认定的问题,最高人民法院对福建省高级人民法院的一个案件的回复表示支持上述债务为个人债务的观点。[1] 该案中债务人

---

[1]　参见《最高人民法院民一庭关于夫妻一方对外担保之债能否认定为夫妻共同债务的复函》(〔2015〕民一他字第9号)。

向债权人三次借款合计 150 万元，并约定了利息，夫妻中丈夫一方为该借款提供担保。随后，债权人诉讼要求担保人及其配偶对债务人的上述债务承担连带责任。福建省高级人民法院对该案件产生了两种观点的分歧：多数人认为，因担保形成的债务不属于《婚姻法》规定的属于夫妻共同生活债务的情形，担保虽然与其他利益相关但不必然导致利益相关人承担连带责任，单方担保之债不属于《婚姻法解释（二）》第 24 条规定的情形，因此，夫妻一方担保形成的债务不属于夫妻共同债务。还有观点认为，担保之债虽为从债务，但性质上与普通债务一样，亦属于《婚姻法解释（二）》第 24 条的调整范围，当事人应对担保债务承担连带责任。最高人民法院认同多数人的意见。

最高人民法院认为夫妻一方为他人进行担保所负的债务是夫妻一方的个人债务的法理依据在于，夫妻一方对第三人债务进行担保是一种纯负担行为，实质上担保人没有获得任何款项可以用于家庭共同生活、生产经营，更不可能因此获得利益。如果认为非担保配偶一方需要承担夫妻一方为他人担保形成的债务，非担保配偶一方的合法财产将有可能在其不知情的情况下用于偿还另一方单方民事行为所负的债务，并且财产很可能得不到补偿，使其财产不能根据自己的意思支配，会面临很大风险，损害非担保一方的合法财产权益。因此，夫妻一方对外担保形成的债务原则上应属于夫妻一方的个人债务，除非债权人能够举证证明该保证或担保实际上是经过配偶另一方同意的。需要说明的是，担保之债也不能一概而论，认为其都不属于夫妻共同债务。司法实践中也有担保之债被认定为夫妻共同债务的案例。判断担保之债是否属于夫妻共同债务的认定标准应该是考察该担保债务是否与夫妻共同生活密切相关、是否存在夫妻共同担保的意思表示。最高人民法院明确了夫妻一方为公司大股东、法定代表人，又为公司提供担保时形成的债务应认定为夫妻共同债务，理由就在于特殊身份的人为公司提供担保的行为与他们家庭的生产、生活息息相关。但笔者认为公司债务与夫妻共同债务不可一概而论。

4. 夫妻一方违法、犯罪形成的债务

夫妻一方因违法、犯罪行为形成的债务，是个人债务。如何认定夫妻一方因赌博、吸毒恶习形成的债务属于何种性质？根据最高人民法院2017年发布的补充规定，第三人对夫妻一方在从事赌博、吸毒等违法犯罪活动中所负债务主张权利的，人民法院不予支持。对此规定，同样应当分情况进行分析。其一，在涉及赌博、吸毒的借贷举债中，如果借款用途属于夫妻日常生活需要，而举债方配偶主张该债务是举债人用于赌博、吸毒等个人违法行为，不属于夫妻共同债务的，应由举债方配偶承担该债务用于赌博、吸毒等违法行为的举证责任，证明标准要求必须证明举债人有从事赌博、吸毒等违法犯罪活动的高度可能性。如果法院认为债务的实际用途涉及违法行为，也可以依职权进行调查。如果举债方配偶不能证明举债人有赌博、吸毒的高度可能性，法院又无法查明债务的用途，举债方配偶仍然承担败诉的风险。其二，在涉及赌博、吸毒的借贷举债中，如果借款的用途不属于家庭日常生活需要，举债方配偶主张该债务是用于赌博、吸毒等违法犯罪活动的，若想让夫妻双方共同承担债务，应该由债权人举证证明债务用于家庭共同生活、生产经营，而举债方配偶无须证明该债务用于赌博、吸毒等违法犯罪活动。债权人举证不能，法院又无法查明的，由债权人承担败诉风险。该认定规则的法理依据在于，债权人出于对自己权益的保护，为降低借款风险，应对举债方的基本情况、人品和行为习惯，以及借款性质、用途等加以了解和询问，在明知或者应知举债方有赌博、吸毒等恶习的情况下，依然借款给债务人的，应该属于自愿承担借款举债风险，因此该债务只能由举债方个人承担，不能要求其配偶共同承担。要想让举债方配偶共同负责，就要由债权人负举证责任，否则对举债方配偶是极不公平的，属于没有平衡保护债权人与举债方配偶的合法权益。

第三节　夫妻共同债务制度的清偿规则

夫妻债务不仅涉及确定问题，还包括清偿问题。《民法典》"婚姻家庭编"第1089条、《婚姻法》第41条的规定主要是关于如何清偿的问题。应区分夫妻共同债务和夫妻个人债务，夫妻共同债务由夫妻共同清偿，夫妻个人债务由个人清偿。在财产相对较少且分配相对比较简单的情况下，这种规则是可以的，但其已经不适合现实中复杂的社会关系和财产关系。所以，有必要探讨清偿的性质、债务与夫妻关系、债务与家庭关系等诸多方面对清偿的影响。

一　清偿的概念和性质探讨

清偿是合同消灭原因中最常见也最重要的一种，是一种正常的消灭事由。与清偿相关的法律问题涉及债权、债务的方方面面，对当事人利益影响甚大。夫妻共同债务清偿作为夫妻共同债务中一个重要的组成部分，与债务的实际给付紧密相关，是与当事人利益关系最密切的一个环节。王利明等学者从合同法视角指出清偿的概念，认为"清偿是指当事人按照合同的约定正确、适当地履行其合同义务，并使当事人订约目的得以实现"[1]，夫妻共同债务清偿的内涵可以概括为：夫妻双方将债务中构成夫妻共同债务部分的债务关系归于消灭的行为，即是对夫妻共同债务的清偿。对此，《民法典》"婚姻家庭编"第1089条延续了《婚姻法》第41条的规定。

对于清偿的法律性质，学界观点不一。一些学者主张按照物权法理论

---

[1]　王利明、杨立新、王轶、程啸：《民法学》（第四版），法律出版社，2015，第503页。

解决夫妻债务清偿问题[①]，一些学者主张按照法律行为理论解决夫妻债务清偿问题[②]。

为符合《民法典》对民事责任性质的规定，避免另行创设责任性质，从夫妻共同债务清偿的特点以及立法原意看，未对清偿责任做出特殊约定的共同债务的清偿责任应属连带责任。

二　夫妻共同债务的清偿路径

德国学者迪特尔·施瓦布认为个人债务应以个人财产清偿，但夫妻财产由夫妻双方共同管理的情况下，原则上夫妻双方都应对共同债务负责；若夫妻财产由一方单独管理，则该方只对涉及其管理的部分债务负责。[③] 国内一些学者认为应当按照连带之债的清偿来加以认定，夫妻双方对共同之债应当承担连带责任，债权人有权向任何一方主张债权；另一些学者则坚持共同债务清偿责任非连带责任，应该先以夫妻共同财产进行清偿，未清偿的部分可以准用连带责任以夫妻双方的个人财产进行清偿。[④]

《民法典》"婚姻家庭编"对共同债务认定的改进更突出了法律行为理论在债务认定中的作用，基本排除了夫妻财产制在共同认定方面的影响，不论采用何种财产制，夫妻共同债务的类型都不变。在此背景下，夫妻共同债务的清偿也应该一以贯之，以法律行为理论为核心进行清偿规则的构建。法律行为理论中以共同意思为核心区分债务清偿责任的关键在于区分举债行为是个人行为、共同行为，还是有关法人的生产经营行为等。

---

① 薛宁兰：《中国民法典夫妻债务制度研究——基于财产权平等保护的讨论》，《妇女研究论丛》2018 年第 3 期，第 22 页。
② 曲超彦：《夫妻共同债务清偿规则探析》，《法律适用》2016 年第 11 期，第 62 页。
③ 〔德〕迪特尔·施瓦布：《德国家庭法》，王葆莳译，法律出版社，2010，第 116 页。
④ 江凌：《论夫妻共同债务的认定与清偿》，《河北科技师范学院学报》(社会科学版)2017 年第 2 期，第 55~56 页。

三 国外关于夫妻共同债务清偿的立法例

(一)以共同财产制为法定财产制的国家的夫妻债务清偿的立法

1.法国相关规定

法国将夫妻债务分为夫妻共同债务、夫妻个人债务和夫妻间的债务三种,不同类型的债务存在不同的清偿方式。

《法国民法典》第1409条规定,夫妻共同债务由两个部分构成,是指依照第220条规定产生的与在共同财产制期间发生的其他能够定为永久性共同债务的负债和应予以补偿的负债。前者指"为维持日常家庭生活开支和子女教育的费用,夫妻应负担的生活费用及缔结的债务"[1]。依照该法第220条规定,夫妻双方均有权单独订立旨在维持家庭日常生活与子女教育的合同,夫妻一方据此缔结的债务对另一方具有连带约束力。同时,该条也强调夫妻共同债务的认定还要考虑家庭生活状况、举债的原因和行为是否有益于家庭以及缔结合同的第三人是善意还是恶意等诸多因素,对于明显超出日常生活需要的债务,叫作"明显过分的开支",不能产生连带效力。上述规则不能包含的特殊情况规定于在此基础上制定的补充规则。以分期付款、还款方式进行的购买和借贷,如举债行为未经夫妻双方同意,对夫妻双方也不产生连带义务;但小额借贷并用于家庭日常生活需要的,不在此列。[2]

对于个人债务,《法国民法典》第1410条明确规定,夫妻双方在结婚之日所负的债务,在婚姻关系存续期间进行的遗产继承和无偿处分的财产上所负的债务,本金、定期金的分期应付款项的利息,均为个人债务;第1411条规定,夫妻一方或另一方的债权人仅能对其债务人的"特有财产与收入"提出清偿请求。但是,如果在结婚之日夫妻一方拥有的动产或因继承、赠与而

---

[1] 《法国民法典》,罗结珍译,法律出版社,2005,第1138页。

[2] 《法国民法典》,罗结珍译,法律出版社,2005,第1138页。

受领的动产已经与夫妻共同整体财产产生混同，并且按照第1402条的规则也不能进行区分时，夫妻一方或者另一方的债权人才可以对属于共同财产的部分提出清偿请求。

同时，《法国民法典》第1412条明确了用夫妻共同财产清偿夫妻一方的个人债务后，该方应对共同财产给予补偿。该法第1413条还规定，如果婚姻存续期间采用共同财产制，那么夫妻任一方所负的债务，不需考虑债务产生的原因，债权人均可以对共同财产提出清偿请求，但如果作为举债方的夫妻一方存在故意欺诈或债权人为恶意时，则不能对共同财产进行追偿。如果有必要，应对共同财产予以补偿。① 该法第1475条规定，在用共同财产全部完成对债务的偿还之后，剩余的共同财产在夫妻双方之间对半分割。如果共同财产中有不动产是专属于夫妻一方的另一宗不动产的附属部分，或者与邻接的另一宗不动产不可分割，作为个人财产不动产的所有人的配偶一方，有权请求将作为附属部分、邻接部分的不动产分割给自己，但应当按照该请求提出之日属于共同财产的不动产部分的价值，抵扣其本人应分割的其他财产，或者应当支付该部分不动产的对价。该法第1479条第1款规定，夫妻一方仍可对另一方行使的个人债权不产生先取财产的权利，并且仅自清偿催告之日起开始计算利息。②

2.意大利立法

《意大利民法典》将夫妻债务拆分为两个部分，分别规定在法定共有和协议共有两个框架下，从而使得意大利法律中的夫妻债务分别由两大部分构成：夫妻共同财产承担的债务和夫妻个人承担的债务。

《意大利民法典》第186条规定了共同财产应承担的债务范围，包括：维持家庭生活的费用、养育子女的费用、夫妻双方为家庭利益共同或分别承

---

① 《法国民法典》，罗结珍译，法律出版社，2005，第1140页。

② 《法国民法典》，罗结珍译，法律出版社，2005，第1170、1173页。

担的债务、任何一项由夫妻双方共同承担的债务以及取得共同财产时设立的一切负担与费用和全部的管理费。第 187 条规定了共同财产不应承担的债务范围，主要是夫妻一方的婚前债务，除非债务符合第 189 条规定的例外情况。第 189 条规定了法定共同财产制下夫妻双方分别承担的债务范围。无法以个人财产清偿全部债务的，在婚姻存续期间夫妻一方做出特殊财产管理行为应取得但未取得配偶同意所负担的债务，可以用夫妻共同财产清偿，但是清偿范围只限于配偶在共同财产中享有的财产份额。第 190 条规定了以个人财产辅助清偿共同债务的范围。夫妻共同财产不足以清偿全部债务的，债权人可以请求以夫妻个人财产辅助清偿夫妻共同债务，可以请求清偿的范围为债权额的半数。[1]

　　总的来说，《意大利民法典》对于夫妻共同债务的清偿规定符合以下思路。夫妻共同债务首先由家庭财产进行清偿，对不足的部分债权人可以请求以夫妻个人财产补充清偿剩余债务，但是可以请求清偿的范围为债权额的半数。配偶一方如从共同财产中支取款项用于清偿其个人债务或完成特殊管理行为，均应承担偿还责任，除非该特殊管理行为有利于共同财产的积累或是为了满足家庭所需而必须采取。对于以个人财产补充共同财产的情形，配偶可以请求从共同财产中退还以个人财产支付的、用于管理共同财产的费用及以共同财产名义进行投资的费用。在配偶一方以债权人身份要求从共同财产中退还个人财产时，可按其债权数额从共同财产中提取。提取要求采用金钱方式，并且应当按照先动产后不动产的顺序提取。依照该法第 192 条第 4 款的规定，需在配偶共有关系终止时进行上述偿还行为，但如果家庭利益需要或者允许，法官可以在夫妻共有关系终止前准许进行。[2]

---

[1] 《意大利民法典》，费安玲、丁玫、张宓译，中国政法大学出版社，2004，第 55~56 页。

[2] 《意大利民法典》，费安玲、丁玫、张宓译，中国政法大学出版社，2004，第 56 页。

（二）以分别财产制为法定财产制的国家的夫妻债务清偿制度立法

目前，世界上大部分国家将分别财产制作为法定财产制，其中包括美国的大部分州、加拿大、英国、澳大利亚、德国、日本等。分别财产制是指夫妻双方婚前和婚后所得财产归各自所有，对自己的财产享有独立的占有、使用、收益和处分的权利，同时债务也归夫妻各自承担。《美国路易斯安那民法典》第 2364～2565 条规定了夫妻共同财产和个人财产相互补偿的规则，如一方用共同财产清偿了个人债务，在共同债务制度终止时，另一方可以要求对方返还一半；相反，如果一方用个人财产清偿了夫妻共同债务，也同样可以在共同财产制终止时，要求对方补偿一半的数额。[1]《日本民法典》第 761 条规定，若债务产生的原因为满足日常生活需要，举债方配偶对此债务承担连带责任。但是，第三人预先知道夫妻间采用分别财产制的，举债方配偶亦不承担连带责任。[2] 这些规定一方面对夫妻共同债务的清偿规则做了补充，另一方面也对维持夫妻在离婚时的利益平衡起到了很好的促进作用，值得我国借鉴。[3]

四　我国夫妻共同债务清偿的立法和司法

（一）我国夫妻共同债务清偿的立法

对夫妻共同债务认定的具体规定，不论《民法典》"婚姻家庭编"、《婚姻法》还是其他相关司法解释都是少之又少。相关的法律和司法解释仅有：《民法通则意见》第 43 条；《离婚财产分割意见》第 8、17 条；《婚姻法》第 41 条；《婚姻法解释（二）》第 25、26 条。其中，《民法典》"婚姻家庭编"第 1089 条、《婚姻法》第 41 条规定夫妻共同债务偿还应按照先共同财产后个人

---

[1]　张华贵主编《夫妻财产关系法研究》，群众出版社，2017，第 210 页。

[2]　《日本民法典》，王书江译，法律出版社，2000，第 149 页。

[3]　张华贵主编《夫妻财产关系法研究》，群众出版社，2017，第 210 页。

财产的顺序进行清偿。这对债权人请求清偿的范围造成了一定程度的限制。

《民法典》"婚姻家庭编"在对夫妻共同债务确定规则进行修改的同时保留了原清偿条款，原则是共同债务共同偿还，但是并未对共同偿还的责任财产范围以及清偿顺序做出规定；在共同财产不足清偿或分别财产制下，双方协议清偿。仅从文义解释的角度看，共同偿还的财产范围应该是共同财产。若不考虑债务性质是否为共同债务，夫妻双方或单方进行的举债，其责任财产范围应是举债方个人财产的全部，这里所说的债务包括个人债务和夫妻共同债务，责任财产若仅为共同财产，反而在一定程度上限缩了责任财产范围。《民法典》第1089条的"共同清偿"显然不能仅理解为以共同财产清偿，在法律行为理论下，清偿条款语句没做改动，但却可以有不同于财产制逻辑下的解释。

总的来说，在夫妻共同债务清偿的法律规定方面，我国立法主要呈现相关规范少、定性不明确的现状。一方面，相较于《德国民法典》第1459~1467条、第1475条关于夫妻共同债务的清偿规则的规定，我国对此的立法体量明显过少，并且为数不多的法律规范更加注重对共同债务确定的规制，而对于下一步清偿问题的关注则显得过于欠缺。[①] 另一方面，对于夫妻共同债务清偿的定性不明确也是一个重要问题。《婚姻法》第41条要求夫妻共同所有制之下的夫妻共同债务应当由夫妻共同偿还，并且先以夫妻共同财产来清偿，共同财产不足以清偿的部分，根据协议或法院判决来分别清偿。而《婚姻法解释（二）》第25条指出，对于夫妻共同债务，夫妻应当承担连带清偿责任。司法解释直接将《婚姻法》中的"共同偿还"简单等同于"连带清偿责任"的规定是否恰当，是学界和司法界一直关注的一个问题。

---

① 《德国民法典》（第3版），陈卫佐译注，法律出版社，2004，第448~451页。

（二）我国夫妻共同债务清偿的司法

1. 我国夫妻共同债务清偿的相关数据分析

在"聚法案例"平台以"夫妻共同债务"为争议焦点，"清偿"为关键词共搜索出相关案例 21136 篇。[①] 经过对 2010 年 1 月至 2021 年 2 月全国夫妻共同债务案件的多维度分析，本专题的案件分析结果如下：从文书性质来看，判决 20493 件，裁定 640 件，通知 2 件，其他文书性质 1 件；从审判的程序来看，一审案件共 9646 件，二审民事案件 9837 件，执行案件 160 件，再审审查与审判监督案件 300 件，其他审判程序案件 3 件；从法院层级来看，基层人民法院审结案件 9924 件，中级人民法院审结案件 10694 件，高级人民法院审结案件 489 件，最高人民法院审结案件 14 件，其他法院审结案件 15 件。[②]

从案由来看，夫妻共同债务类案件显著集中在民间借贷纠纷案由下，只有少部分属于离婚纠纷、追偿权纠纷类案由，可见在司法实践中，绝大部分夫妻共同债务案件都涉及第三人，包括夫妻双方向第三人举债，也包括夫妻一方向第三人举债的情形。

夫妻共同债务案件数量与地方人数数量、经济发展程度密切相关。案件量排名前五位的地区分别是广东省、浙江省、江苏省、湖南省、山东省，案件量分别为 4570 件、2059 件、1961 件、1405 件、1167 件。其中，广东省、浙江省、江苏省、山东省都是我国人口大省，根据第六次全国人口普查、汇总数据，广东省户数共计 32222752 户，为全国第一；山东省户数共计 30794664 户，为全国第二；江苏省以 25635291 户，居全国第五；浙江省以 20060115 户、湖南省以 19029894 户，分别位列全国第七、第九。[③]

---

① 聚法案例网址：https://www.jufaanli.com，最后访问日期：2021 年 2 月 13 日。
② 聚法案例网址：https://www.jufaanli.com，最后访问日期：2021 年 2 月 13 日。
③ 国家统计局：《第六次全国人口普查汇总数据》，http://www.stats.gov.cn/tjsj/pcsj/rkpc/6rp/indexch.htm，发布日期：2012 年 7 月 25 日，最后访问日期：2021 年 2 月 13 日。

2. 我国夫妻共同债务清偿的司法困境

（1）立法、司法功能划分不清

《民法典》"婚姻家庭编"第 1089 条、《婚姻法》第 41 条规定了夫妻共同债务要共同偿还，但并没有规定具体的清偿规则，导致可操作性不强，最高人民法院只能出台司法解释来对如何解决该类债务加以补充。《婚姻法解释（二）》第 25 条、第 26 条对夫妻共同债务的具体清偿规则做了规定，但它将"共同偿还"直接等价于"连带清偿"的规定，直接超越了婚姻法的立法本意。同时，《婚姻法解释（二）》第 25 条、第 26 条立足于第 24 条的推定规则，而第 24 条一向以背离了《婚姻法》第 41 条而备受诟病。[①] 这些情况使得实践中出现了立法、司法功能划分不清，立法、司法内容违背，司法解释越位等种种问题。

（2）概念性质界限不清导致的现实问题

最高人民法院在制定司法解释时将"共同偿还"等同于"连带清偿"的做法，使各级法院在适用法条时出现了许多困惑。首先，"共同偿还"只能表明并非只有举债方一人对该债务负清偿责任，但并不表明举债方配偶承担的责任形式就是连带责任，"共同"只说明主体问题并没有对责任形式也加以限定，二者并不相同。其次，从《婚姻法》第 41 条的清偿规则来看，共同债务的清偿顺序为先由共同财产清偿后由个人财产补充清偿。从"共同偿还"的语义可见，债权人在主张债权时，应当要求夫妻双方共同对债务负清偿责任。但如果认为夫妻共同债务的性质为连带责任，则夫妻双方对共同债务负有连带清偿责任，这意味着债权人既可以同时要求夫妻双方清偿，也可以单独向夫妻一方提出清偿要求，并可要求一方单独承担全部的清偿责任，这样

---

① 缪宇:《走出夫妻共同债务的误区——以〈婚姻法司法解释（二）〉第 24 条为分析对象》，《中外法学》2018 年第 1 期，第 255 页。

不分顺序的既可以对共同财产请求偿还又可以对个人财产请求偿还的清偿规则违背了《婚姻法》第41条的规定。

立法上的定性不清还直接导致了夫妻共同债务清偿在诉讼程序上的困顿。对于连带责任而言，债权人对起诉对象有权进行自由选择，原告仅起诉了多个债务人中的一个，该债务人对其他债务人有追偿权，不区分是否涉及共同财产问题。共同之债为不可分之债，所有债务人对外以一个整体形式存在，从诉讼程序法的角度来说，不可分之诉须以所有债务人作为共同被告；而连带之债为可分之债，各债务人为独立主体，其连带源于举债的共同目的，对外以数个独立的个体形式存在。[①] 但按照共同共有的原理，共同共有是不确定份额的共有，共有人在共同共有关系存在期间，不能请求划分共有财产以取得自己在共有财产中的相关份额。所以从诉讼程序法的角度来看，涉及夫妻共同偿还的案件，应当以夫妻双方作为必要共同被告，债权人不能仅起诉举债方或者其配偶。对于追偿问题，若夫妻以共同财产清偿债务，则双方之间并无追偿问题；若在超过共同财产以外清偿，根据"共同偿还"这一用语，双方之间是否具有追偿权尚不明确。[②] 可见，从诉讼程序法的角度来看，共同偿还并不能完全等同于连带清偿。

对于夫妻共同债务清偿中的清偿责任性质、责任财产范围、清偿顺序，不论是学界还是在司法实践中都不能达成相对统一的标准，并且在债务清偿的执行过程中还存在执行个人财产、共同财产不明确的问题，使判决结果并不能在执行过程中得到完全的实现。因此，夫妻共同债务制度立法必须明确清偿责任性质、责任财产范围和清偿顺序等问题。

---

① 〔日〕我妻荣：《新订债权总论》，王燚译，中国法制出版社，2008，第356页；孙森焱：《民法债编总论》（下册），法律出版社，2006，第719页。

② 李洪祥：《论夫妻共同债务构成的依据》，《求是学刊》2017年第3期，第88页。

（三）夫妻共同债务清偿规则的立法设计

1.学者观点枚举

对于夫妻共同债务清偿，学界许多学者都提出了相关的立法设计构想。一些学者试图在《物权法》或者《民法典》"物权编"（以下简称《物权编》）领域内解决夫妻共同债务的问题，具体想法是将夫妻共同债务解释为夫妻共同财产中消极财产的方式，将《物权法》中财产"共同共有"的规定引入《婚姻法》来解决夫妻共同债务问题。薛宁兰教授将夫妻共同债务结合债法原理，认为可以在共同共有框架下构建夫妻共同债务制度，从而构建了"夫妻共同共有债务"的概念——因共同关系所生的共同财产理应成为共同债务人的责任财产，并进一步指出了清偿规则。[①] 张驰、翟冠慧、贺剑、龙俊等学者同此观点。

对于用《物权法》或者《民法典》"物权编"中财产"共同共有"的规定解决夫妻共同债务问题的设想，一些学者也提出了自己的担忧。根据《物权法》或者《民法典》"物权编"，共同共有承担连带责任，按份共有承担按份责任，进而将共同偿还等同于连带责任。但连带责任会使夫妻举债方配偶可能承担全部的清偿责任，意味着巨大的婚姻不公平，同时这种设想与《婚姻法》第41条的规定难以一致。

对于这种担忧，缪宇指出，在共同财产制框架下认定夫妻共同债务并不意味着一定走上连带清偿责任的路径，共同财产制并不要求共有人对一切债务负连带责任，其对应的多数人债务形态是共同（共有）债务而不是连带债务，支持了在共同共有路径下解决夫妻共同债务的构想。同时，缪宇将夫妻共同债务类比合伙人财产共同共有。[②] 冯源也指出可以比照合伙人财产共同

[①] 薛宁兰：《中国民法典夫妻债务制度研究——基于财产权平等保护的讨论》，《妇女研究论丛》2018年第3期，第22页。

[②] 缪宇：《走出夫妻共同债务的误区——以〈婚姻法司法解释（二）〉第24条为分析对象》，《中外法学》2018年第1期，第255~256页。

共有构建一个通则性的规定，作为夫妻债务清偿规则的立法基准原则，以便在夫妻之间形成紧密的经济共同体。

曲超彦将夫妻共同债务按照起因分类为"单方型"与"合意型"，提出不同类型的债务应采取不同的清偿规则。"单方型"夫妻共同债务是基于共同债务推定形成的债务，这种推定一般是因为具有夫妻身份关系的外观而进行的；"合意型"夫妻共同债务是基于夫妻合意形成的债务，包括夫妻共债共签、事后追认，以及日常家事代理权等情形。[①] 他得出的结论是"单方型"夫妻共同债务应当由举债方配偶承担有限责任；"合意型"夫妻共同债务应当由举债方与举债方配偶承担连带清偿责任。[②]

蒋月教授对于夫妻共同债务的清偿问题，并未着重于对其债务性质的认定，而是认为应结合夫妻共同债务的发生原因或用途区分类型，进而区别对待。在坚持债务当然应由双方共同清偿的大原则下，对不同原因、不同情形下产生的债务做出不同的清偿。[③]

2. 笔者的基本观点

对于夫妻共同债务的清偿，应当依债务形成的性质、类别不同而有所区别，夫妻双方以签字等方式做出共同意思表示形成的债务，属于夫妻共同债务。该债务应当以夫妻共同财产和个人财产承担连带清偿责任。

债权人能够证明债务用于夫妻共同生活的，视为夫妻共同债务。夫妻为抚养教育未成年子女或者抚养教育无劳动能力或无法独立生活的成年子女形成的债务为夫妻共同债务。夫妻对该债务应当承担连带清偿责任。

夫妻一方的个人债务，以行为人的个人财产和双方婚姻关系存续期间

[①] 曲超彦：《夫妻共同债务清偿规则探析》，《法律适用》2016年第11期，第62页。
[②] 曲超彦：《夫妻共同债务清偿规则探析》，《法律适用》2016年第11期，第67页。
[③] 蒋月：《域外民法典中的夫妻债务制度比较研究——兼议对我国相关立法的启示》，《现代法学》2017年第5期，第41~42页。

所得财产的 1/2 为限承担清偿责任。债权人知道债务人夫妻之间约定实行分别财产制或者有其他财产约定的，仅以债务人的个人财产承担债务清偿责任。对于夫妻个人债务的清偿，应当明确以个人自有财产承担清偿责任为原则。对于实践中一直存在的夫妻个人债务部分是否可以以夫妻共同财产进行清偿的困惑，笔者认为，婚姻关系存续期间夫妻财产混同，夫或妻一方在征得对方同意的情形下，可以以夫妻共同财产清偿个人债务。而离婚后，夫妻财产自然会进行分割，夫妻当然可以以分割后的财产进行个人债务的清偿。司法实践中存在夫妻恶意串通，通过一方不分或者少分财产以达到逃避债务的目的的情况。因此，夫妻个人债务的清偿规则应当明确立法，设立"以其个人财产和婚姻关系存续期间所得财产的 1/2 承担清偿责任"的规则，从而划定夫妻个人债务的清偿边界。

债权人能够证明夫妻另一方从中受益的，应当以受益范围为限认定夫妻共同债务和应承担的清偿责任。这样既符合债法基本法理，也与国外大部分国家的立法相一致。

第三章

我国夫妻共同债务制度立法、司法解释的基本依据和存在的问题

　　我国夫妻共同债务制度的立法原则在 1950 年《婚姻法》第 24 条、1980 年《婚姻法》第 41 条中均有规定，而且都规定在离婚法中，作为处理财产纠纷的组成部分；最高人民法院在夫妻债务问题上最主要的司法解释有:《离婚财产分割意见》《婚姻法解释（一）》《婚姻法解释（二）》《婚姻法解释（二）的补充规定》《民法典婚姻家庭编解释（一）》，以及"法释〔2008〕2 号"等。这些规定确立的原则、规则构成了夫妻债务制度的基本依据。从理论上观察，区分了"用途论""时间论""内外有别论""共同意思论"，其背后的法理基础为"财产共有、债务共担"和法律行为中"个人行为为个人债务、共同行为为共同债务"。应当说，两种理论依据都有丰厚的理论和坚实的司法实践基础，通过利弊衡量，笔者把法律行为理论作为确认夫妻共同债务理论依据的应然选择。

第一节　夫妻共同生活的"用途论"含义、依据和存在的问题 ①

　　"用途论"是维持夫妻共同生活的一个方面，所以在两部《婚姻法》和《民法典》中都对其有规定，而且相关司法解释也多有涉及。最初，其应当

---

① 该节第一、第二两部分内容来源于作者作为本项目已经发表的论文，李洪祥:《论夫妻共同债务构成的依据》，《求是学刊》2017 年第 3 期，第 83~86 页。该文被中国人民大学复印报刊资料《民商法学》2017 年第 9 期全文转载，第 116~122 页。

属于确定夫妻共同债务的必备核心考察要素，没有此要素就不能确定构成了夫妻共同债务。该要素在早期具有较为强烈的物权法属性，甚至与夫妻财产关系具有一定关联性，《民法典》之前的司法解释在法理基础方面有些不充分，或者存在两种法理交叉的情况。《民法典》以后，"用途论"由处于核心地位转变为补充规范，法理基础开始彰显法律行为理论，规定共同意思的共同行为形成共同债务，个人意思的个人行为形成个人债务。

一　"用途论"的含义、演进

夫妻共同债务认定的"用途论"。"用途论"是指当举债方的举债目的是为了夫妻共同生活或所负债务用于夫妻共同生活时构成夫妻共同债务，具体体现于《民法典》"婚姻家庭编"第1064条①、《婚姻法》第41条②，是我国夫妻共同债务认定制度的核心与内涵③，是对1950年《婚姻法》第24条④及修改前的1980年《婚姻法》第32条⑤的保留与发展。在司法适用上，最高人民法院通过一系列司法解释明确了如何具体适用《婚姻法》第41条的

---

①　《民法典》"婚姻家庭编"第1064条规定："夫妻双方共同签名或者夫妻一方事后追认等共同意思表示所负的债务，以及夫妻一方在婚姻关系存续期间以个人名义为家庭日常生活需要所负的债务，属于夫妻共同债务。夫妻一方在婚姻关系存续期间以个人名义超出家庭日常生活需要所负的债务，不属于夫妻共同债务；但是，债权人能够证明该债务用于夫妻共同生活、共同生产经营或者基于夫妻双方共同意思表示的除外。"

②　《婚姻法》第41条规定："离婚时，原为夫妻共同生活所负的债务，应当共同偿还。共同财产不足清偿的，或财产归各自所有的，由双方协议清偿；协议不成时，由人民法院判决。"

③　王歌雅：《离婚债务清偿：法律规制与伦理关怀》，《中华女子学院学报》2013年第2期，第19页。

④　1950年《婚姻法》第24条规定："离婚时，原为夫妻共同生活所负担的债务，以共同生活时所得财产偿还；如无共同生活时所得财产或共同生活时所得财产不足清偿时，由男方清偿。男女一方单独所负的债务，由本人偿还。"

⑤　修改前的1980年《婚姻法》第32条规定："离婚时，原为夫妻共同生活所负的债务，以共同财产偿还。如该项财产不足清偿时，由双方协议清偿；协议不成时，由人民法院判决。男女一方单独所负债务，由本人偿还。"

规定和《民法通则意见》第43条 ① 的规定。虽然这些规定与"用途论"的规定并不完全一致，但仍强调了在经营收入为夫妻共有财产的前提下，债务才被认定为夫妻共同债务进行清偿。《离婚财产分割意见》第17条 ② 的规定在完善夫妻意思自治的基础上进一步明确了夫妻一方对共同财产支配权的行使范围， ③ 对夫妻共同债务构成做了明确规定。《婚姻法解释（一）》的规定涉及日常家事代理权，明确了在日常家事代理权范围内的债务构成夫妻共同债务，一方不得以不同意或不知道为由对抗善意第三人。 ④《民法典》"婚姻家庭编"第1064条规定的"债权人能够证明该债务用于夫妻共同生活、共同生产经营或者基于夫妻双方共同意思表示的"，当属"用途论"范畴。

二　夫妻共同债务构成的"用途论"依据

夫妻共同债务构成的"用途论"依据，从理论上看，根据民法中的主体行为能力理论和合同相对性原理，作为合同相对人的债权人只能向与其发生债权债务关系的特定债务人请求给付。首先，如果夫妻双方对于债务发生达

---

① 《民法通则意见》第43条规定："在夫妻关系存续期间，一方从事个体经营或者承包经营的，其收入为夫妻共有财产，债务亦应以夫妻共有财产清偿。"

② 《离婚财产分割意见》第17条规定："夫妻为共同生活或为履行抚养、赡养义务等所负债务，应认定为夫妻共同债务，离婚时应当以夫妻共同财产清偿。下列债务不能认定为夫妻共同债务，应由一方以个人财产清偿：（1）夫妻双方约定由个人负担的债务，但以逃避债务为目的的除外；（2）一方未经对方同意，擅自资助与其没有抚养义务的亲朋所负的债务；（3）一方未经对方同意，独自筹资从事经营活动，其收入确未用于共同生活所负的债务；（4）其他应由个人承担的债务。"

③ 李洪祥：《夫妻一方以个人名义所负债务清偿规则之解构》，《政法论丛》2015年第2期，第79页。

④ 《婚姻法解释（一）》第17条规定："婚姻法第十七条关于'夫或妻对夫妻共同所有的财产，有平等的处理权'的规定，应当理解为：（一）夫或妻在处理夫妻共同财产上的权利是平等的。因日常生活需要而处理夫妻共同财产的，任何一方均有权决定。（二）夫或妻非因日常生活需要对夫妻共同财产做重要处理决定，夫妻双方应当平等协商，取得一致意见。他人有理由相信其为夫妻双方共同意思表示的，另一方不得以不同意或不知道为由对抗善意第三人。"

成合意或者举债方配偶对债务进行事后追认，则该笔债务自然构成夫妻共同债务，由夫妻双方共同承担责任。其次，虽然举债是举债方的单方行为，但是如果该行为的目的或者结果是为了夫妻共同生活或者用于夫妻共同生活，也就是该债务用于夫妻双方负有直接法定义务的家庭共同生活的需要，则该种债务构成夫妻共同债务。

（一）自己对自己的行为负责

"用途论"要求夫和妻具有独立人格，彼此地位平等，都具有民事权利能力和民事行为能力，可以自由地进行民事活动。夫妻任何一方与第三人进行的民事法律行为应当由自己承担责任，与另一方无关，除非法律有明确规定或者双方有共同的合意。这体现了民事合同的相对性原理。前提是必须打破"婚姻共同体"的理论观念和主张：男女的独立人格一旦结婚就不存在了，被"婚姻共同体"吸收了。换句话说，男女一旦结婚就丧失了独立人格的理论是开历史倒车。众所周知的事实是在古代奴隶制社会、封建制社会中男女不平等，结婚后男女双方人格是被相互吸收的，绝大多数情况是妻的人格被夫吸收了，妻丧失了人格权、财产权；极少数存在入赘情况，导致夫的人格被妻吸收，丧失独立人格、财产权等。完全的民事权利能力人和民事行为能力人都享有独立的人格权，夫妻任何一方都可以独立进行民事行为，行为的后果当然应该由行为人自己负责。除非该行为是夫妻双方合意的行为或者基于这个行为获得的财产利益用于夫妻共同生活，这种情况下才能由夫妻共同承担责任。夫妻通过离婚约定把财产都归一方所有来规避债务的行为被认为是"用途论"造成的机会主义行为，该行为是不公平的、缺乏理论依据的。从法律规定来看，这种约定显然是以合法形式掩盖非法目的的行为，其分割财产的约定不具有法律效力，依然需要以共同财产中属于自己的那部分财产来清偿债务。

（二）夫妻双方共同意思

夫妻双方达成合意对第三人进行举债行为，其所负债务当然应由做出共同意思的夫妻共同承担，该债务包括因夫妻共同进行民事行为和举债方配偶事后的追认构成的债务，以及符合日常家事代理权和表见代理条件的债务。合意行为和事后追认行为都是夫妻共同意思的表现，因此夫妻双方也要对债务承担连带清偿责任。

日常家事代理权范围包括维持夫妻双方及未成年子女的日常生活、履行法定义务等所必需的事项。我国台湾地区学者史尚宽先生将日常家事代理事项列举为"一家之食物、光热、衣着等之购买，保健（正当）娱乐、医疗，子女之教养，家具及日常用品之购买，女仆、家庭教师之雇佣，亲友之馈赠，报纸杂志之订购等"[1]。基于夫妻双方特殊的身份关系，在家庭日常生活需要范围内，夫妻双方形成相互的日常家事代理权。"日常家事代理权范围内以个人名义所负债务为夫妻共同债务是一个基本共识。"[2] 此种共识有其正当性与合理性，将日常家事代理权作为认定夫妻共同债务的依据之一，国外也有相关立法例。但为避免日常家事代理权的滥用，应当对其范围进行必要限制。日常家事代理权的核心内涵必须是该债务实际用于属于夫妻履行法定义务的家庭共同生活。所以，债务是否属于日常家事代理权范围一般不以财产价值大小来衡量。

表见代理也属于夫妻共同意思表示范畴，也是夫妻共同债务认定的依据之一。日常家事代理权的范围有限，一般来说，在日常家事代理权范围外的事项，需夫妻双方有共同的意思表示，否则举债方的行为对举债方配偶不必然发生效力。但在夫妻一方的举债行为属于滥用日常家事代理权或者超越日

---

[1]　史尚宽：《亲属法论》，荣泰印书馆股份有限公司，1964，第284页。

[2]　杨晓蓉、吴艳：《夫妻共同债务的认定标准和责任范围——以夫妻一方经营性负债为研究重点》，《法律适用》2015年第9期，第38页。

常家事代理权时，如果债权人有理由相信该举债行为属于夫妻双方合意或构成日常家事代理权，可以参照表见代理的规则，将该举债行为认定为属于经夫妻双方合意进行的行为，则该债务构成夫妻共同债务。但须注意该行为应当符合表见代理的构成要件，而且必须由债权人负举证责任。

（三）债务用于夫妻共同生活

夫妻共同生活其实是指结婚之后的男女双方共同履行家庭义务，共同创造持续生活的状态。因此"用于夫妻共同生活"这一标准的本质可以具体表现为债务的形成是否经过了举债方配偶的同意，债务所生的利益是否由夫妻双方共享或者是否用于履行了法定抚养、赡养等家庭义务。同时应注意，"用于夫妻共同生活"应是事实上用于家庭生活，而不能仅是在借款合同上写明用于共同生活，不仅要审查一方借款时的目的，还要审查债务的实际用途。

三　"用途论"存在的问题

（一）"用途论"中"夫妻共同生活"的界定存在困难

"用途论"认为：债务用于夫妻共同生活，才可认定为夫妻共同债务；反之，则为夫妻一方的个人债务。"夫妻共同生活"概念出现于《婚姻法》第41条，而《民法典》"婚姻家庭编"则除了使用"夫妻共同生活"的概念外，还使用了"家庭日常生活需要"的概念。相关解释认为夫妻团体行为应由夫妻共同财产清偿，夫或妻的个人行为由个人财产清偿；用于夫妻共同生活所欠的债务，无论是否为夫妻共同所为，均应认定为共同债务，但是对于界定夫妻共同生活并没有做出说明。[①] 在司法实践中单独适用《婚姻法》第41条的案例很少，一般与《婚姻法解释（二）》共同适用，裁判往往对"夫

---

① 冉克平：《夫妻团体债务的认定及清偿》，《中国法学》2017年第5期，第117页。

妻共同生活"界定过窄。在最高人民法院 2015 年裁定的案件 [1] 中，认为没有用于夫妻共同生活的情况是"有婚姻之名而无共同生活之实"的，从该裁定来看，用于"夫妻共同生活"极难定义，但是显然，夫妻没有共同生活才算是债务未用于夫妻共同生活这个范围过于限缩。而在甘肃省高级人民法院的判决书 [2] 中认为《婚姻法》第 41 条是解决夫妻内部法律关系的，认定夫妻共同债务的标准是夫妻有无举债的合意、是否分享了举债带来的利益。可见法院虽然援引《婚姻法》第 41 条，但在说理部分还是以夫妻合意和分享利益作为认定标准，由于是否用于"夫妻共同生活"很难界定，导致《婚姻法》第 41 条的可操作性较低。目前在实践中，法官对于"夫妻共同生活"的判定是自由裁量的结果，但是仅依靠法官的经验界定"夫妻共同生活"的范围会导致司法裁判结果不一致。当然，这种缺陷也是日常家事代理权所面临的问题。

此外，在理论上对用于"夫妻共同生活"的债务，学者们也有着不同的定义。有学者认为维系夫妻共同生活关系发生的债务属于夫妻共同债务。[3] 司法解释认为夫妻共同从事生产经营活动中产生的债务与共同生活产生的费用都属于夫妻共同债务。[4] 此外，由于不同的婚姻当事人或家庭经济状况、生活习惯等存在差异，都使"夫妻共同生活"的范围极难界定。

（二）"用途论"中分配举证责任存在困难

《婚姻法解释（二）》第 24 条改变了以"用途论"为主的夫妻共同债务的构成依据，转向以"时间论"为核心的认定标准，"法释〔2018〕2 号"则

---

[1]　"陈某荣与郑某刚、丁某梅申请再审民事裁定书"，最高人民法院（2015）民申字第 1031 号。

[2]　"司某 1 与司某 2、白某 1 等婚约财产纠纷再审民事判决书"，甘肃省高级人民法院（2018）甘民再 3 号。

[3]　史尚宽：《亲属法论》，荣泰印书馆股份有限公司，1964，第 284 页。

[4]　参见"法释〔2018〕2 号"的相关规定。

将"法律行为理论"作为认定夫妻共同债务标准的依据。其主要原因是认为"用途论"将证明债务用于夫妻共同生活的责任分配给了第三人，不利于保护交易安全和第三人的利益。所以根据《婚姻法》及相关司法解释的变化可以很明显地看出，"用途论"在通过分配举证责任平衡各方利益时遇到了困难，"法释〔2018〕2号"则在不断修改举证责任分配规则。

按照民事诉讼的一般规则，第三人应当对其主张的事实提供证据，按"用途论"的要求，第三人若想要夫妻双方共同承担债务，需要证明债务用于夫妻共同生活。但是对于家庭外部人员来说，想要证明家庭内部债务的用途是非常困难的。并且第三人并没有追踪债务真实去向的义务。所以将该举证责任分配给第三人确实不利于保护其利益。如果因为难以收集证据将举证责任倒置分配给举债方配偶，那么对于未举债夫妻一方的保护又是不够的，而且这对婚姻家庭是一种潜在的威胁、破坏。所以"用途论"存在如何在三方中分配举证责任从而平衡三方利益的难题。

（三）"用途论"与"法律行为理论"属于并存的两种理论

"用途论"是由《婚姻法》第41条规定的认定依据，但是随着《婚姻法》相关司法解释的出台，"时间论""法律行为理论"逐渐取代"用途论"，原因在于"用途论"以债务实际用途作为判定债务性质的依据缺乏对当事人意思自治的足够尊重，在司法实践中还出现了夫妻恶意串通损害债权人利益的现象。所以单独以"用途论"作为认定夫妻共同债务的依据存在问题。

"法释〔2018〕2号"第1条和《民法典》"婚姻家庭编"第1064条的理论基础是"法律行为理论"，明确以意思表示为核心，要求共债共签或事后追认。但是"法律行为理论"并不能完全解决夫妻共同债务确定及清偿中的全部问题。所以相关司法解释引入了日常家事代理权的概念以推定构成夫妻合意，补充"法律行为理论"的不足，但是在比较法方面，日常家事代理权的范围也很有限，《法国民法典》仅限定在"维持日常生活与教育子女的合同"①,《瑞士民法典》认为"婚姻共同生活处理家庭日常事务"才算是日常家事代理权的范围②。但是,日常家事代理权作为新引入的概念,在我国的应用也存在很多问题,比如范围及限制问题、代理权性质问题等。③

相比日常家事代理权来说,"用途论"也可以弥补"法律行为理论"的不足,以"法律行为理论"为确定依据,以"用途论"为补充,符合我国夫妻共同财产制的精神,符合权利义务相一致的基本法理,也与国外多数国家确定夫妻共同债务的构成依据相一致。④ 所以"用途论"与"法律行为理论"作为两个并行的确定夫妻共同债务的构成依据,是可以并行不悖的。

第二节　夫妻关系存续期间的"时间论"含义、依据和存在的问题⑤

"时间论"是以《婚姻法解释(二)》第24条规定的内容作为判断依据,强调婚姻关系存续期间形成的债务均推定构成夫妻共同债务,把举证责任无端归责给举债方配偶,从而导致了诸多法律问题。"时间论"的法理基础为日常家事代理权和"财产共有、债务共担",对债权人的保护非常周全,而且司法实务中该条文显现出极高的司法效率。我们必须认识到"时间论"的诸多弊端:理论依据不足和婚姻道德危机四伏;违背日常家事代理权的法理;举证责任失衡;等等。

---

① 《法国民法典》,罗结珍译,法律出版社,2005,第207页。

② 《瑞士民法典》,戴永盛译,中国政法大学出版社,2016,第63~64页。

③ 冉克平:《论因"家庭日常生活需要"引起的夫妻共同债务》,《江汉论坛》2018年第7期,第106页。

④ 李洪祥:《我国夫妻共同债务构成依据的反思》,《江汉论坛》2018年第7期,第101页。

⑤ 该节内容来源于作者作为本项目已经发表的论文,李洪祥:《论夫妻共同债务构成的依据》,《求是学刊》2017年第3期,第84~88页。该文被中国人民大学复印报刊资料《民商法学》2017年第9期全文转载。

一 "时间论"的含义、演进

"时间论"是指债务人所负债务原则上只要发生在婚姻关系存续期间就推定构成夫妻共同债务，是《婚姻法解释（二）》第24条[①]的规定。其但书部分明确规定了除外情形。[②] 最高人民法院民事审判第一庭认为"将夫妻一方在婚姻关系存续期间以个人名义所负的债务推定为夫妻共同债务，既能够减轻财产交易的成本，便于及时、合理地解决纠纷，也有利于交易安全"。[③]对法院及法官来说，"在不同时期、不同位阶、不同价值取向的法律规定面前甄别取舍，找到夫妻举债方、举债方配偶和债权人利益平衡点的前提下实现实质公平正义的判决结果，在现行法律框架下已然成为司法实务界面临的困局"[④]。仅"有婚姻之名而无共同生活之实"的情况才不属于共同生活，剩下的都属于共同生活，这一规定导致实践中大量的债务被认定为共同债务。

"时间论"规则让债权人的利益成为债权债务关系中首要的保护对象，改变了《婚姻法》中关于夫妻共同债务认定与举证责任分配方式的规定，导致了机会主义行为的出现，夫妻一方与"债权人"恶意串通损害举债方配偶利益的事件层出不穷。"时间论"的适用使得很多案件无法实现实质正义，甚至对婚姻家庭保护构成威胁。因此"时间论"在理论界、实务界，甚至整个社会中都引发了较大的争议。有鉴于此，最高人民法院在不同场合，或以

---

① 《婚姻法解释（二）》第24条规定："债权人就婚姻关系存续期间夫妻一方以个人名义所负债务主张权利的，应当按夫妻共同债务处理。但夫妻一方能够证明债权人与债务人明确约定为个人债务，或者能够证明属于婚姻法第十九条第三款规定情形的除外。"

② 《婚姻法》第19条第3款规定："夫妻对婚姻关系存续期间所得的财产约定归各自所有的，夫或妻一方对外所负的债务，第三人知道该约定的，以夫或妻一方所有的财产清偿。"

③ 最高人民法院民事审判第一庭编《最高人民法院婚姻法司法解释（二）的理解与适用》，人民法院出版社,2015，第257页。

④ 李洪祥：《夫妻一方以个人名义所负债务清偿规则之解构》，《政法论丛》2015年第2期，第78页。

复函的形式，或以庭长讲话的形式，或以补充规定的形式，对该条司法解释做出不同程度的阐释，多地法院也采取了不同方式，如出台指导意见来规避该条文带来的不利影响，纠正该条文忽视举债方配偶利益保护、婚姻家庭保护的立场，将其造成的极端的法律效果加以柔化，试图统一司法适用。

二　夫妻共同债务构成的"时间论"依据

有学者认为，除了日常家事代理权及表见代理制度，夫妻共同财产制（或者民法上的财产共同共有）也是夫妻共同债务认定的依据，夫妻共同财产制具有极强的吸附力，将婚后夫妻单方举债行为所负的债务直接推定用于夫妻共同生活，利益由夫妻共享，故债务被推定为"为夫妻共同生活所负"是最符合夫妻共同财产制的。[①] 在夫妻共同财产制背景下，即使不能证明该种债务是出于夫妻双方的共同意思表示，该债务也应属于夫妻共同债务。[②] 若以婚姻关系存续和夫妻共同财产制为夫妻共同债务的认定依据，那么婚后夫妻一方举债行为所负之债为夫妻共同债务则是必然推定结果。

由于夫妻共同财产制是我国的法定财产制，我国绝大部分夫妻都采用婚后所得共同制，若都依据夫妻共同财产制将夫妻单方举债行为所负的债务推定为夫妻共同债务，相当于在多数情形下，举债方配偶仅因夫妻之间的身份关系就要与举债方承担连带清偿责任。现代民法以个人为本位，强调尊重意思自治，故债务缔结双方未经第三人同意则不得为其设定义务，夫妻双方虽然具有身份法上的特殊关系，但其各自作为民法上的自然人仍具有独立人格，

---

① 李红玲:《论夫妻单方举债的定性规则——析〈婚姻法解释（二）〉第24条》,《政治与法律》2010年第2期，第119页。

② 杨晓蓉、吴艳:《夫妻共同债务的认定标准和责任范围——以夫妻一方经营性负债为研究重点》,《法律适用》2015年第9期，第38页；最高人民法院民事审判第一庭编《最高人民法院婚姻法司法解释（二）的理解与适用》,人民法院出版社,2015，第216～227页。

双方除对日常家事具有法定义务事项上的相互代理权外，未经配偶同意，一方的民事行为的效力不能当然地及于另一方。婚姻家庭中，夫妻关系的发展趋势是双方的独立性越来越强，即使双方采用的是婚后所得共同制，一方也不能在财产上强行捆绑另一方，将一方的交易活动强加于另一方。在这种大趋势下，再一味地认定夫妻共享债务利益，实际上会造成风险共担的结果，必然会损害举债方配偶的利益，也增加了婚姻的道德风险。

我国婚后所得共同制的立法意旨在于鼓励夫妻双方互相帮扶、共同建设家庭、积累家庭财富，进而维护婚姻家庭稳定运行。我国在制定婚姻家庭相关法律法规及司法解释时，多考虑债权人的利益或举债方配偶的利益，常常忽视维护婚姻家庭稳定的重要性，也就是忽视了《婚姻法》的立法初衷。若将婚后夫妻一方举债行为所生的债务均推定为夫妻共同债务，显然与我国夫妻法定财产制即婚后所得共同制的立法意旨相悖。

从比较法的研究来看，"即使采共同财产制的国家或地区对夫妻共同债务也严加控制，往往以是否服务于夫妻共同生活目的作为主要判断依据，同时综合其他因素将明显超过必要限度或恶意开支的债务排除在夫妻共同债务之外"①。而且，为平衡各方利益，许多国家或地区一般都不以夫妻共同财产制为认定依据，将婚后单方举债债务都认定为夫妻共同债务。如意大利是根据"财产利益的归属决定财产利益上负担的归属"；法国基本上也是遵循这一原则，将夫妻共同债务与共同财产一一对应，如规定婚后的工资为夫妻共同财产，在工资上负担的税务则是夫妻共同债务，且《法国民法典》第1415条规定了担保之债等众多不可成为夫妻共同债务的情形，平衡了各方利益。②

---

① 张驰、翟冠慧：《我国夫妻共同债务的界定与清偿论》，《政治与法律》2012年第6期，第82页。

② 裴桦：《夫妻共同财产制研究》，法律出版社，2009，第201~205页。

三　夫妻共同债务构成的"时间论"存在的问题

（一）理论依据不足和婚姻道德危机四伏

"时间论"将保护债权人的利益放在了首位，忽视了婚姻家庭稳定的重要性，也就造成了社会利益的损失，忽视了家庭利益对社会利益造成的影响。该认定标准远远扩大了夫妻共同债务的范围边界，其外延已经远大于《婚姻法》中原本对夫妻共同债务范围的规定，而且，夫妻单方举债行为的原因复杂，不仅包括夫妻一方为家庭共同生活需要、生产经营所负债务，还包括一方为个人的经营活动甚至非法行为所负债务，等等。若依据"时间论"将婚姻关系存续期间夫妻单方举债行为所负的债务均推定为夫妻共同债务，把夫妻共同财产制当作一个筐，什么债务都往里装，极易引发实践中的机会主义行为，引发婚姻道德危机，造成大量的虚构债务、虚假诉讼。举债方为侵蚀举债方配偶的财产而与第三人串通伪造债务，或者举债方大额举债之后逃之夭夭，留下举债方配偶独自面对突然出现的债务，离婚后仍背负大笔债务。另外，夫妻一方所负的生产经营性债务（公司债务，应当由公司承担；只有夫妻合伙生产经营造成的债务，才应当由举债方与其他合伙人承担连带清偿责任），在很多情况下，举债方配偶尤其是妇女一方未参与生产经营，也没有生产经营活动的话语权，对生产经营活动的内容、资金流动都不甚了解，若使其对举债方经营产生的巨额债务承担连带清偿责任，未免有失公平。

2004 年至今，"时间论"以及其背后的价值倾向导致了大量不公正的案件发生，全国多个地区甚至出现了由离婚后莫名背负巨额债务的受害者群体组成的"反 24 条联盟"①，有法官发文称《婚姻法解释（二）》第 24 条是国

---

① 《"反 24 条"联盟：近百妻子因前夫欠款"被负债"，结盟维权》，http://www.thepaper.cn/newsDetail forward 1527334，最后访问日期：2016 年 12 月 1 日。

家"一级法律错误",造成"申诉上访的多、检察院抗诉的多、再审改判的多"这样的"三多"现象[①],甚至还有人认为婚姻比商业投资具有更大的风险[②],解构婚姻的危机四伏。

(二)违背日常家事代理权的法理

"时间论"认为将婚姻关系存续期间夫妻单方举债所负债务推定为夫妻共同债务符合日常家事代理权的基本法理[③],并认为夫妻单方"以个人名义所欠债务实际是一方以个人名义为夫妻双方谋取利益时所负的债务"[④]。但从日常家事代理权的性质和内容来看,这一观点其实是放大了日常家事代理权的范围,其合理性值得商榷。

日常家事代理权的适用强调行使代理权的夫妻一方必须是为了夫妻共同生活应尽义务,此时该债务才由夫妻双方共同负清偿责任,并且要求夫妻双方必须具备共同生活的要件。以《婚姻法解释(二)》第24条认定夫妻共同债务的范围会放大日常家事代理权下夫妻共同债务的范围,并且与日常家事代理权的法理不能相容。而且,第24条有四种除外情形:一是举债方与债权人约定债务为夫妻个人债务;二是债权人知道夫妻约定财产归各自所有;三是夫妻一方与第三人串通,虚构债务;四是夫妻一方在从事赌博、吸毒等违法犯罪活动中所负债务。将举证责任分配给举债方配偶承担,对于举债方配偶来说证明上述四种情形极为困难,举债方配偶往往因此承担不利后果。所以,即使《婚姻法解释(二)》第24条规定了除外情形,将部分债务排除

[①] 王礼仁:《婚姻法解释二第24条属于"国家一级法律错误"》,http://www.law-lib.com/lw/lw_view.asp?no=26290,最后访问日期:2016年12月1日。

[②] 孙科峰:《论夫妻一方以个人名义所负债务的性质》,《甘肃政法学院学报》2011年第5期,第138页。

[③] 最高人民法院民事审判第一庭编《最高人民法院婚姻法司法解释(二)的理解与适用》,人民法院出版社,2015,第255页。

[④] 最高人民法院民事审判第一庭编《最高人民法院婚姻法司法解释(二)的理解与适用》,人民法院出版社,2015,第262页。

在共同债务之外，但是第 24 条推定规则本身仍与日常家事代理权的基本法理不符。

（三）举证责任失衡

"时间论"的举证责任分配方式对举债方配偶不公平，具体体现在以下三个方面。

1. 免除债权人的举证责任

将发生于婚姻关系存续期间的夫妻单方举债行为所负债务均推定为夫妻共同债务，直接导致债权人的举证责任被免除，举证责任完全由举债方配偶承担，这对举债方配偶是不公平的。法律上的推定，是指"通过以对易于证明事实的证明来替代对难以证明事实之证明的方式，使法院能够做出一定裁判的法律技术"[①]，主张权利一方如果不能提出于己有利的主要事实，就会因法院不适用与该事实相对应的法律而导致自己承受不利的裁判或危险[②]。根据"谁主张谁举证"的举证原则，债权人向举债方配偶主张权利时，至少应当对该债务属于日常家事代理权范围或其有理由相信该债务没有超出日常家事代理权范围负一定程度的举证责任。况且债权人作为债务关系的一方当事人，对债务关系的情况了解、掌握肯定比完全不知情的举债方配偶更加充分，此外基于债权人在成立债权债务关系时的审慎注意义务，债权人承担部分举证责任才是合理的。

2. 反证条件具有局限性

"时间论"将夫妻共同债务构成带入了反证的死角，即其只允许对"债权人与债务人明确约定为个人债务"与"债权人明知夫妻双方约定财产各自

---

① 〔日〕高桥宏志：《民事诉讼法——制度与理论的深层分析》，林剑锋译，法律出版社，2003，第 458 页。

② 〔日〕高桥宏志：《民事诉讼法——制度与理论的深层分析》，林剑锋译，法律出版社，2003，第 431 页。

所有"，以及举债方与第三人串通，虚构债务，或者在从事赌博、吸毒等违法犯罪活动中产生非法债务的情况通过反证进行排除，将这几个条件作为认定债务为夫妻一方个人债务的全部，并没有允许对"未用于夫妻共同生活"进行反证，也没有"等"字作为兜底。反证条件的局限性，也造成夫妻共同债务边界的扩张。

3. 强制把举证责任加于举债方配偶

除外条件过于严格，举债方配偶举证成功的概率极低，基本完全承担举证不能的不利后果。对于"债权人与债务人明确约定为个人债务"这一条件：债权人作为具有完全民事行为能力、权利能力的理性人，基于最大可能保护自己利益的考虑，一般不会与举债方将债务约定为个人债务，如果是举债方与债权人串通虚构债务的情况，则更不会将债务约定为个人债务；举债方配偶被排除在债权债务关系之外，对债权人与债务人成立债权债务关系之时的约定一无所知，很难对债务用途进行举证。若要获得相关证据，则需举债方的配合，而这类案件多发生在离婚时，夫妻感情已经破裂，举债方帮助举债方配偶的可能性很小。对于"债权人明知夫妻双方约定财产各自所有"这一情况：我国夫妻之间实行约定财产制的少之又少，即使夫妻双方真的实行约定财产制，举债方为了成功借贷也不会特地将夫妻之间实行约定财产制告知债权人；我国未建立夫妻财产制登记制度，夫妻之间是否实行约定财产制没有任何外在公示表现，因此不能推定债务人对夫妻之间实行何种财产制是否知情，将举证成功与否建立在债权人的主观状态上，其荒诞性不言而喻；若夫妻一方为达到多分财产的目的，匆忙负债或直接虚构债务，那么举债方配偶通过举证成功证明债务非共同债务实属碰大运，其往往要承担举证不能的不利后果。

第三节　"区分债务内外关系"仍然是"时间论"[①]

最高人民法院认为：《婚姻法解释（二）》第 24 条仅适用于债权人与夫妻双方之间的外部关系；在夫妻内部关系上，夫妻共同债务认定则适用《婚姻法》第 41 条。但是该区分并未改变第 24 条带来的举证责任分配不公平的问题，如果严格按照债务的内外部关系来区分，那么外部债务只涉及证明债务是否存在的问题，该问题毫无疑问根据"谁主张谁举证"规则应由债权人证明债务存在。但是从第 24 条的规定来看，显然其涉及的并非是债务的外部证明责任分配而是债务在夫妻内部的证明责任分配。将一个明明是对内部证明责任进行规定的条文解释为适用于债务外部证明责任分配显然是逻辑不通的。所以该解释并没有解决问题，实际上仍然是"时间论"，且缺乏法理依据。

一　与《民事诉讼法》的基本法理冲突

在债权人以夫妻一方为被告起诉的债务纠纷案件与夫妻之间不涉及他人的离婚纠纷中对债务性质做了不同的认定，导致前后判决针对同一个问题的对立，有损在先判决的既判力与羁束力，有损司法权威。[②] 而且，若在不涉及第三人的离婚纠纷中已经将债务定性为夫妻个人债务，但由于债权人起诉案件重新分配了共同债务的举证责任，很有可能改变债务性质的认定。仅因起诉人不同而不用举证就可以推翻在前生效判决书中的认定结果，将该债

[①]　该节内容来源于作者作为本项目已经发表的论文，李洪祥：《论夫妻共同债务构成的依据》，《求是学刊》2017 年第 3 期，第 88 页。该文被中国人民大学复印报刊资料《民商法学》2017 年第 9 期全文转载，第 116~122 页。

[②]　黄海涛：《夫妻共同债务的司法认定——对〈婚姻法解释二〉的理解》，《人民司法》2015 年第 19 期，第 71 页。

务定性为夫妻共同债务，这与民事诉讼理论中要求必须有足以推翻原确认事实的相反证据的规定相悖 ①，也不符合《民事诉讼法》中对发生法律效力的判决有异议应当申请再审的规定。②

二　缺乏理论依据

现行法律并未明确"用途论"与"时间论"两种标准各自的适用范围。因此在司法实践中按照"内外有别论"处理案件没有充足的法律依据。夫妻债务的"内外有别"主要指两种情形：一是夫妻双方约定或者法院判决仅由一方偿还夫妻共同债务，这种约定或判决对债权人没有约束力，只在夫妻内部产生追偿的效力；二是在夫妻一方滥用日常家事代理权的情况下，为了保护善意的债权人，举债方配偶对外承担连带责任，但对内不承担责任。③ 可以看出"内外有别"主要涉及夫妻共同债务的清偿问题，即在债务性质已经确定为共同债务时由单方清偿的特殊情况，而并非认定债务性质的情形。不能将共同债务的认定与清偿混为一谈。

三　夫妻内部追偿难以实现

将夫妻一方举债行为所负债务原则上推定为夫妻共同债务需要以完善的债务内部追偿机制为配套规则。否则，就会出现未参与债权债务关系也没有受益的举债方配偶承担了全部债务却很难向对方实际追偿的情况。尽管司法解释规定，举债方配偶可以向举债方追偿，但这种债权实际是难以实现和

---

① 根据《最高人民法院关于民事诉讼证据的若干规定》第 10 条的规定，已为人民法院发生法律效力的裁判所确认的事实，当事人无须举证证明，但当事人有相反证据足以推翻的除外。

② 《民事诉讼法》第 124 条第 5 项规定："对判决、裁定、调解书已经发生法律效力的案件，当事人又起诉的，告知原告申请再审，但人民法院准许撤诉的裁定除外。"

③ 王礼仁：《婚姻法解释二第 24 条属于"国家一级法律错误"》，http://www.law-lib.com/lw/lw_view.asp?no=26290，最后访问日期：2016 年 12 月 1 日。

执行的。特别是当夫妻一方恶意举债或者虚构债务时，举债方必然做好不偿还债务的准备，或将自己的财产转移，或本身没有了给付能力，举债方配偶承担债务后向举债方追偿成功的可能性几乎为零。

第四节　司法解释对我国夫妻共同债务制度的改进及其法理依据 ①

"时间论"存在诸多不可化解的问题，如何解决夫妻共同债务制度立法和司法适用中存在的问题，越来越引起学界和司法实务界的普遍关注。2014年7月，最高人民法院民一庭针对江苏省高级人民法院的请示做出复函；2015年12月，最高人民法院在北京召开第八次全国法院民事商事审判工作会议；2016年3月17日，最高人民法院在院长信箱发布了《关于"撤销婚姻法司法解释（二）第24条的建议"的答复》；2017年2月，最高人民法院公布《婚姻法解释（二）的补充规定》；2018年1月，最高人民法院通过"法释〔2018〕2号"，表现出司法中夫妻共同债务制度的改进和法理依据的变化。

一　在"用途论"和"时间论"之间的努力

反对《婚姻法解释（二）》第24条的声音越来越大 ②，这就使得法院试图在"用途论"和"时间论"之间寻求新规则。

（一）最高人民法院的补充意见

2014年7月，最高人民法院民一庭针对江苏省高级人民法院的请示做

---

① 该节第一部分内容来源于作者作为本项目已经发表的论文，李洪祥：《论夫妻共同债务构成的依据》，《求是学刊》2017年第3期，第84~85页。该文被中国人民大学复印报刊资料《民商法学》2017年第9期全文转载，第116~122页。

② 出现了反对《婚姻法解释（二）》第24条的"联盟"，简称"反24条联盟"。

出复函:"在不涉及他人的离婚案件中,由以个人名义举债的配偶一方负责举证证明所借债务用于夫妻共同生活,如证据不足,则其配偶一方不承担偿还责任。在债权人以夫妻一方为被告起诉的债务纠纷中,对于案件债务是否属于夫妻共同债务,应当按照《最高人民法院关于适用〈中华人民共和国婚姻法〉若干问题的解释(二)》第二十四条规定认定。如果举债人的配偶举证证明所借债务并非用于夫妻共同生活,则其不承担偿还责任。"此后,2015年12月,最高人民法院在北京召开第八次全国法院民事商事审判工作会议,在会议上无论是最高人民法院民事审判第一庭庭长程新文做的名为《关于当前民事审判工作中的若干具体问题》的讲话,还是会议纪要①,均认为对婚姻关系存续期间夫妻单方举债行为所负债务性质的认定应当区分内外不同的法律关系,分别适用《婚姻法》第41条和《婚姻法解释(二)》第24条,且又把"用于夫妻共同生活"这一标准加入其中。2016年3月3日,最高人民法院审判委员会副部级专职委员杜万华法官接受记者采访时再一次重申了这一观点。2016年3月17日,最高人民法院在院长信箱发布了《关于"撤销婚姻法司法解释(二)第24条的建议"的答复》,答复中仍然强调了区分内外法律关系这一立场,但文中在认为"现行司法解释有关夫妻共同债务的认定和判决遵循的原则没有问题"的同时,又指出"在司法解释二第二十四条'但书'的两种情形外,如配偶一方举证证明所借债务非用于夫妻共同生活的,配偶一方不承担偿还责任"②。可见,《婚姻法解释(二)》第24条"时间论"的内核已经被动摇了。《婚姻法解释(二)的补充规定》增加了两款补

---

① 该会议的会议纪要民事部分的第8条还指出:"夫妻共同债务责任财产范围,应当区分责任基础予以认定。夫妻一方经营性负债认定为夫妻共同债务的,应以夫妻共同财产以及举债一方个人财产为责任财产,不应要求非举债一方以其个人财产承担责任。"第9条的内容与2014年对江苏高院做出的答复中的内容基本相同。

② 《关于"撤销婚姻法司法解释(二)第24条的建议"的答复》,中华人民共和国最高人民法院网,http://www.court.gov.cn/zixun-xiangqing-18292.html,最后访问日期:2016年11月29日。

充规定：夫妻一方与第三人串通，虚构债务，第三人主张权利的，人民法院不予支持；夫妻一方在从事赌博、吸毒等违法犯罪活动中所负债务，第三人主张权利的，人民法院不予支持。①

（二）地方法院的不同态度

第一种是完全采取"时间论"标准。如 2008 年重庆市高级人民法院出台的《关于当前民事审判若干法律问题的指导意见》中强调"《婚姻法》及其司法解释规定了作为个人债务的两种情形，夫妻一方只要不能证明该债务属于该两种情形，即使举证该债务未用于夫妻共同生活或法定抚养义务，也不能免除另一方的偿还责任"，后被 2014 年最高人民法院对江苏省高级人民法院的复函意见所改变。

第二种原则上采取"时间论"标准，通过增加"除外情形"对夫妻共同债务范围加以限制。如 2006 年广东省高级人民法院《关于审理婚姻纠纷案件若干问题的指导意见》第 7 条②，2007 年上海市高级人民法院《关于审理民间借贷合同纠纷案件若干意见》第 3 条③，2013 年江苏省高级人民法院

---

① 最高人民法院于 2018 年 2 月 28 日公布《婚姻法解释（二）的补充规定》，增加两项除外情形：夫妻一方与第三人串通，虚构债务，第三人主张权利的，人民法院不予支持；夫妻一方在从事赌博、吸毒等违法犯罪活动中所负债务，第三人主张权利的，人民法院不予支持。

② 广东省高级人民法院《关于审理婚姻纠纷案件若干问题的指导意见》第 7 条：对于夫妻一方在婚姻关系存续期间以个人名义所负的债务，债权人请求按夫妻共同债务处理的，如夫妻一方不能证明该债务已明确约定为个人债务或属于《婚姻法》第十九条第三款规定情形，人民法院应当按夫妻共同债务处理。但审判人员根据案件已知事实和日常生活经验法则，判定同时存在以下情形的，可按个人债务处理：（1）夫妻双方不存在举债的合意且未共同分享该债务所带来的利益；（2）该债务不是用于夫妻双方应履行的法定义务或道德义务；（3）债务形成时，债权人有理由相信该债务不是为债务人的家庭共同利益而设立。

③ 上海市高级人民法院《关于审理民间借贷合同纠纷案件若干意见》中第 3 条的具体内容是：此类案件处理中，首先应当将最高人民法院关于婚姻法司法解释（二）第 24 条的规定作为一个基本处理原则，即债权人就婚姻关系存续期间夫妻一方以个人名义所负债务主张权利的，按照夫妻共同债务处理。同时还有两个因素需要考虑：一是（转下页注）

《关于审理民间借贷纠纷案件的会议纪要》[①]。2015 年福建省高级人民法院审判委员会《关于婚姻关系存续期间夫妻一方以个人名义对外借款责任承担问题的会议纪要》[②] 等，不仅增加了除外情形，还规定了法院谨慎审查案件是否为虚假诉讼的义务。北京市高级人民法院 2016 年 8 月公布的《关于审理婚姻纠纷案件若干疑难问题的参考意见》第 38 条 [③] 与上海市高级人民法院的意见大体一致，均强调了两个要素，即夫妻双方的举债合意以及债务有无用于夫妻共同生活。

（接上页注③）夫妻有无共同举债的合意；二是该债务有无用于夫妻共同生活。这两个因素，属于基本原则的例外情形。如果一方有证据，证据足以证明夫妻双方没有共同举债的合意和该债务没有用于夫妻共同生活，则该债务可以认定为夫妻一方的个人债务。

① 江苏省高级人民法院《关于审理民间借贷纠纷案件的会议纪要》具体内容如下："婚姻关系存续期间，夫妻一方以个人名义向他人借款所形成的债务，原则上应当认定为夫妻共同债务，由夫妻双方共同对外承担偿还责任。但如果夫妻一方能够证明存在下列情形之一的，则可以认定该债务为夫妻一方的个人债务。1. 出借人与借款人明确约定为个人债务的；2. 夫妻对婚姻关系存续期间所得的财产约定归各自所有且出借人知道该约定的；3. 出借人知道或者应当知道所借款项并非用于家庭生产经营或共同生活的。经借款人的配偶申请，人民法院可追加配偶为第三人参加。"

② 福建省高级人民法院审判委员会《关于婚姻关系存续期间夫妻一方以个人名义对外借款责任承担问题的会议纪要》第 2 条规定："在夫妻一方以个人名义对外借款，债权人请求夫妻共同偿还的案件中，对于债务性质的认定，应当依照最高人民法院《关于适用若干问题的解释（二）》第二十四条（第二十四条 债权人就婚姻关系存续期间夫妻一方以个人名义所负债务主张权利的，应当按夫妻共同债务处理。但夫妻一方能够证明债权人与债务人明确约定为个人债务，或者能够证明属于婚姻法第十九条第三款规定情形的除外。——作者注）的规定处理。但夫妻一方有证据证明或者根据人民法院已查明的事实可以认定借款非用于日常生活开支、履行抚养和赡养义务等家庭共同生活或者家庭生产经营的，应认定为夫妻借款一方的个人债务。"第 4 条规定："人民法院在审理夫妻一方以个人名义对外借款，债权人请求夫妻共同偿还的案件时，如夫妻非举债一方对借款的事实有异议的，应当严格审查借贷发生的原因、时间、地点、款项来源、交付方式、款项去向以及借贷双方的关系、经济状况等事实，认真甄别是否存在虚假诉讼。属于虚假诉讼的，应当判决驳回原告的诉讼请求，并依法予以处理。"

③ 北京市高级人民法院《关于审理婚姻纠纷案件若干疑难问题的参考意见》第 38 条规定："符合《婚姻法司法解释二》第二十四条规定情形的，应推定为按夫妻共同债务处理。但同时存在以下情形的，可根据具体案情认定构成个人债务。（1）夫妻双方主观上不具有举债的合意且客观不分享该债务所带来的利益；（2）债务形成时，债权人无理由相信该债务是债务人夫妻共同意思表示或为债务人的家庭共同利益而成立。"

第三种原则上将用于日常生活之外的夫妻单方举债行为所负债务推定为个人债务，在此基础上增加应为夫妻共同债务的情形，对"时间论"规则进行了较大改造。如 2009 年浙江省高级人民法院《关于审理民间借贷纠纷案件若干问题的指导意见》第 19 条 [①]。

二　《法释〔2018〕2 号》改进的表现

最高人民法院对夫妻共同债务"时间论"的构成依据进行了调整，在 2017 年做了一次补充，到 2018 年 1 月进行了重大调整，几乎对《婚姻法解释（二）》第 24 条做了颠覆性的改变。表现为摒弃"时间论"和"内外有别论"，建立以法律行为共同意思表示为轴心的认定体系。笔者认为这一改变是正确的，具有法理依据，且符合司法实际和夫妻婚姻家庭生活的实际。

（一）尊重双方合意的法理依据，以"用途论"为补充

夫妻一方举债，当夫妻双方对债务的承担达成约定，即该债务已被双方承认为共同债务时，无论该债务是否用于夫妻共同生活、是否属于日常家事代理权的范畴、是否发生于婚姻关系存续期间，都应当被认定构成夫妻共同债务。正因为如此，才有了"法释〔2018〕2 号"第 1 条 [②] 的规定。在笔者抽取的 200 个案例中，有 10 个案例的法官便是在夫妻双方达成合意时，按

[①]　浙江省高级人民法院《关于审理民间借贷纠纷案件若干问题的指导意见》第 19 条规定："婚姻关系存续期间，夫妻一方以个人名义因日常生活需要所负的债务，应认定为夫妻共同债务。日常生活需要是指夫妻双方及其共同生活的未成年子女在日常生活中的必要事项，包括日用品购买、医疗服务、子女教育、日常文化消费等。夫妻一方超出日常生活需要范围负债的，应认定为个人债务，但下列情形除外：（一）出借人能够证明负债所得的财产用于家庭共同生活、经营所需的；（二）夫妻另一方事后对债务予以追认的。不属于家庭日常生活需要负债的，出借人可以援引合同法第四十九条关于表见代理的规定，要求夫妻共同承担债务清偿责任。援引表见代理规则要求夫妻共同承担债务清偿责任的出借人，应对表见代理的构成要件承担证明责任。"

[②]　"法释〔2018〕2 号"第 1 条规定："夫妻双方共同签字或者夫妻一方事后追认等共同意思表示所负的债务，应当认定为夫妻共同债务。"

照尊重当事人意思自治的法理判决双方共同承担债务。这种处理方式，既体现了法律对当事人自由处分财产意思的尊重，也有利于维护交易安全，保护善意第三人的利益。之所以按此判决的案例占比很低，是因为多数时候，夫妻双方对于是否应当共同承担债务存在争议，举债方主张构成夫妻共同债务，而举债方配偶则坚持是另一方的个人债务。而我们要解决的也正是在这种情况下，以何种依据来判定债务承担形式的问题。笔者认为，债务是否用于夫妻共同生活是夫妻共同债务认定的依据，理由如下。

1. 与我国夫妻共同财产制的精神相契合

根据《婚姻法》第17条的规定，我国法定夫妻财产制是夫妻婚后所得共同财产制。立法者将夫妻婚后所得以共同财产的形式规定下来，目的在于鼓励夫妻双方相互帮扶，增加家庭财富，促进婚姻家庭共同体的建设，维护婚姻家庭实体的稳定。债务是财产的消极表现形式，认定债务的承担形式，理应与认定共同财产的立法精神一致，旨在营造和谐的家庭生活氛围，维护婚姻家庭关系的稳定。在夫妻共同债务构成的"用途论"依据下，夫妻共同债务的认定才符合我国夫妻婚后所得共同财产制的立法精神。

2. 符合权利与义务相一致的基本法理

马克思说："没有无义务的权利，也没有无权利的义务。"该观点在婚姻家庭关系领域同样适用。权利是指从所负债务中获取利益，义务是承担债务的清偿责任。当债务用于夫妻共同生活时，无疑双方均从债务中获益，自然应当共同承担清偿责任，即债务构成夫妻共同债务。反之，若债务未用于夫妻共同生活，则必然举债方配偶未从债务中获益，若将此种债务也认定为共同债务，则举债方配偶并未享有获取债务利益的权利，仅负有清偿债务的义务，有悖权利与义务相一致的基本法理。

3. 从比较法角度看，与国外多数国家认定夫妻共同债务的构成依据相一致

在国外，大多数国家认定夫妻共同债务时采取的依据是所负债务是否用

于家庭共同生活。如《德国民法典》第 1438 条规定，夫妻一方担任管财人时，非管财方未经管财方同意单方举债时，只有为共同财产之利益所负债务才为共同财产之债务。[①] 而当夫妻双方共同管财时，《德国民法典》第 1460 条规定，夫妻一方未经另一方同意单方举债时，只有为夫妻共同财产之利益所负债务才是共同财产之债务。[②]《法国民法典》第 1409 条规定，为维持家庭日常开支与子女教育的费用、夫妻双方应当负担的生活费用以及缔结的债务，属于永久性负债，也就是共同债务。[③]《瑞士民法典》第 166 条规定，配偶一方于婚姻关系存续期间，代表婚姻共同生活处理家庭日常事务，配偶一方的行为在被认定为是代表婚姻共同生活的情形下所产生的责任时，配偶另一方应承担连带责任。[④] 诸如此类的国外立法规定自有其值得借鉴之处，以所负债务"用途论"为依归，符合国外的立法趋向，有利于我国对涉外婚姻案件的衔接与处理。

（二）夫妻共同生活的举证责任分配

所负债务"用途论"是认定夫妻共同债务的依据，并已经被《婚姻法》和司法解释认可，但在后来的审判中这一依据几遭弃用，是因为立法者发现"用途论"不利于保护第三人的交易安全，在家庭利益（保护婚姻家庭、保护举债方配偶）和社会利益（保护交易安全、保护第三人）发生冲突的情况下，立法者做出了取舍，将利益天平倾斜至社会利益一端，出现了《婚姻法解释（二）》第 24 条的所负债务推定规则，从而引导了之后的审判实践方向。而在笔者看来，此前的所负债务"用途论"之所以会导致交易第三方的利益得不到合理的保护，是因为举证责任的分配出现了问题，应当合理地分配举

---

① 《德国民法典》（第 3 版），陈卫佐译注，法律出版社，2004，第 443 页。

② 《德国民法典》（第 3 版），陈卫佐译注，法律出版社，2004，第 448 页。

③ 《法国民法典》，罗结珍译，法律出版社，2005，第 1138 页。

④ 《瑞士民法典》，戴永盛译，中国政法大学出版社，2016，第 63~64 页。

证责任。

"谁主张，谁举证"是民事诉讼中的一般举证规则，当事人一方应当对其所主张的事实提出足以使法官形成内心确信的证据，否则将承担败诉的不利后果。按照这一规则，债权人若希望债务由夫妻双方共同承担，从而更好地实现债权，就需要证明债务人所负债务用于夫妻共同生活了。不可否认，基于债权人在成立债权债务关系时应尽的审查注意义务，对于债务的用途，举债时债权人应当进行询问，但这种询问往往流于形式，很难形成证据，即使债权人保留了询问时的录音或者形成了书面文本，举债人当时的表述也无法证明嗣后债务的实际用途。我们知道，婚姻家庭这一伦理实体对于外部的交易第三人而言相对封闭，其成员的身份地位、生活状况、所负债务的实际用途等外界很难知晓。哪怕债权债务关系成立前，债权人已经询问并知晓了债务的用途，也无法排除举债方隐瞒债务的真实用途或者举债后改变债务用途的可能，债权人也没有追踪债务真实用途的义务和可能。因此，让债权人证明债务的用途不仅难度大，证明力也不强，不利于保护交易第三人的利益。

事实上，对于夫妻单方举债，债务的实际用途只有举债一方或实际分享了债务所带来利益的举债方配偶知晓，且因夫妻人身关系的亲密性等原因使得夫妻一方更有能力和条件掌握有关债务用途的信息，夫妻一方更容易取得相关证据。[1] 而当前的举证责任分配更多地集中于债权人或举债方配偶，举债方反而置身事外。我们认为，应当从追求实质公平的角度出发，分配给举债方一定的举证责任。具体来讲，当夫妻单方举债时，债权人必须对其与举债方之间存在债权债务关系这一事实负有举证责任；举债方应当对债务是否用于夫妻共同生活进行举证证明。举债方若能提供证据证明所负债务的确用

---

[1] 周姝：《论夫妻共同债务确认制度的完善》，《法治研究》2009 年第 9 期，第 93~100 页。

于夫妻共同生活，举债方配偶又无法提出相反证据时，所负债务应当认定为夫妻共同债务。若举债方无法提供证据证明所负债务用于夫妻共同生活，而举债方配偶又没有相反证据或者能够证明该债务用于满足举债方的个人消费，用于赌博、嫖娼等非法用途时，所负债务应认定为夫妻个人债务。

《民法典》"婚姻家庭编"第 1064 条和"法释〔2018〕2 号"第 3 条 ① 把证明债务用途的举证责任分配给了债权人，也等同于在离婚诉讼中将证明责任分配给了举债方，使债权人和举债方共同承担举证责任。

（三）夫妻共同生活的界定

夫妻作为因婚姻关系而缔结的家庭伦理共同体，夫妻双方或一方在婚姻关系存续期间所实施的有益于婚姻家庭利益和婚姻关系稳定的法律行为，并且夫妻双方均从中获益的，都应当认定为因夫妻共同生活而进行的行为，出于权利义务相一致的基本法理，由此而产生的债务也应当认定为夫妻共同债务。②

（四）意思表示一致的法理依据

这主要体现在 2001 年修改后的《婚姻法》第 19 条以及《婚姻法解释（二）》第 8 条第 1 款。从法理上讲，债务可以视为一种负面财产，因此，上述两个条文虽未明确提及夫妻共同债务的构成问题，但其传达的尊重夫妻双方意思自治的理念可以从约定婚前财产以及婚姻关系存续期间所得财产的所属问题扩大到对所负债务如何承担的问题。这一标准可以概括为"尊重意思自治论"，属于法律行为理论。实际上，我们注意到，尊重双方意思表示处

---

① "法释〔2018〕2 号"第 3 条规定："夫妻一方在婚姻关系存续期间以个人名义超出家庭日常生活需要所负的债务，债权人以属于夫妻共同债务为由主张权利的，人民法院不予支持，但债权人能够证明该债务用于夫妻共同生活、共同生产经营或者基于夫妻双方共同意思表示的除外。"

② 该部分内容来源于作者已经发表的本项目阶段性研究成果，参见李洪祥《我国夫妻共同债务构成依据的反思》，《江汉论坛》2018 年第 7 期，第 102~103 页。

理夫妻债务问题，有时法官并不需要援引《婚姻法》的相关规定。在笔者先前抽取分析的 200 个案例中，有 10 个案例是法官根据《合同法》抑或是《担保法》的有关规定，在夫妻双方明确表示自愿承担单方举债所负债务的情况下，判定所负债务为夫妻共同债务，而无须判断债务是否用于夫妻共同生活、是否发生在婚姻关系存续期间。这不仅体现了法律对于当事人自由处分财产的尊重，有利于维护交易第三人的合法权益，也体现了冰冷法条背后的一丝人情味。实际上，"夫妻形成共同合意与第三人为民事行为，其后果当然应当由做出共同意思的夫妻共同承担，包括一起进行民事行为和事后的追认，以及符合日常家事代理权和表见代理条件构成的债务"[1]。

---

[1]　李洪祥:《论夫妻共同债务构成的依据》,《求是学刊》2017 年第 3 期，第 85 页。

第四章

我国法律和司法解释中夫妻共同债务
制度的司法适用

随着社会关系和经济发展的多元化，夫妻一方或双方举债的情形与日俱增，夫妻共同债务的构成成为婚姻关系中一个重大且复杂的问题，也成为理论界和实务界的热点与难点问题。如何处理这类问题，不仅涉及对婚姻家庭的保护，还涉及对婚姻关系中当事人合法财产权益的保护，也关系对第三人交易安全的保护。为了对这类案件实务中的处理有一个直观和全面的感受，笔者在"聚法案例"平台中（本章有关数据除注明出处的以外，均来源于"聚法案例"）进行了案例的检索和分析，发现了这类案件的特点和法官处理夫妻共同债务案件的审判逻辑。

第一节　我国司法适用中数据反映的问题 ①

通过对数据的分析发现，夫妻共同债务的构成问题涉及面广、案件多，案件上诉率、再审率高，已经成为一个热点、难点问题，法官在审判过程中出现的诸如僵化套用法条、判决书说理性不足、举证责任分配不公等问题，背后隐含的深层原因和依据值得探究。

---

① 该部分内容来源于作者已经发表的论文，参见《我国夫妻共同债务构成依据的反思》，《江汉论坛》2018 年第 7 期，第 97~99 页。该文被《中国社会科学文摘》2018 年第 12 期《论点摘要》转载。

一　夫妻共同债务的构成问题涉及面广、案件多

截至 2017 年 7 月 10 日，笔者在"聚法案例"平台中，在"本院认为"部分（排除只是事实陈述部分提及而法官未予判定的案件）以"夫妻共同债务"为关键词进行检索，共检索到 45 万余篇法律文书，涉及的案由有：民间借贷纠纷、金融借款合同纠纷、离婚财产分割纠纷、买卖合同纠纷等。其中，民间借贷纠纷和金融借款合同纠纷案件的数量居于前两位，而与夫妻共同债务联系最为密切的离婚财产分割纠纷案件的数量仅排在第三位，相较排在第四位的买卖合同纠纷，案件数量也并未多出很多。

二　案件的上诉率和再审率偏高

笔者进一步缩小关键词为"夫妻共同债务认定"，在"聚法案例"平台中进行检索发现，在检索到的 1567 个案件中，经二审和再审结案的比例达到了 34.63%，这与某学者所统计的 35.6% 的比例很贴近。[①] 以上数据，在一定程度上反映了该类案件偏高的上诉率和再审率。由此可见，当案件的争议焦点集中到夫妻共同债务构成问题时，即使有了法院判决，当事人依然存有较大异议的情况时有发生，立法所确定的夫妻共同债务认定规则在司法实践中未能实现其预期的价值和功能，法律"定分止争"的目的也未能实现。

三　审判过程中思维逻辑僵化

为了进一步详细地分析案情和统计数据，笔者随机抽取了 200 个关于夫妻共同债务认定问题的一审民事判决，与前面宏观的数据相比较而言，从这种方法得来的数据更能看出我国现行的夫妻共同债务构成规则存在的弊端。

---

① 陈法：《我国夫妻共同债务认定规则之检讨与重构》，《法商研究》2017 年第 1 期，第 127 页。

（一）审判过程中很少对债务的真实性进行判定

这类案件在审理过程中的一大特点就是债务的真实性难以认定。例如，在离婚案件中，主张不离婚的一方可能会通过虚构债务来达到多分财产或不离婚的目的，通常支撑其诉求的只有单一的证据（如借条、欠条等）或者证人证言，而没有其他证据佐证，使得法官很难判断债务的真实性。但难判断不同于无法判断也不同于默认债务的真实性。在笔者抽取的200个案件中，仅有13个案件，法官未判定债务为夫妻共同债务，而在这13个案件中，由于债务的不真实或者真实性无法证明不被认定为夫妻共同债务的仅有3个。即使在认定为夫妻共同债务的187个案件中，法官的说理部分也鲜有提及债务的真实性问题。这说明，在这200个案例中，法官大多默认了债务的真实性抑或是忽视和选择性回避了债务的真实性问题。① 众所周知，确定债务的真实性是夫妻共同债务构成的前提和基础，也是杜绝虚假诉讼、保护举债方配偶利益的关键步骤。

（二）机械套用《婚姻法解释（二）》第24条

在笔者收集的200个案例中，判决书中明确引用《婚姻法解释（二）》第24条的达到了141个，这还不包括未说明引用条文但按第24条的法律逻辑进行说理以及虽然引用了其他条文但仍按第24条进行判决的12个案例。这说明，法官按照第24条的思路进行审判的比例高达76%。一个有趣的现象是，同样的法官在面对不同案件时，判决书说理部分的内容除当事人名称改变以外，几无变动。暂不论第24条的合理性与否，仅从案件事实的多样性以及判决说理充分性和针对性的要求来看，重复使用同一法条、套用同一套说辞的做法也显得有过于僵化之嫌。

---

① 陈法：《我国夫妻共同债务认定规则之检讨与重构》，《法商研究》2017年第1期，第127页。

(三)《婚姻法》第 41 条被束之高阁

在笔者抽取的 200 个案例中,适用《婚姻法》第 41 条,也就是以所借债务用于夫妻共同生活为标准,认定夫妻共同债务的仅有 9 个案例。这其中还包括判决书主文虽是引用《婚姻法》第 41 条,但说理部分仍按《婚姻法解释 (二)》第 24 条的逻辑说理的 2 个案件。结合之前得出的机械套用《婚姻法解释 (二)》第 24 条的结论,不难看出,自《婚姻法解释 (二)》出台以来,由于债务是否用于夫妻共同生活相较于是否发生于婚姻关系存续期间证明难度大、证明标准高,部分法官为了片面地追求审判效率,机械适用《婚姻法解释 (二)》第 24 条,几乎弃用《婚姻法》第 41 条,这不免有司法解释僭越法律之嫌。具体到夫妻共同债务构成规则上来讲,就是以"婚内标准"取代"共同生活标准"。这种只须核实债务发生时间是否在婚姻关系存续期间就可判定债务是否为夫妻共同债务的一刀切式的做法,诚然在一定程度上提高了审判效率,避免了案多人少或者案件积压、审判不及时等现象,但同样会使司法机关忽视对案件进一步的审查,例如前述的对债务真实性的判定等,从而造成裁判结果可接受度不高,导致前述案件的上诉率和再审率偏高现象的发生。这种看似高效的审判方式背后却难以服判息诉,夫妻共同债务引起的纠纷未得到实际解决,导致矛盾进一步激化,引起后续的社会问题,需要投入更多的司法和社会资源进行补救,这反而得不偿失。

(四) 判决说理性不足

《婚姻法解释 (二)》第 24 条 [①] 规定,先不论该条规定的合理性与否,单从条文的逻辑来看,法官若要适用该条规定,在判决书说理部分至少应该说明两点:第一,债权债务关系发生于婚姻关系存续期间;第二,不存在但

---

① 《婚姻法解释 (二)》第 24 条规定:"债权人就婚姻关系存续期间夫妻一方以个人名义所负债务主张权利的,应当按夫妻共同债务处理。但夫妻一方能够证明债权人与债务人明确约定为个人债务,或者能够证明属于婚姻法第十九条第三款规定情形的除外。"

书中规定的例外情形。笔者在阅读前述适用《婚姻法解释（二）》做出判决的 141 个案例时发现，其中有 12 份判决书只引用了法条便得出了系争债务为共同债务的结论，未进行任何说理；有 72 份判决书只说明了债务发生于婚姻关系存续期间，未对但书部分的例外情形进行检讨。综合来看，缺乏说理或说理性不足的判决书比例占到了 59.6%。试问，在适用一条本就充满争议的司法解释条文判案时，近六成判决书存在说理性不足的问题，最终的判决结果又如何使人信服，法律又如何起到定分止争的效果呢？不仅如此，笔者在分析案例时还发现，部分法官在仅适用了《婚姻法解释（二）》第 24 条的情况下，在说理部分，还提及了所借债务确用于夫妻共同生活这一判断标准。这也就印证了笔者之前所述的法官将《婚姻法解释（二）》第 24 条看成处理夫妻债务问题的恒定公式，说理部分明明按照《婚姻法》第 41 条的内在逻辑说理，主文部分仍机械套用《婚姻法解释（二）》第 24 条，导致法条适用张冠李戴、说理部分无法可依。判决书不仅是对当事人诉求的回应，更是法院办案能力和司法机关严谨性与权威性的体现，说理性不足既无法使当事人信服，也有损司法机关的形象和裁判结果的权威性。

（五）证明责任内外有别

在笔者随机抽取的 200 个真实案例中有 7 个案例，法官根据《民事诉讼法》第 64 条，以及《最高人民法院关于民事诉讼证据的若干规定》第 2 条的规定，判决相关债务为夫妻一方个人承担。有趣的是，这 7 个案例，无一例外均为离婚时举债方主张所负债务为夫妻共同债务，后因无法证明债务的真实性或所举债务确用于夫妻共同生活而最终承担败诉的不利后果。相较于债权人提起诉讼由举债方配偶举证《婚姻法解释（二）》第 24 条中的例外情形，法官的态度有了极大的转变，这也反映了法官偏向于保护债权人利益而牺牲举债方配偶利益的鲜明立场。

这样的立场不仅在审判中可见端倪，在相关的法律文件中也屡见不鲜。

最高人民法院民一庭《关于婚姻关系存续期间夫妻一方以个人名义所负债务性质如何认定的答复》① （〔2014〕民一他字第10号，以下简称《第10号答复》），从该答复前后规定的对比中，可以很清晰地看出，案件是否涉及债权人时，证明责任的分配是不同的。在由举债人请求确认债务为共同债务时，举证责任由举债方承担，举债方配偶无须承担举证责任；在债权人请求确认债务为共同债务时，举债方配偶却需承担《婚姻法解释（二）》第24条所规定的例外情形或者举债方未将案涉债务用于夫妻共同生活这一消极事实的证明责任，而消极事实的举证难度之大无疑使举债方配偶陷入困境。在笔者看来，这种内外有别的证明责任的分配方式存在诸多不合理之处。

首先，区别证明责任分配的逻辑起点站不住脚。两种证明责任的分配针对的是同样的事实，仅仅因为举债方配偶是被举债方起诉还是被债权人起诉就做出了截然不同的证明责任分配，这种做法无法使人信服，所包含的逻辑也显然是说不通的。

其次，造成了两种相互矛盾的法律真实。我们知道，事实包括客观真实和法律真实，尽管法律真实无法完全还原客观真实，但在审判过程中，法官也应该在尊重证据的基础上尽可能地贴近客观真实。婚姻关系存续期间，夫或妻以一方名义举债，案件事实必然牵扯到债权人，因为债权人是否参与诉讼的不同，举债方配偶在所能提出的证据不变的情况下，却承担了两种不同的诉讼结果。

最后，会诱使举债方怂恿债权人起诉。从《第10号答复》的前半段可以看出，法官基于保护举债方配偶利益的考量，要求举债方证明所借债务用

---

① 最高人民法院民一庭《关于婚姻关系存续期间夫妻一方以个人名义所负债务性质如何认定的答复》规定："在不涉及他人的离婚案件中，由以个人名义举债的配偶一方负责举证证明所借债务用于夫妻共同生活，如证据不足，则其配偶一方不承担偿还责任。在债权人以夫妻一方为被告起诉的债务纠纷中，对于案涉债务是否属于夫妻共同债务，应当按照《最高人民法院关于适用〈中华人民共和国婚姻法〉若干问题的解释（二）》第二十四条规定认定。如果举债人的配偶举证证明所借债务并非用于夫妻共同生活，则其不承担偿还责任。"

于夫妻共同生活，否则判为个人债务。但由于紧接着的规定，当举债方对所借债务用于夫妻共同生活举证不能时，其出于趋利避害的本能，很容易会想到通过促使债权人提起诉讼的方法，将其举证不能的不利后果转嫁给举债方配偶。而债权人为保证自己债权最大化的实现，也有动力在举债方的撺掇下另行起诉举债方配偶，从而导致举债方配偶因败诉从无须承担债务变为和举债方共同承担债务。这种内部证明责任的分配对于举债方配偶利益的保护也由于外部证明责任分配的不公平变得形同虚设。

第二节　夫妻共同债务纠纷处理的司法拿捏

随着经济社会发展的多元化，因夫妻一方或双方举债而发生纠纷的情况时有发生，夫妻共同债务的认定和清偿成为婚姻关系中一个重大且复杂的问题，也成为理论界和实务界的热点与难点问题。如何处理这类纠纷，不仅涉及对婚姻家庭的保护，还涉及对婚姻关系中当事人合法财产权益的保护，也关系对第三人权利和交易安全的保护。在何种情况下认定特定债务为夫妻共同债务，夫妻共同债务如何清偿，成为民法价值判断争议集中的领域之一。①

"法释〔2018〕2号"对夫妻债务问题做出了新的规定。该规定内容被2020年颁布的《民法典》所吸收，从夫妻共同债务构成规则的三种认定标准来看，其理论基础没有采取财产共同共有的理论，而是采取了法律行为理论。《民法典》认可了"法释〔2018〕2号"中夫妻共同债务认定标准，充分体现出法律行为的理论，夫妻合意形成的债务、日常家事代理权形成的债务，以及用于家庭共同生活、共同生产经营形成的债务都属于夫妻共同债

---

① 王轶、包丁裕睿：《夫妻共同债务的认定与清偿规则实证研究》，《华东政法大学学报》2021年第1期，第7页。

务。《民法典》第 1064 条虽然包括了"法释〔2018〕2 号"的主要内容，对于夫妻债务认定方面规定得较为详尽，但是对于夫妻债务的清偿规则却只有原则性的规定。有学者认为，相较于夫妻共同债务认定规则的日臻完善，夫妻共同债务的清偿规则亦有进一步讨论的必要。①

　　笔者于"威科先行"法律数据库中，在"裁判理由及依据"部分以"夫妻债务"为关键词进行搜索，截至 2021 年 2 月 20 日，共搜索出相关文书270592 篇。通过对这些文书的多角度分析，可以得出如下结论。

　　首先，从文书裁判日期来看，结果中显示最近五年的文书数量为 268343篇，最近三年文书数量为 258883 篇，分别占总文书数量的 99.2% 和 95.7%。由此可见，涉及以夫妻债务作为裁判理由及依据的案件主要发生在近五年，尤其是近三年的时间内，也就是"法释〔2018〕2 号"生效以后，这说明"法释〔2018〕2 号"在司法实践中运用得十分频繁，法院以"法释〔2018〕2 号"的内容作为审理依据的比例大大提高，其准确合理适用也是《民法典》第1064 条继承该内容的前提条件。

　　其次，从文书的案由来看，其中"合同""准合同纠纷"文书数量为263958 篇，占总量的 97.5%，其中"借款合同纠纷"文书数量为 221574 篇，再其中"民间借贷纠纷"文书数量为 161365 篇，"金融借贷合同纠纷"文书数量为 50793 篇。而涉及"婚姻家庭、继承"的文书数量仅为 2834 篇。由此可见，夫妻共同债务纠纷案件已经不再局限于传统的离婚案件涉及的标的。随着市场经济的发展，小额贷款的盛行，离婚率的上升以及夫妻共同投资经营情况的增多，夫妻共同财产构成种类的增多，不仅造成夫妻共同债务案件数量逐年增长，其涉及的范围也越来越广。

　　笔者如下分析均基于《民法典》第 1064 条所区分的夫妻共同债务的三

---

① 关淑芳、郭子圣:《夫妻共同债务清偿规则辨析》,《华东政法大学学报》2021 年第 1 期,第 25 页。

种认定方式，结合笔者所检索的案例，探究不同认定规则下夫妻共同债务纠纷的司法拿捏。

一 基于"夫妻共同意思"举债的司法拿捏

（一）举债方配偶"事后追认"的司法拿捏

《民法典》第 1064 条第 1 款规定：夫妻双方共同签名或者夫妻一方事后追认等共同意思表示所负的债务，以及夫妻一方在婚姻关系存续期间以个人名义为家庭日常生活需要所负的债务，属于夫妻共同债务。该条该款前半部分的核心内容为夫妻双方的共同意思表示，对于意思表示的解释，立法者在条文中进行了不完全列举，即夫妻双方共同签名或者夫妻一方事后追认等情形。对于第一种情形，夫妻双方共同签名的债务，实务上一般认定为夫妻共同债务不存在异议，[①] 主要争议在于法院在何种情形下认定举债方配偶的行为属于"事后追认"。

"事后追认"可以发生举债方配偶共同承担债务的法律效果。追认不仅包括书面或口头形式对债务的明确追认，也可能包括以行为进行的默示追认。何种行为可以被解释为"事后追认"，需要进行价值判断。实践中，法院有以下几种方式认定夫妻一方中举债方配偶的行为属于"事后追认"：第一种是，举债方配偶对举债方负债的事实并不知情，但是举债方与债权人之间借款的事实发生在举债方配偶名下的银行卡转账记录中，法院认定该债务属于夫妻共同债务[②]；第二种是，有法院认为在债权人到债务人家中催要借款时，举债方配偶"有还款意愿"可以作为其"作出了事后追认的意思表

---

① 王轶、包丁裕睿：《夫妻共同债务的认定与清偿规则实证研究》，《华东政法大学学报》2021 年第 1 期，第 9 页。

② 参见新疆维吾尔自治区高级人民法院伊犁哈萨克自治州分院（2021）新 40 民终 203 号民事判决书。

示"①；也有法院认为，举债方配偶为举债方提供担保，应被视为是"事后追认"的一种方式，该债务属于夫妻共同债务。②

然而，在夫妻共同债务认定方面，也有法院持不同意见，认为即使举债方配偶通过不同的方式清偿债务或为债务提供担保，仍不能认定该类债务属于夫妻共同债务。理由是在实际生活中，债务人通过他人账户或委托他人向债权人转交欠款并不鲜见，该事实不能完全证明举债方配偶与举债方有共同承担案涉债务的意思表示。③ 这确实是值得认真研究和对待的问题。

（二）举债方配偶"知晓且未提出异议"的司法拿捏

根据意思表示相关理论，沉默或默示有时也可成为意思表示做出的方式。《浙江省高级人民法院关于妥善审理涉夫妻债务纠纷案件的通知》第1条确认，"共同做出口头承诺、共同做出某种行为等也是夫妻共同意思表示的表现形式。若有证据证明配偶一方对负债知晓且未提出异议的，如存在出具借条时在场、所借款项汇入配偶掌握的银行账户、归还借款本息等情形的，可以推定夫妻有共同举债的合意"。有些法院援引该条，将举债方配偶"知晓且未提出异议"推定为夫妻共同债务。④

笔者认为，将"知晓且未提出异议"作为夫妻具有"共同举债合意"的一种推定方式，可能会对司法裁判中法官的判断产生错误引导。"法释〔2018〕2号"与《民法典》中并未明确规定"知晓且未提出异议"是夫妻"共同举债合意"的一种推定方式。在司法实践中，如果法院要运用该条的基本原则，将其他情形的"知晓且未提出异议"作为夫妻"共同举债合意"的一种推定方式，应该附有严密谨慎的推定过程，在判决书中明确体现，仅

---

① 参见陕西省蒲城县人民法院（2018）陕0526民初1295号民事判决书。
② 参见云南省高级人民法院（2019）云民终158号民事判决书。
③ 参见湖南省高级人民法院（2018）湘民申2901号民事裁定书。
④ 参见广东省潮州市中级人民法院（2019）粤51民终148号民事判决书。

仅一笔带过显得说服力不充分。

（三）夫妻共同债务清偿方式的司法拿捏

在学界，有学者将夫妻共同债务的清偿方式分为类型区分说、无限连带说、有限连带说和共同债务说。[①] 夫妻共同债务清偿规则既事关对债权人利益的保护，也涉及作为共同债务人的夫妻间的利益分配。《民法典》仅在第1065条、第1089条对夫妻共同债务的清偿规则做出了原则规定[②]，面对日趋复杂的司法实务纠纷案件，对夫妻共同债务清偿规则予以明晰显得尤为重要。笔者通过检索法院认定涉及夫妻共同债务的案件，发现绝大部分法院在"判决如下"部分载明举债方和举债方配偶"共同偿还"某某债务，并不像学理上一样，区分夫妻共同债务和夫妻一方的个人债务。笔者认为，对于夫妻共同债务的清偿规则和清偿次序的明确迫在眉睫。完备的夫妻共同债务认定规则、清偿规则和程序规则，将为司法实践中适用法律解决夫妻共同债务纠纷案件打下基础。

二　"家庭日常生活需要"的司法拿捏

《民法典》第1064条规定："夫妻一方在婚姻关系存续期间以个人名义为家庭日常生活需要所负的债务，属于夫妻共同债务。"学理上一般认为，该条的宗旨是对"日常家事代理权"的确认。只有明确界定"日常家事代理权"，判断夫妻一方的某个行为是否属于行使日常家事代理权的行为，这样才能认定某一债务是否属于夫妻共同债务。

---

① 关淑芳、郭子圣：《夫妻共同债务清偿规则辨析》，《华东政法大学学报》2021年第1期，第24页。

② 《民法典》第1065条第3款规定："夫妻对婚姻关系存续期间所得的财产约定归各自所有，夫或者妻一方对外所负的债务，相对人知道该约定的，以夫或者妻一方的个人财产清偿。"《民法典》第1089条规定："离婚时，夫妻共同债务应当共同偿还。共同财产不足清偿或者财产归各自所有的，由双方协议清偿；协议不成的，由人民法院判决。"

（一）"日常家事代理权"的司法拿捏

关于"日常家事代理权"的判断标准，不同学者有不同观点，王轶教授认为应当结合金额标准和用途标准来认定。[①] 叶名怡教授认为债务数额不应作为"家庭日常生活"判定的决定性标准。[②] 吴晓芳法官认为对于超出日常家事代理权范围的债务是否属于夫妻共同债务要根据债务是否由夫妻共同意思表示形成或是否用于夫妻共同生活、共同生产经营来判断。[③] 还有的学者对于日常家事代理权持批判意见。由此可见，学界对于日常家事代理权的观点具有多样性。

反观司法实践领域，主要存在两个问题，一个是对于"家庭日常生活需要"的判断标准，另一个是对于"家庭日常生活需要"的举证责任问题。实践中，"为家庭日常生活需要所负债务"的认定标准主要有两项：金额标准和用途标准。所谓金额标准是指，依据日常家事代理权的原则，超过一定金额的借款不属于"家庭日常生活需要"的范围，进而该笔债务不属于夫妻共同债务，而属于举债方个人的债务。法院一般认为，数额明显超过金额标准的债务不属于夫妻共同债务。而这并不意味着单笔数额在金额标准之内的债务就一定是夫妻共同债务，实践中也存在单笔数额符合"日常家事代理权"规定的金额标准，但多笔债务数额或者举债总额就超出了"家庭日常生活需要"的案例，法院一般依据实际情况，在金额标准的基础上结合用途标准来认定。[④] 所谓用途标准是指举债方举债的用途是否用于家庭日常生活需要，关于"家庭日常生活需要"的范围，大部分法院的理解较为近似，即包括夫

---

① 王轶、包丁裕睿：《夫妻共同债务的认定与清偿规则实证研究》，《华东政法大学学报》2021年第1期，第13页。
② 叶名怡：《"共债共签"原则应写入〈民法典〉》，《东方法学》2019年第1期，第94页。
③ 吴晓芳：《〈婚姻法〉司法解释（三）适用中的疑难问题探析》，《法律适用》2014年第1期，第75页。
④ 参见吉林省高级人民法院（2018）吉民再251号民事判决书。

妻双方及其共同生活的未成年子女在日常生活中的必要开支，如正常的衣食住行、医疗保健、购买日用品、子女教育、赡养老人、文化消费等。对于用途标准的适用，一般也要结合金额标准具体问题具体分析。如对于不同生活水平的家庭，花费 20 万元来购买家具，这笔债务可能在不同的案件中性质完全不同。

实践中，对于"家庭日常生活需要"的认定标准不一，主要包括金额标准、用途标准和二者结合的标准。

（二）对是否属于"家庭日常生活需要"的举证责任

就举证责任而言，大部分法院要求债权人仅需举证证明债务存在、债务符合当地一般认为的家庭日常生活需要范围，无须举证证明该债务是否实际用于家庭日常生活。这一标准与主流学说中体现的价值取向一致。[1] 然而，也有部分法院认为，债权人负有对债务人所借款项是否用于"家庭日常生活需要"的举证责任。[2] 这两种裁判理由并非完全对立，其基本逻辑与法律基础都是"谁主张，谁举证"，只是在举证程度上不尽相同。笔者认为，在日常家事代理权范围内的债务，债权人举证证明债权存在的真实性、符合日常家事代理权范围就可以，不必举证证明债务人与其配偶之间的借款用途；如果举债超出了"日常家事代理权"的范围，债权人主张构成夫妻共同债务的，则债权人应举证证明债务用于夫妻"共同生活或者共同生产经营"了。

三　夫妻共同生活、共同生产经营的司法拿捏

《民法典》第 1064 条第 2 款规定：夫妻一方在婚姻关系存续期间以个人名义超出家庭日常生活需要所负的债务，不属于夫妻共同债务；但是，债权

---

[1]　参见程新文等：《〈关于审理涉及夫妻债务纠纷案件适用法律有关问题的解释〉的理解与适用》，《人民司法（应用）》2018 年第 4 期，第 37 页。

[2]　参见贵州省铜仁市中级人民法院（2018）黔 06 民终 1592 号民事判决书。

人能够证明该债务用于夫妻共同生活、共同生产经营或者基于夫妻双方共同意思表示的除外。该条文的基本主旨是债权人证明债务用于夫妻共同生活或者用于夫妻共同生产经营的，属于夫妻共同债务。实践中法院对该条的认定主要分为两个标准，即共同生活标准、共同生产经营标准。还有的法院超出司法解释的文意，提出"共同利益"标准。①

（一）用于夫妻"共同生活"的司法拿捏

《浙江省夫妻债务纠纷通知》指出，只要是夫妻双方共同消费支配或者用于形成夫妻共同财产的支出，都属于"夫妻共同生活"的范围。② 一般而言，法院认为借款合同上载明款项用于夫妻共同生活的，该债务属于夫妻共同债务。③ 对此，笔者认为，不应简单以借款合同上的记载为准，还应考虑借款的实际用途，若仅仅以合同上书面记载为准，可能会产生债权人与债务人欺诈举债方配偶的情形。在实践中，对于夫妻共同生活的认定标准相比于"家庭日常生活需要"的标准更为严苛，有的法院认为，父母借款为子女偿债，此类债务不属于"夫妻共同生活"中的类型。④ 值得注意的是，夫妻共同生活中的"共同"是实践中必须要准确界定的标准，一般法院认为，借据、欠条等证据中载明借款用于举债方个人需要的，一般不认定为夫妻共同债务。

（二）用于夫妻"共同生产经营"的司法拿捏

对于夫妻共同生产经营的认定，主要是与夫妻双方生产经营存在关联关系的情形，夫妻一方举债，用于双方的生产经营活动，此类债务应属于夫

---

① 参见王轶、包丁裕睿：《夫妻共同债务的认定与清偿规则实证研究》，《华东政法大学学报》2021 年第 1 期，第 14 页。

② 参见程新文等：《〈关于审理涉及夫妻债务纠纷案件适用法律有关问题的解释〉的理解与适用》，《人民司法（应用）》2018 年第 4 期，第 36 页。

③ 参见吉林省高级人民法院（2018）吉民再 274 号民事判决书。

④ 参见山东省青岛市中级人民法院（2018）鲁 02 民终 7203 号民事判决书。

妻共同债务。实践中，夫妻共同生产经营主要有三种类型。第一种是夫妻双方处于公司环境下，夫妻分别担任公司的董事长、经理、监事等有实际控制权的职务。第二种是夫妻双方处于非公司环境下，例如夫妻一方经营个人独资企业、夫妻一方或双方经营合伙企业、个体工商户等。以上两种夫妻之间共同经营关系的认定均存在一定差别。实践中，更多的是夫妻双方不存在经营实体的情形，法院对于该类夫妻共同生产经营的认定较为宽松，有的法院认为举债方配偶在举债方的借款合同上签字、在抵押合同上签名等事实，均可以认定该债务属于夫妻共同债务。①

（三）夫妻分享了"共同利益"的司法拿捏

有学者认为，"共同利益"这一标准对法院的裁判产生了重要影响。不少法院在说理中明确指出，"夫妻是否分享了债务所带来的利益"是判断债务是否为夫妻共同债务的标准之一。② 也有学者认为，"可能共同受益"不等于"确定共同受益"。其理由在于，假如夫妻双方都在同一公司担任重要职位，则夫妻任何一方的婚内个人举债都是夫妻共同债务，这显然违背常理。③ 因此，该学者坚持"共同利益"的确定性原则，这对司法实践中如何运用"共同利益"这一标准有很大的意义。

笔者认为，"共同利益"标准实际上是前述"共同生活"标准和"共同生产经营"标准的一个基本原则，即"共同利益标准"是一直存在于前述两种标准中的。虽然立法上并没有明确"共同利益"标准，但是实践中，法院运用各种解释方法，将立法者的意图以"共同利益"标准呈现了出来。实践中，法院会以多种方式认定"共同利益"标准，例如判断收益是否属于夫妻

---

①　参见四川省乐山市中级人民法院（2020）川 11 民终 332 号民事判决书。

②　参见王轶、包丁裕睿：《夫妻共同债务的认定与清偿规则实证研究》，《华东政法大学学报》2021 年第 1 期，第 16 页。

③　叶名怡：《"共债共签"原则应写入〈民法典〉》，《东方法学》2019 年第 1 期，第 101 页。

双方或者考察负债与家庭消费和支出的关系，以判断债务是否有用于夫妻共同利益的高度可能性。[①] 法院更多地适用"共同利益"来认定夫妻共同债务，体现了司法实务界和学界的趋同性，这也说明学界推崇的"共同利益"的判断标准是可以适用于实践领域的，是具有生命力和可行性的。

① 参见新疆维吾尔自治区高级人民法院（2018）新民申 1148 号民事裁定书。

第五章

日常家事代理权的缘起、法理依据、对夫妻共同债务构成的利弊分析 *

* 本章相关内容以《论日常家事代理权视角下的夫妻共同债务构成》为题发表于《当代法学》2020 年第 5 期。

日常家事代理权在我国学界一直存有争议，其性质、范围、效力等一直是学界争议的热点，对其是否应当写入立法也存有争议。《民法典》"婚姻家庭编"第 1060 条、第 1064 条，以及之前的"法释〔2018〕2 号"被认为是对日常家事代理权内涵的确认，还有《婚姻法解释（一）》第 17 条也被普遍认为是日常家事代理权规定的雏形，除此之外，《婚姻法》以及诸多司法解释并未规定日常家事代理权，也并没有"日常家事代理权"这种类似字样。可以说，我国立法在《民法典》颁布之前并未对该制度进行正面规定，本章将对日常家事代理权进行立法、司法梳理，在此基础之上，从比较法的视角，研究域外立法对日常家事代理权的规定，再对日常家事代理权的历史脉络进行分析，在摸清日常家事代理权的"前世""今生"的前提下，讨论该制度在我国的适用空间以及是否应当将其写入我国立法，以期对日常家事代理权有一个从理论到实践的较为系统全面的认识，这对我国立法也有所裨益。现在，《民法典》"婚姻家庭编"已经明确规定了日常家事代理权和基于日常家事代理权的行为构成夫妻共同债务。

第一节　我国日常家事代理权的立法、司法梳理

日常家事代理权这一源于古罗马的夫权时代的制度，一直并未被我国立法所直接确认，学界以及司法实践却基于其种种功能，比如促进交易效率、

保护交易安全等将其视为一个重要的制度加以运用。通过对日常家事代理权的立法和司法梳理，可以对我国日常家事代理权的发展现状有一个清晰的认识。

一　日常家事代理权的立法梳理

我国在《民法典》颁布之前并未像国外立法一样将日常家事代理权作为一项重要制度在《婚姻法》中进行规定，也没有明确使用日常家事代理权的概念，对于日常家事代理权并没有明确具体的规定。虽然在清末时期的相关立法中有过日常家事代理权的相关规定，但也已经是历史，对现行立法没有影响。

首先从历史的角度看，第一次将日常家事代理权引入我国的是清朝末年修订法律馆编的《大清民律草案》，遗憾的是该草案并未公布[①]，该草案第1355条规定"妻于寻常家事，视为夫之代理人。前项妻之代理权，夫得限制之，但不得与善意第三人对抗"[②]。虽然该条规定是将妻视为夫的代理人，具有较浓厚的封建色彩，但可以说该条规定符合了日常家事代理权制度发展初期的内涵，是将该制度用立法加以确定的体现，在我国立法史上留下了自己的印记。在历史上关于日常家事代理权还值得一提的是南京国民政府公布的《中华民国民法·亲属编》，其规定："夫妻于日常家务，互为代理人。夫妻之一方滥用前项代理权时，他方得限制之。但不得对抗善意第三者。"[③] 该条规定夫妻双方互为代理人，体现了日常家事代理权制度发展后期的内涵，体现了法律尊重男女平等。

但是从《婚姻法》的发展史来看，1950年《婚姻法》、1980年《婚姻

---

① 张希坡：《中国婚姻立法史》，人民出版社，2004，第547页。
② 《大清民律草案·民国民律草案》，杨立新点校，吉林人民出版社，2002，第173页。
③ 张希坡：《中国婚姻立法史》，人民出版社，2004，第89页。

法》以及 2001 年《婚姻法修正案》(是对 1980 年《婚姻法》的修改) 均未对日常家事代理权加以规定。学界普遍认为,《婚姻法解释 (一)》第 17 条第 1 项 [1] 的规定是日常家事代理权制度的初步体现。笔者认为该条规定更多的是确定夫妻对共同财产有平等的处理权,强调的是夫妻双方内部关系的平等,并未对日常家事代理权的相关问题,如日常家事代理权的概念、性质、行使等进行明确规定,而且我们应当认识到日常家事代理权还涉及与第三人的外部关系,由此而言,将《婚姻法解释 (一)》第 17 条的规定视为日常家事代理权制度,未免会使得该规定对日常家事代理权制度确立得不够具体、周延。

"法释〔2018〕2 号"是为解决实践中大量存在的夫妻共同债务纠纷而出台的,其中第 2 条、第 3 条 [2] 这两条规定所说的"家庭日常生活需要"被认为是日常家事代理权制度确立的依据,但由于该解释最主要的是解决实践中的夫妻债务纠纷,而并非确立日常家事代理权,因此并未明确对日常家事代理权进行规定。

除了上述法律、司法解释层面的规定,我国一些地方的指导意见也对日常家事代理权进行了规定,以作为案件的审判依据,弥补法律、最高人民法院司法解释的立法缺失。如浙江省高级人民法院于 2009 年发布的《关于审理民间借贷纠纷案件若干问题的指导意见》,该指导意见的第 19 条对日常家事代理权相关内容做出较为详细的规定,该条第 2 款以列举的方式对日常家

---

[1] 《婚姻法解释 (一)》第 17 条第 1 项:"夫或妻在处理夫妻共同财产上的权利是平等的。因日常生活需要而处理夫妻共同财产的,任何一方均有权决定。"

[2] "法释〔2018〕2 号"第 2 条:"夫妻一方在婚姻关系存续期间以个人名义为家庭日常生活需要所负的债务,债权人以属于夫妻共同债务为由主张权利的,人民法院应予支持。"
第 3 条:"夫妻一方在婚姻关系存续期间以个人名义超出家庭日常生活需要所负的债务,债权人以属于夫妻共同债务为由主张权利的,人民法院不予支持,但债权人能够证明该债务用于夫妻共同生活、共同生产经营或者基于夫妻双方共同意思表示的除外。"

事的范围做了规定。^①该指导意见的出台，在一定程度上体现了在我国司法实践中日常家事代理权的适用，为法官审理此类案件提供了依据，但其效力层级较低，适用范围较为局限，并不具有代表性立法意义。

直到《民法典》"婚姻家庭编"的规定已经表明了立法者对日常家事代理权的承认态度。但其可研究探讨的问题仍然很多，甚至承认日常家事代理权在立法中可能具有消极意义。

二 日常家事代理权的司法梳理

虽然日常家事代理权在《民法典》颁布之前存在立法上的缺失，但司法实践中不乏适用日常家事代理权审理案件的案例。立法规定的缺失导致司法实践中对此类案件的审理存在一些问题，法官有着较大的自由裁量权，使得案件的审理结果存在同案不同判的情形。以下将以"聚法案例"数据库中的案例为例，阐述日常家事代理权案件所存在的问题，对我国日常家事代理权的司法现状进行梳理。

（一）与夫妻共同债务的认定紧密相关

在这些案例样本中，日常家事代理权的字样绝大部分是出现在夫妻共同债务的认定部分，且与《婚姻法解释（一）》第 17 条、《婚姻法解释（二）》第 24 条等紧密相关，很多判决书中均提到《婚姻法解释（一）》第 17 条的规

---

① 浙江省高级人民法院《关于审理民间借贷纠纷案件若干问题的指导意见》第 19 条："婚姻关系存续期间，夫妻一方以个人名义因日常生活需要所负的债务，应认定为夫妻共同债务。日常生活需要是指夫妻双方及其共同生活的未成年子女在日常生活中的必要事项，包括日用品购买、医疗服务、子女教育、日常文化消费等。夫妻一方超出日常生活需要范围负债的，应认定为个人债务，但下列情形除外：（一）出借人能够证明负债所得的财产用于家庭共同生活、经营所需的；（二）夫妻另一方事后对债务予以追认的。不属于家庭日常生活需要负债的，出借人可以援引合同法第四十九条关于表见代理的规定，要求夫妻共同承担债务清偿责任。援引表见代理规则要求夫妻共同承担债务清偿责任的出借人，应对表见代理的构成要件承担证明责任。"

定是关于日常家事代理权的规定,如湖南某法院的判决中提到:"该规定涵盖了夫妻日常家事代理权的实质内容。"[①] 除此之外,在这些案例中还体现出日常家事代理权与夫妻共同债务推定规则"《婚姻法解释(二)》第24条"相关联,夫妻关系存续期间所举债务,原则上应当按夫妻共同债务处理,债务性质的证明责任由夫妻一方承担。该规定更多的是从夫妻日常家事代理权的角度出发,为维护交易安全所做的利益衡量。[②]

(二)对于日常家事代理权范围的司法认定存在问题

受收入水平、地区发展情况、消费观念等因素的影响,实践中对于日常家事代理权的范围认定存在一些争议。对夫妻一方所做的何种行为、在何种数额范围内可以被认定为属于日常家事代理权的范围,这种标准的界定或界限的划分在立法上不大可行,只能依靠法官在审判中发挥自由裁量权,那么随之而来的就是裁判上的冲突及争议。

为子女教育、购买家庭日常生活必需品、家庭医疗等情况而支出的费用,由于其是为满足家庭生活所必需的,一般被认定为属于日常家事代理权的范围,但是对于较大额的支出,比如购买房屋、汽车等,其是否属于日常家事代理代理权的范围则存在一些争议。有的法院认为对于购买汽车、房屋等大额支出,明显超出日常家事代理的范围,应当有夫妻双方协商一致的意思表示。如苏州市中级人民法院认为:"房产买卖涉及大宗财产交易,已超越家事代理权代理范畴。"[③] 相反,有的法院认为这些属于日常家事代理的范围。[④]

---

① 怀化市中级人民法院(2018)湘12民终1628号。

② 遵义市中级人民法院(2018)黔03民再8号。还有不少案例中出现过类似的阐述,如南京市中级人民法院(2015)宁民终字第6756号、海口市中级人民法院(2017)琼01民终1301号等判决。笔者不一一列举。

③ 苏州市中级人民法院(2017)苏05民终7872号。

④ 如洛阳市中级人民法院(2018)豫03民终4479号判决认为"关于王益芳能否要求张银超偿还代付的购车款、利息及车辆保险375592.95元的问题,经查,张银超认可王益芳与朱肖飞系夫妻关系,按照日常家事代理权规则的原则,在婚姻关系存续(转下页注)

（三）案件审判比较依赖法官的自由裁量权

我国对日常家事代理权的立法规定较为模糊，使得此类案件的审判也较为依赖法官的生活经验及自由裁量权，而且法官不仅运用《婚姻法》及其司法解释来审判案件，而且还运用《物权法》《合同法》等法律来解决纠纷，这也容易导致判决可能出现同案不同判的结果。当然，随着《民法典》的颁布，《物权法》《合同法》《婚姻法》等都已经归入其中，成为《民法典》的"物权编""合同编""婚姻家庭编"，之后则会存在如何协调《民法典》"总则编"与其他各编之间的关系的问题。

（四）对日常家事代理权行使主体的司法认定存有矛盾

关于日常家事代理权的行使主体，一般而言应当是具有合法婚姻关系的夫妻双方，但实践中也出现将其他主体认定为日常家事代理权的行使主体的实例，这种做法实际上扩大了日常家事代理权的主体，有失妥当，如有的法院将其他家庭成员也视为该权利的主体，还有的法院认为同居中的男女双方也享有日常家事代理权。

第二节　日常家事代理权的域外考察

域外许多国家，如德国、法国、瑞士、日本等大陆法系国家的民法典均对日常家事代理权做出了明确具体的规定。源于古罗马法的日常家事代理权

（接上页注④）期间，朱肖飞代张银超偿还车辆贷款的效力及于王益芳"。该判决中的37万余元依旧被认定为日常家事的范围。但是在（2017）黔26民终2426号判决中，18万的借款就被认定超出了日常家事代理的范围："黄光伟在不到一年的时间内向龙通国借了18万元，显然已经超出了当地普通人的'日常生活所需'标准，不属于'夫妻日常家事代理'范围。"这虽然可能受地域等诸多因素的影响，但可见对是否属于日常家事的范围，实践中存在争议，并且也容易受这些因素的影响。

制度是对古罗马法的"家事委任"制度的继受。[①]　本节将从比较法的视角对域外的这几个有代表性的国家的日常家事代理权进行考察。

一　德国法中的日常家事代理权

《德国民法典》对日常家事代理权做出了明确具体的规定，其中第1357条第1款规定了日常家事代理权[②]，从该条规定可以看出德国的日常家事指的是满足家庭生活需要的事项。该条第2款规定了日常家事代理权的限制情形。[③]该条第3款对日常家事代理权行使的主体做出了规定[④]，从该款规定可以看出，日常家事代理权的行使主体应当是婚姻关系尚且存续且双方共同生活。

从日常家事代理权的立法规定我们可以看出，《德国民法典》承认日常家事代理权且对其做出了较为具体的规定。

1. 对日常家事代理权的范围做出了规定

从"满足家庭生活需要的事务"这一规定来看，日常家事代理权的目的是满足家庭生活需求，所以这就意味着日常家事代理权的行使需要满足一定的条件，才能使该行为对夫妻另一方产生效力。首先，交易的目的是满足生活的需要；其次，交易的服务对象必须是家庭；最后，交易需符合家庭实际的经济状况。[⑤]

---

① 周枏:《罗马法原论》，商务印书馆，1994，第107页。

② 《德国民法典》第1357条第1款:"配偶任何一方有权在具有也有利于配偶另一方的效力的情况下，处理旨在适当满足家庭生活需要的事务。配偶双方因此种事务而享有权利和负有义务，但由情事另有结果的除外。"参见《德国民法典》（第3版），陈卫佐译注，法律出版社，2010，第425页。

③ 《德国民法典》第1357条第2款:"配偶一方可以限制或排除配偶另一方处理具有有利于配偶该方的效力的事务的权利；无限制或排除的充足理由的，家庭法院必须根据申请，废止该项限制或排除。该项限制或排除仅依第1412条对第三人发生效力。"参见《德国民法典》（第3版），陈卫佐译注，法律出版社，2010，第425页。

④ 《德国民法典》（第3版），陈卫佐译注，法律出版社，2010，第425页。

⑤ 〔德〕迪特尔·施瓦布:《德国家庭法》，王葆莳译，法律出版社，2010，第89页。

2. 对日常家事代理权的限制做出了规定

赋予夫妻一方限制或排除另一方日常家事代理权的权利,同时规定了该限制权利的行使必须有充足的理由,否则法院将废止该限制。此外还规定了该限制或排除权利的行使方式是在登记簿进行登记,否则该限制不具有对抗第三人的效力①,这是由于该种限制具有一定的隐秘性,发生在夫妻双方之间,因此需要以登记的方式来保护善意第三人。

3. 对日常家事代理权的行使主体做出了规定

一般情况而言,日常家事代理权的主体应当是具有合法婚姻关系的夫妻,至于是妻享有还是夫妻双方享有,是时代的不同所决定的,应另当别论。日常家事代理权源于古罗马法的家事委任制度,虽然随着时代的发展有所变化,但其仍然是随着婚姻关系的产生而出现的,至少在大陆法系的大部分国家是如此。《德国民法典》规定分居的夫妻丧失日常家事代理权,但是根据该法典第 1567 条对分居的定义,必须是夫妻之间已不存在家庭共同关系且日后不愿意再建立共同关系的,才丧失日常家事代理权。②

二 法国法中的日常家事代理权

《法国民法典》中关于日常家事代理权的规定主要是第 220 条,该条第 1 款明确了日常家事的范围,即为维持家庭日常生活和子女教育而订立的合同,同时,该条第 2 款规定了日常家事范围的判定标准,一个是家庭生活情

---

① 《德国民法典》第 1357 条第 2 款规定"该项限制或排除仅依第 1412 条对第三人发生效力",第 1412 条是关于配偶双方排除或变更法定夫妻财产制需进行登记的规定,由此,限制或排除日常家事代理权需进行登记。参见《德国民法典》(第 3 版),陈卫佐译注,法律出版社,2010,第 437~438 页。

② 《德国民法典》第 1567 条第 1 款规定:"在配偶双方之间,已不存在家庭的共同关系,且配偶一方因拒绝婚姻上的同居而显然不愿意建立家庭的共同关系的,配偶双方即为分居,即使配偶双方在婚姻住宅内分居,家庭的共同关系也不复存在。"参见《德国民法典》(第 3 版),陈卫佐译注,法律出版社,2010,第 463 页。

况，另一个是所进行的活动是否有益，还有第三人的主观状态，通过这些标准进行判断，对明显过分的开支，不能由没有做出该行为的夫妻另一方承担连带责任。除了正面对日常家事的范围做出规定以外，第 220 条第 3 款还从反面对不属于日常家事范围的情形进行规定，将以分期付款方式进行的购买和借贷排除在日常家事的范围之外，除非数量较小，属于家庭日常生活之必要。① 值得注意的是，该条第 3 款是 1985 年 12 月 23 日第 85-1372 号法律第 2 条增加的内容，说明日常家事代理权存在限缩的情况和趋势。

　　由上可以看出，法国对日常家事代理权范围的规定采用的是抽象概括的方式，并未对何为维持家庭日常生活的事项进行详细列举，但是从反面规定了日常家事的排除事项，还对日常家事的判断标准进行了规定。除此之外，《法国民法典》还对日常家事代理权的限制进行了规定，第 220-1 条第 2 款② 规定家事法官可以禁止配偶一方擅自处分夫妻另一方的个人财产或者夫妻共同财产。

三　瑞士法中的日常家事代理权

　　《瑞士民法典》对日常家事代理权的规定主要集中在第 166 条，该条第 1 款对日常家事代理权的范围进行了规定③，该规定同《法国民法典》一

---

① 《法国民法典》第 220 条第 1 款："夫妻各方均有权单独订立旨在维持家庭日常生活和子女教育的合同，夫妻一方依此缔结的债务对另一方具有连带约束力。"第 2 款："视家庭生活状况，所进行的活动是否有益以及缔结合同的第三人是善意还是恶意，对明显过分的开支，不发生此种连带责任。"第 3 款："一方以分期付款方式进行的购买以及借贷，如未经夫妻双方同意，亦不发生连带责任；但如果此种购买与借贷数量较少，属家庭日常生活之必要，不在此限。"参见《法国民法典》，罗结珍译，法律出版社，2005，第 207 页。

② 《法国民法典》第 220-1 条第 2 款："法官尤其可以禁止该一方配偶在未经另一方配偶同意的情况下处分其个人财产或夫妻共有财产，不论是动产还是不动产；法官亦可禁止搬走此种动产，但专门规定为一方或另一方配偶个人使用的动产不在此限。"

③ 《瑞士民法典》第 166 条第 1 款："配偶双方中任何一方，于共同生活期间，代表婚姻共同生活处理家庭日常事务。"参见《瑞士民法典》，戴永盛译，中国政法大学出版社，2016，第 63 页。

样，将日常家事的范围限定在日常家务内，与《德国民法典》规定的满足家庭需要有所区别。除了对日常家事范围进行一般的原则性规定之外，该条第2款 ① 规定了两项属于日常家事范围的特殊事项。根据该规定可知，对于在日常家务之外的事项，一般而言是没有日常家事代理权的，除非满足法律规定的两种情形，配偶一方为该行为时无须像其他事项一样需取得另一方的同意，不同于一般意义上的代理。

《瑞士民法典》对日常家事代理权的剥夺进行了详细规定，该法典第174条规定了对代理权的剥夺。首先，第1款规定了对代理权进行剥夺的原因和方式，原因是"配偶一方越权代理婚姻共同生活或被证明无法胜任代理权时"，方式是"法官应配偶他方申请，可全部或部分剥夺其代理权"；其次，该条第2款以及第3款规定该种日常家事代理权的剥夺需经公开登载才能对抗善意第三人，否则仅可以个人通知的方式向第三人公开。② 此外，《瑞士民法典》第166条第3款 ③ 还对善意第三人的保护做出了规定。

四　日本法中的日常家事代理权

《日本民法典》对日常家事代理权的规定主要是第761条 ④ 规定的夫妻

---

① 《瑞士民法典》第166条第2款："对于家庭日常事务之外的事务，配偶之一方仅在下述情形下，始得代表婚姻共同生活：（一）如配偶之他方或法官授予其处理该事务的权利；（二）如为婚姻共同生活的利益考虑，某业务不容延缓，且配偶他方因疾病、缺席或类似原因无法表示同意时。"参见《瑞士民法典》，戴永盛译，中国政法大学出版社，2016，第63~64页。

② 《瑞士民法典》第174条第2款："声请剥夺代表的夫妻一方，得通知第三人剥夺代表权，但须亲自为之一。"第3款："代表权的剥夺，仅在依法院的命令而为公告时，始对善意第三人发生效力。"参见《瑞士民法典》，戴永盛译，中国政法大学出版社，2016，第66页。

③ 《瑞士民法典》第166条第3款："配偶中任何一方对其行为负个人责任，但该行为无法使第三人辨明已超越代理权的，配偶他方亦负连带责任。"参见《瑞士民法典》，戴永盛译，中国政法大学出版社，2016，第65页。

④ 《日本民法典》第761条规定："夫妻一方就日常家事同第三人实施了法律行为时，他方对由此而产生的债务负连带责任。但是，对第三人预告不负责任意旨者，不在此限。"

对日常家事的连带责任，该条只是笼统地规定夫妻一方对另一方就日常家事同第三人实施的法律行为负连带责任，同时还规定了日常家事代理权的限制情形。

通过上述法条可以看出，立法主要规定的是夫妻对日常家事代理权的连带债务，侧重于解决夫妻一方与第三人发生的债务问题，对于日常家事代理权的范围、限制等并未像德国、法国、瑞士这些国家一样进行较为具体的规定。从相关判例来看，日本的日常家事代理权的具体范围包括：①家庭所需的食品、衣物的购买合同；②家庭电费、水费、煤气费等；③夫妻共同生活住房的租金；④夫妻一方或子女的医药费；⑤微波炉等为提高家庭生活便利的电器的购买合同；⑥为夫妻共同生活住房所购买的火灾保险的保险费；⑦电视频道视听费用等。[①] 由此可见，日本法中日常家事代理权的范围一般是日常衣食住行用等事项，此外子女的医疗、娱乐等相关的事项同样属于日常家事代理权的范围。

日本法中的日常家事代理权的规定较为简单，对日常家事的范围需结合相关判例进行研究，这使得日常家事代理权的适用更具灵活性。

第三节　日常家事代理权的发展脉络及基本功能演进

夫妻日常家事代理权，是指夫妻因日常家庭事务与第三人为一定法律行为时互为代理的权利。即夫妻对日常家庭事务互为代理人，互有代理权。被代理方须对代理方从事日常家事行为所产生的债务承担连带责任。[②] 日常家事代理权可以追溯到古罗马法，因"家父"不能事事亲力亲为而发展起来，

---

① 杨安丽：《日本法上的夫妻日常家事代理权研究——我国的立法论和解释论之检讨》，载于宪会主编《日本法研究》（第4卷），中国政法大学出版社，2018，第31页。

② 陈苇主编《婚姻家庭继承法学》（第三版），中国政法大学出版社，2018，第109页。

经历了由妻享有到由夫妻双方享有的发展历程。

一　日常家事代理权的起源与发展

日常家事代理权的起源可以追溯到古罗马法。在古罗马的初期，人的地位是不平等的，分为自权人与他权人，家父是自权人，是核心，而已婚妇女由于婚姻的缔结成为他权人，受家父的支配，并不具有独立的人格，也没有与他人缔结契约的资格，家父对其缔结的契约不承担责任，由其自行承担，因此在古罗马初期没有明确规定日常家事代理权的制度。

随着商品贸易的繁荣发展，家父凡事亲力亲为不再可能，否则将阻碍商品的流转，至共和国末年，大法官创设了奉命诉、海商诉、企业诉、特有产和所得利益诉、分摊诉等五种诉权，使得家属和奴隶代理家长从事交易成为可能。[1] 由此，日常家事代理权的雏形——家事委任制度应运而生，通过家父的委任，妻可以从事一些原本只能由家父从事的民事行为。因日常家务多由妻操持，夫权支配下的日常家事代理权也由此产生，而因妻操持家务所产生的债务则由夫承担清偿责任，即妻的"锁钥权"。[2] 此时的家事委任制度带有男女不平等的封建色彩，出于家庭生活便利的考虑，妻的代理权由夫委任，并对由此产生的债务承担责任，这种由家父委任而产生的日常家事代理权成为日后日常家事代理权的起源，并使日常家事代理权生来就带有一种不平等的色彩，使这一制度与现代强调男女平等的社会不相契合。欧洲大陆一些国家，如德国等早期的日常家事代理权就是由此继承而来。

到了近代社会，工业革命的发展推动经济、思想的发展，以及家庭结构的变革，社会开始提倡夫妻双方的平等地位。但是在资本主义发展的早期，由于受封建顽固势力的影响，日常家事代理权仍然只规定妻是夫的代理人，

---

[1]　史浩明：《论夫妻日常家事代理权》，《政治与法律》2005 年第 3 期，第 48 页。

[2]　马忆南、杨朝：《日常家事代理权研究》，《法学家》2000 年第 4 期，第 28 页。

夫妻双方并未实现真正意义上的平等，这从当时对日常家事代理权的立法可见一斑。①

随着资本主义经济的不断发展、妇女解放运动的兴起，夫妻双方开始实现真正意义上的平等，日常家事代理权也从由妻享有发展为由夫妻双方享有，各国纷纷进行立法改革，如德国、法国等国家的民法典均规定了夫妻双方享有日常家事代理权，具有现代意义的日常家事代理权由此而生，由此，该制度发挥了提高交易效率、保护交易安全的功能，调节着夫妻双方内部的关系以及与第三人之间的关系。

从以上论述可以看出，日常家事代理权最初是由妻享有，为了解决家父不能凡事躬亲，也为了赋予家庭主妇管理家务的权利，这一制度是以"男主外、女主内"的家庭主妇式的婚姻为基础的，至今这种制度仍未完全摆脱这一模式②，但这种带有男女不平等色彩的日常家事代理权并不符合当今时代男女平等、女性独立自主的要求，可以说日常家事代理权从起源来看就是一个不甚合理的制度，更加不适用于当今社会。后来随着时代的发展，日常家事代理权转变为由夫妻双方享有，妻和夫都是日常家事代理权的权利主体，对一方实施的法律行为共同承担法律后果，一起负连带责任。在立法上确认日常家事代理权制度的一些主要国家，如德国、法国、瑞士、日本等均认可日常家事代理权由夫妻双方共同享有，且也经历了由妻享有到由夫妻双方享有的变化，这是夫妻双方地位由不平等走向形式平等的表象体现。

---

① 如德国旧《民法典》第 1357 条："妻于此范围内所为之法律行为视为以夫之名义所为者，但有另生其他结果之情事者，不在此限。"参见史尚宽《亲属法论》，荣泰印书馆股份有限公司，1964，第 282 页。再如日本旧《民法典》第 804 条："关于日常之家事，妻视同为夫代理人。"参见《日本民法》，曹为、王书江译，法律出版社，1986，第 371 页。

② 王战涛：《日常家事代理之批判》，《法学家》2019 年第 3 期，第 140 页。

二　日常家事代理权的基本功能演进

一般而言，日常家事代理权具有调节夫妻双方内部关系和与第三人关系的作用，并因其在司法实践中发挥的作用而被域外许多国家的立法所采纳。日常家事代理权产生的初期，是为了解决家父不能事必躬亲带来的不便，也是为了促进交易效率，而由家父委任妻实施一定的法律行为，由家父对此产生的后果承担责任，这种是典型的"男主外、女主内"模式。随着经济发展与社会变革，日常家事代理权制度也发生了变化，不再由妻一方享有，而是由夫妻双方享有，这种变化与发展使得该制度对第三人以及交易安全的保护作用凸显出来，由于夫妻双方的紧密联系且该联系具有一定的隐秘性，使得第三人在与夫妻一方进行交易时的利益保护成为必要。日常家事代理权制度使得第三人有权就该日常家事代理行为所产生的法律后果要求另一方承担连带责任，既无须就该家事代理事项经过夫妻双方一致同意，也无须行使日常家事代理权的一方经过另一方的明确授权。因此，日常家事代理权制度最重要的价值之一是保护善意第三人的合法权益，保护交易安全。[1]

虽然日常家事代理权在促进交易效率、保护交易安全方面有着一定的价值意义，但并不一定意味着这是一项不可缺少或不可替代的制度，是否有必要在我国对日常家事代理权进行立法规定？其在我国的适用空间究竟如何？有必要对比进一步研究和探讨。

第四节　日常家事代理权在我国的适用空间讨论

正如前文所述，我国 1950 年以及 1980 年两部《婚姻法》均未规定日常

---

[1]　陈苇主编《外国婚姻家庭法比较研究》，群众出版社，2006，第 263 页。

家事代理权制度，后来《婚姻法解释（一）》第17条使学界一致认为该条立法体现了日常家事代理权的内涵，"法释〔2018〕2号"也暗含日常家事代理权的规定，《民法典》"婚姻家庭编"已经明文承认了日常家事代理权，并且将其作为构成夫妻共同债务情形之一。但笔者认为，日常家事代理权不符合时代发展趋势，也无必要将其作为一项重要制度进行立法规定，其在我国的适用空间并不大。即使域外法在20世纪80年代也多对其进行了大幅度修正，限制了日常家事代理权的范围。我们必须看到域外法的发展趋势、国外立法与我国立法的区别，以及我国特殊的立法、司法和民众的社会生活环境。日常家事代理权仅仅从国外立法观察其适用范围有限，而且其仅仅作为以夫妻债务承担连带责任的推定手段，缺乏明确界定，也有失客观公正，以致有人对日常家事代理权提出了质疑。[①]

一　将夫妻视为一个共同体不合时宜

日常家事代理权是基于夫妻是一个完整共同体而确立的，但这种将一定范围内的夫妻一方的行为结果归为夫妻双方共同承担而忽视夫妻以独立性个体存在的做法未免有些武断。夫妻首先是两个独立的个体，然后才是一定条件下的"共同体"，而且无论是在婚姻关系存续期间还是破裂期间个体的存在都是常态。尤其是在当今时代，男女平等，女性独立自主，不再是过去完全依赖丈夫的"附属物"。日常家事代理权的存在恐有捆绑夫妻自由之嫌。

正如有学者认为，日常家事代理权依赖的"男主外、女主内"的基础已经不存在，该制度已经过时。[②]日常家事代理权这一源于家事委任制度、以补足妇女家庭财产处分权而产生的制度，是以妻依赖夫为前提的，明显不符

---

① 王战涛：《日常家事代理之批判》，《法学家》2019年第3期，第138页。

② 王战涛：《日常家事代理之批判》，《法学家》2019年第3期，第140页。

合当今夫妻家庭地位平等、人格独立、共同管理家庭事务的社会生活现状。

二　对日常家事代理权进行立法存在困境

《民法典》"婚姻家庭编"颁布之前，我国立法一直未对日常家事代理权做出规定。基于比较法的考察，德国、法国、瑞士、日本等国家均对日常家事代理权做出了较为具体的规定，如日常家事代理权的范围、限制等，我国是否有必要或有可能基于域外法之考察，将日常家事代理权写入立法？域外立法的日常家事代理权由来已久，且其立法背景与社会环境不同于我国，引入国外的日常家事代理权制度，恐引发"水土不服"。即使我国根据社会发展现状规定日常家事代理权，也面临诸多困境。

最主要的难题就是对日常家事范围的确定，域外立法对家事范围采用的是概括式的规定，有的采用生活需要主义，有的采取日常家务主义，有的国家还在此基础上规定了日常家事的排除事项。

首先，我们应当看到这种概括式的规定带来的是司法实践中的争议与矛盾，具体数额的把控会受地域不同、收入差异、消费观念等各种因素的影响，容易导致同案不同判情况的发生，这将在下文进行阐释。

其次，采取列举式的模式来对此进行规定也无法解决上述问题，而且一直存有争议。学界有的学者也对日常家事代理权的范围提出看法，如史尚宽先生在其《亲属法论》中对日常家事的范围做出过界定。① 这主要采用的是列举式的模式，还有一些学者持类似观点，如王歌雅教授、余延满教授等，在此不一一列举。列举式的立法模式既难以穷尽复杂的家庭生活中可能

---

① "为夫妻共同生活通常必要的一切事项，一家之食物、光热、衣着等之购买，保健（正当）娱乐、医疗，子女之教养，家具及日常用品之购置，女仆、家庭教师之雇用，亲友之馈赠，报纸杂志之订购等，皆包含在内。"参见史尚宽《亲属法论》，荣泰印书馆股份有限公司，1964，第284页。

出现的情况，也无法满足特殊案件的审理需要，而且具体列举属于日常家事范围的各种事项，烦琐且容易出现漏洞等，在立法层面上存在许多难以解决的问题。

还有的学者认为受经济发展、地域差异、收入不同等因素的影响，在立法中对日常家事的范围进行列举性的规定是不可行的。比较可行的做法是，可先对日常家事的范围进行较抽象的原则性规定。此外，为防止对日常家事的任意扩大解释，又可对不属于日常家事的情况做出规定，即概括加列举式的排除。对此，在提出属于日常家事范围事项的基础上还提出了日常家事的排除事项。例如，日常家事包括夫妻和未成年子女正常的日常生活所必要的事项，并将不属于的事项排除在外，主要有：第一，处分不动产，主要包括房产和土地使用权；第二，分期付款购买价额较高的财产；第三，涉及与人身密切联系的事项，如放弃继承、代领劳动报酬等。[①] 但是概括式的规定所带来的日常家事范围认定上的困难不容忽视，这在上文已有阐述。

三 认定夫妻共同债务之功能并非无可取代

日常家事代理权天生拥有"共债"属性，至今依然被竞相用来解释和建构夫妻共同债务规则。[②] 依学界通说，《婚姻法解释（一）》第 17 条体现了日常家事代理权的内容，该条文确认了夫妻共同债务的推定规则，即日常家事代理权的推定规则。[③] 由此可以看出，该条文亦与夫妻共同债务的认定相关。关于夫妻共同债务的认定，从《婚姻法》第 41 条到《婚姻法解释（二）》第 24 条，到"法释〔2018〕2 号"，再到《民法典》"婚姻家庭编"，一直是

---

① 史浩明：《论夫妻日常家事代理权》，《政治与法律》2005 年第 3 期，第 51 页。
② 王战涛：《日常家事代理之批判》，《法学家》2019 年第 3 期，第 145 页。
③ 陈法：《我国夫妻共同债务认定规则之检讨与重构》，《法商研究》2017 年第 1 期，第 128 页。

学界争议的热点。日常家事代理权终于写入立法，实现了在夫妻债务认定方面的作用，也实现了我国学界主张对日常家事代理权进行立法规定，以解决夫妻债务认定以及夫妻双方对第三人承担连带责任的目的。

目前，关于夫妻共同债务的认定，主要是《婚姻法》第41条所确立的"用途论"规则、"法释〔2018〕2号"，以及《民法典》"婚姻家庭编"。日常家事代理权的存在，能够推定夫妻一方以个人名义所负债务是夫妻双方的举债合意，进而将该债务推定为夫妻共同债务。在夫妻共同债务领域，日常家事代理权主要用于辅助认定夫妻举债合意，这种作用其实并非无可取代。在没有夫妻双方合意一方举债的情形下，如果该债务用于夫妻共同生活（包括家庭日常生活以及家庭生产、经营活动），不论是否属于日常家事代理权的范围，均可认定为夫妻共同债务；如果该债务属于日常家事代理权的范围，但并未用于夫妻共同生活，也不能认定为夫妻共同债务。如此，没有必要再以适用日常家事代理权来认定夫妻共同债务，而是可将其归入"用途论"的范畴。

"法释〔2018〕2号"和《民法典》"婚姻家庭编"将日常家事代理权的内涵作为夫妻共同债务的认定规则存在商榷的空间。"法释〔2018〕2号"第2条将夫妻一方在婚姻关系存续期间以个人名义为家庭日常生活需要所负的债务推定为夫妻共同债务，根据日常家事代理权，只要在日常家事范围内，不管是否最终用于家庭共同生活，都使举债方配偶为此担责，这不仅突破债的相对性，而且对举债方配偶明显不公。再则，日常家事代理权这种只考虑单一因素的制度如《婚姻法解释（二）》第24条一样带有明显的时间推定规则色彩，很容易像第24条推定规则一样饱受诟病。所以，尽管《民法典》"婚姻家庭编"对其做出了规定，但在司法适用中应当谨慎适用，尽快明确"家庭日常生活需要"的界限。

四　日常家事代理权引发的现实问题

日常家事代理权不仅存在立法层面的矛盾与困境，而且在实践中也会引发一些问题。

首先，虽然有学者认为日常家事代理权具有保护交易安全、保护交易相对人的制度价值，这是其利的方面，但是，日常家事代理权原为补足家庭主妇处理日常家事的权利，而今却全然不顾举债方配偶的利益，一味地将其捆绑为连带责任人，成为保护债权人的工具。[①] 日常家事代理权的存在使得债权人能够在交易中获得另一份"偿还力"，只要该债务在"家庭日常生活需要"的范围内。但因法律没有明确"家庭日常生活需要"，其认定存在的争议，可能会导致本不应被认定为家庭日常生活需要的情形而被认定为日常家事，从而使举债方配偶无端承担债务，这明显有失公平。

其次，可能会出现举债方配偶无端"被负债"的情形。正如上文所言，将日常家事代理权作为认定夫妻共同债务的推定规则，只要符合"家庭日常生活需要"这一条件，就不问该债务的最终用途而将其认定为夫妻共同债务，恐有重蹈覆辙之嫌，会出现大量的举债方配偶"被负债"的情形。此种情况下的日常家事代理权不是一项权利，反倒成为一种义务，因婚姻关系的缔结而被课予的义务，如此，夫妻作为平等主体，本应相互扶持反倒蒙上了无端"被负债"的阴影，恐会引起人们对婚姻的担忧甚至恐惧，这与《民法典》"婚姻家庭编"的立法宗旨是相悖的。

最后，对"家庭日常生活需要"范围的判定，在司法实践中存在困难。如果将日常家事代理权写入立法，除了本章所言其面临立法上的困境之外，还面临审判实践的困境。如果借鉴域外立法，采用抽象的概括式规定，那么在个案

[①]　王战涛：《日常家事代理之批判》，《法学家》2019 年第 3 期，第 142 页。

审判中究竟如何认定，其数额的把控可能会受诸多因素的影响，同样的数额可能会因家庭收入水平、消费观念、地区差异等的不同而出现截然相反的判决结果，这种同案不同判的现象，将在实践中引发诸多问题。在实践中，日常家事代理权所立足的"家庭日常生活需要"之金额判定存在分歧。依据"法释〔2018〕2号"第2条规定，夫妻一方在婚姻关系存续期间以个人名义为家庭日常生活需要所负的债务应推定为夫妻共同债务。此处"家庭日常生活需要"的认定主要取决于举债的数额。如果举债数额处于大多数普通民众消费水平与对"家庭日常生活需要"认知的范围之内，则可直接推定为夫妻共同债务；反之则可能认定为个人债务。然而"家庭日常生活需要"是一个抽象的概念，不同地区、不同富裕程度的家庭对此理解差异极大。司法实践中对于举债数额是否超过家庭日常生活需要则存在认定标准不统一的现象。以5万元以下的举债为例，法官以"数额巨大，超出日常生活所需范围"为由将相关举债认定为夫妻个人债务的案例有27件，认为"举债未超出家庭日常生活需要范围"的有29件。此外，在检索到的案件中，对县级基层人民法院的数据进行分析，有9家法院认定5万元以下的举债为"数额巨大，超出家庭日常生活需要范围"，而4家法院则认定5万元以下的举债数额"未超出家庭日常生活需要"。对市级中级人民法院的数据进行分析，有25家法院认定5万~10万元的举债为"数额巨大，超出家庭日常生活需要范围"，而7家法院认定5万~10万元的举债数额"未超出家庭日常生活需要"。[①] 可见，在司法实践中，对于相同行政级别地区的同一区间段举债金额相同，法院甚至会做出截然相反的认定结果。对于举债数额是否超出家庭日常生活需要范围的认定与当事人所处地域的经济水平、交易习惯、社会生活习惯、家庭富裕程度、生活背景等因素密切相关，当事人个体层面差异极大的现状使得日常家事代理权在夫妻共同债务认定中导致了同案不同判的结果。

[①] 数据来源：在"中国裁判文书网"数据库中，以"夫妻共同债务"为关键词在争议焦点项下进行检索。

　　综上所述，规定日常家事代理权总体而言是弊大于利，其不仅在理论层面经不起推敲，不符合我国目前男女平等、夫妻双方独立自主的社会现状，而且面临诸多困境。此外，其在认定夫妻共同债务中的作用并非无可取代，夫妻共同债务的认定完全可以另寻出路；而且日常家事代理权也经不起实践的考验，不仅成为债权人的工具，无端造成婚姻道德危机不可避免地存在，在司法实践中，它的适用也存在诸多矛盾与争议。因此，在《民法典》"婚姻家庭编"尚未颁布时，笔者认为将日常家事代理权写入立法，甚至编入《民法典》应当进行深入调查研究后再做出令人信服的选择。日常家事代理权现在已经写入《民法典》"婚姻家庭编"，所以应当考虑在司法适用中对其保持谨慎态度，尽可能完善"家庭日常生活需要"的范围、日常家事代理权的效力范围，尽可能在立法和司法上采取措施，限缩上述范围。

第六章

大陆法系国家夫妻共同债务制度立法枚举及启示

第一节仅枚举了德国、法国、瑞士、日本等大陆法系国家的夫妻共同债务制度的立法例，观察其夫妻共同债务和个人债务的范围、清偿责任，探讨夫妻共同债务构成的条件和法理基础，为探讨我国相关立法和司法适用提供可能的帮助。《德国民法典》《法国民法典》《瑞士民法典》规定的夫妻共同债务的构成一般与夫妻共同财产有一定的联系，《日本民法典》则规定仅在日常家事代理权情形下构成夫妻共同债务。同时，即使采取夫妻共同财产制也不一定构成夫妻共同债务，要构成夫妻共同债务还要具备其他条件，而且债务清偿并非一概为连带责任，还存在补偿责任。

第一节 大陆法系国家夫妻共同债务制度立法例枚举

德国、法国、瑞士、日本等大陆法系国家的夫妻共同债务制度的立法有相同之处，也存在差异。《德国民法典》规定的夫妻共同债务制度明显与夫妻财产制度相关联；《法国民法典》规定的夫妻共同债务制度与夫妻财产制度有一定联系，构成夫妻共同债务的限制条件比较严格，不像《德国民法典》规定的与夫妻财产制度存在明显紧密的联系，而且《法国民法典》中规定了法律行为构成夫妻债务的情形；《瑞士民法典》将夫妻共同债务认定标准与夫妻对财产的管理权联系起来，通过列举的方式确定了夫妻共同财产对何种债务承担清偿责任；《日本民法典》规定，基于法律行为形成的债务，在日常家事代理权范围内的构成夫妻共同债务，超出日常家事代理权范围的则属于夫妻个人债务。

一　夫妻共同债务制度的德国立法例

（一）立法类型特征

《德国民法典》第四编"亲属法"第一章第六节"夫妻财产制"中规定了德国的夫妻财产制度，明确了德国的夫妻财产制度有法定财产制和约定财产制两种，法定财产制是剩余财产共同制（财产增加额共同制）[①]，约定财产制又包括分别财产制和共同财产制。《德国民法典》就夫妻间采用的财产制的不同，规定了具体的债务承担规则。《德国民法典》以列举的方式明确规定了夫妻共同债务与个人债务各自的清偿责任，而且明确两种债务的界限，不允许两种债务的认定和清偿责任发生混淆或混同。[②] 如果发生纠纷，则根据每对夫妻之间采用的夫妻财产制的不同，来确定所负债务属于夫妻共同债务还是夫或妻的个人债务，对于夫妻共同债务，由夫妻双方以共同财产承担连带责任；对于夫妻一方的个人债务，则由该方的保留财产和特有财产负清偿责任。

（二）夫妻共同债务的范围和清偿责任

在法定财产制即剩余财产共同制下，夫妻双方对婚后的财产各自所有、独立管理，夫妻一方所负的债务一般为个人债务。从《德国民法典》第1363~1390 条可见其债务承担情况。[③] 此外，其第 1357 条规定：配偶任何一方有权在具有也有利于配偶另一方的效力的情况下，处理旨在适当满足家庭生活需要的事务。配偶双方因此事务而享有权利和负有义务，但由情事另有结果的除外。[④]

---

① 《德国民法典》（第 3 版），陈卫佐译注，法律出版社，2010，第 428 页。
② 蒋月：《域外民法典中的夫妻债务制度比较研究——兼议对我国相关立法的启示》，《现代法学》2017 年第 5 期，第 36 页。
③ 《德国民法典》（第 3 版），陈卫佐译注，法律出版社，2010，第 428~436 页。
④ 《德国民法典》（第 3 版），陈卫佐译注，法律出版社，2010，第 425 页。

除法定财产制的情形外,《德国民法典》就夫妻采用约定财产制的不同规定了具体的债务承担规则。约定分别财产制的,一般情况下夫妻一方举债产生的债务为个人债务。但在约定共同财产制的情形下,夫妻共同财产之债,是指在共同财产制存续期间发生的下列债务,从《德国民法典》第1437~1449条规定中可见其包括以下三种。第一,在实施约定共同财产制期间,只有进行举债或举债行为经管理共同财产的配偶一方同意,或该举债行为不经其同意也有利于夫妻共同财产时,共同财产才负清偿责任。第二,在约定共同财产制实施期间,因属于保留财产或特有财产的权利或因占有属于保留财产或特有财产的物而由不管理共同财产的配偶一方自身招致的债务,共同财产不负责任。但该项权利或该物属于配偶该方经配偶另一方允许而独立从事的营业,或该债务属于通常收入中予以清偿的特有财产的负担的,共同财产负责任。第三,即使判决对共同财产不产生效力,共同财产也对诉讼费负责。即使债务不属于夫妻共同债务,但是导致债务发生的配偶一方也应对债务负责的,包括下列三种债务:一是因配偶一方在约定共同财产制开始后发生的侵权行为,或因针对配偶该方进行的刑事诉讼程序而发生的债务;二是债务的发生与配偶该方的保留财产或特有财产有关,该债务发生于约定共同财产制开始前或该财产成为保留财产或特有财产前也不改变债务性质;三是第1项或第2项所生债务的诉讼费用。[①] 原则上,在夫妻共同财产制存续期间的共同债务由夫妻共同财产承担责任;仅在法定条件下,才由配偶一方对夫妻共同债务负责。

（三）夫或妻一方个人债务的范围和清偿责任

下列四类债务为个人债务:第一类,因取得遗产或受遗赠而产生的债务;第二类,在共同财产制存续期间,对共同财产没有管理权利义务的配偶一方

---

① 《德国民法典》(第3版),陈卫佐译注,法律出版社,2010,第443~446页。

因保留财产或特有财产或因占有这类物进行的举债；第三类，因配偶一方在共同财产制开始后发生的侵权行为，或因针对配偶该方进行的刑事诉讼程序而发生的债务；第四类，配偶之间进行诉讼的费用，依法应由配偶一方承担的，以及配偶一方与第三人实施的诉讼，依法应由配偶一方承担的。[①] 夫或妻的个人债务应当由夫或妻的个人自有财产承担清偿责任，债权人无权请求用夫妻共同财产清偿。但在《德国民法典》中，有一条平衡保留财产、特有财产和共同财产权利义务的规定，即配偶一方将保留财产或特有财产用于夫妻共同财产的，也有权请求以共同财产进行补偿。[②]

二　夫妻共同债务制度的法国立法例

（一）立法类型特征

《法国民法典》第三卷"取得财产的各种方式"第五编"夫妻财产契约与夫妻财产制"主要规定了调整夫妻财产关系的法律。大陆法系中只有少数国家将夫妻共同财产制规定为法定财产制，法国就是其中之一。其特点是通过原则性立法与列举式的司法解释方式对夫妻共同债务的认定加以界定。[③]

法国的夫妻财产制度包括法定财产制和约定财产制两类。与我国对法定夫妻财产制的规定相同，法国也将婚后所得共同制规定为法定夫妻财产制。约定财产制共有四种类型：动产及所得共同财产制、一般共同财产制、分别财产制和分享婚后所得的共同财产制。在分别财产制和分享婚后所得的共同财产制下，夫妻间一般会订立必须经过公证的夫妻财产契约，明确财产的归属关系，该契约具有对抗第三人的效力，因此这两种约定财产制度下的夫妻

---

① 《德国民法典》（第 3 版），陈卫佐译注，法律出版社，2010，第 444 页。

② 《德国民法典》（第 3 版），陈卫佐译注，法律出版社，2010，第 445 页。

③ 张驰、翟冠慧：《我国夫妻共同债务的界定与清偿论》，《政治与法律》2012 年第 6 期，第 81 页。

债务一般为个人债务。例外情况只有举债行为属于行使日常家事代理权时，该债务才属于夫妻共同债务。而约定财产制中的一般共同财产制、动产及所得共同财产制，由于夫妻之间的财产并没有明确的归属并且存在夫妻共同财产，该情形下夫妻债务的规则均参照法定夫妻财产制的规定。①

（二）夫妻共同债务的范围和清偿责任

《法国民法典》第1413条② 对夫妻共同财产的负债范围做了原则性的规定，第1409条明确规定何种债务由夫妻共同财产负清偿责任，仅有两种：其一，用于维持家庭日常生活的开支、子女的教育支出和医疗费用、夫妻双方应负担的生活费用，属于共同财产的永久性负债；其二，在采用共同制期间发生的其他属于永久性的共同债务，或虽债务不被视为共同债务，但受益配偶一方应当补偿共同财产的。③ 第一类债务的发生是夫妻行使日常家事代理权的结果，目的是维持夫妻共同生活，因此夫妻对此负有连带责任，夫妻共同财产，甚至双方的个人财产都属于基于该类债务所生请求权的追偿范围。依照该法第220条规定，根据家庭生活实际，还需要考量举债行为是否有益及举债方配偶、债权人是否有恶意等因素，明显超出日常生活需要的开支不构成连带债务，该条第3款进一步规定，夫妻双方未达成共同意思表示的以分期付款方式购买及借贷的行为，不形成连带债务，除非该类购买或借贷的数额较少且债务确实用于日常家庭生活。④ 而第二类债务即配偶名义所生但归由共同财产负担的债务，视情况而定，或连带或补偿。这类债务主要包括属于配偶一方的商业营业资产运作所生之债，配偶一方在实行共同财

---

① 《法国民法典》，罗结珍译，法律出版社，2005，第 1119、1130、1183、1188 页。
② 《法国民法典》第1413 条："对于夫妻每一方在共同财产制期间所负的债务，无论其发生原因如何，均得以就共同财产请求清偿，但如作为债务人的夫妻一方有欺诈，或债权人为恶意时除外。"
③ 《法国民法典》，罗结珍译，法律出版社，2005，第 1138 页。
④ 《法国民法典》，罗结珍译，法律出版社，2005，第 207 页。

产制期间因从事非薪金的职业活动所应缴的职业税，共同的不动产应缴的地产税和保险费、所得税、融资租赁合同租金，因夫妻一方的休闲娱乐活动所生之债以及夫妻一方依法应承担的侵权责任。[①]

（三）夫或妻一方个人债务的范围和清偿责任

《法国民法典》列明的个人债务包括：第一，夫妻一方在共同财产制期间，作为债务人的夫妻一方有欺诈或者债权人有恶意所负之债；第二，夫妻双方在结婚之日负担的债务，或者夫妻于婚姻内因继承或赠予所负的债务，不论本金、定金或利息；第三，夫妻一方因刑事犯罪被判处的罚金，或因其侵权行为被判处损害赔偿与支付诉讼费用所负的债务；第四，夫与妻分开从事职业，其在从事职业时缔结的债务，以及因夫或妻一方的自有财产发生的债务。[②] 个人债务的责任财产为个人财产，债权人只能对举债人的个人财产进行追偿，无权请求以夫妻共同财产清偿。《法国民法典》严格要求个人债务由本人负责。法国最高法院相关判例也明确，共同财产制期间夫妻个人债务的债权人无权请求以夫妻共同财产进行清偿。

三 夫妻共同债务制度的瑞士立法例

（一）立法类型特征

《瑞士民法典》中，夫妻财产制度规定在第二编"家庭法"第六章"夫妻财产制"中。瑞士的夫妻财产制度有两种：普通的夫妻财产制和特别的夫妻财产制。其中，普通的夫妻财产制为所得参与制，同时，瑞士法对采用共同财产制、分别财产制情况下的债务承担规则均加以具体规定。[③] 《瑞士民法典》将夫妻共同债务的认定标准与夫妻对财产的管理权联系起来，通过列

---

① 《法国民法典》，罗结珍译，法律出版社，2005，第1138页。
② 《法国民法典》，罗结珍译，法律出版社，2005，第207、1139、1140、1145页。
③ 张华贵主编《夫妻财产关系法研究》，群众出版社，2017，第212页。

举的方式确定了夫妻共同财产对何种债务承担清偿责任。列举情形之外的，为个人债务。

（二）夫妻共同债务的范围和清偿责任

在采用所得参与制的情形下，夫妻双方均可管理、使用或处分其所得及个人财产，其个人债务需以其全部财产承担，一般不成立夫妻共同债务，但是根据《瑞士民法典》第166条的规定，在共同生活期间，夫妻任何一方可代理处理日常家庭事务；夫妻各自对自己的行为负责，如果第三人有理由认为夫妻一方未超越其权限，则其配偶应承担连带责任。[1]

在采用共同财产制的情形下，《瑞士民法典》第233条以列举的方式确定了夫妻共同债务的范围，夫妻任何一方以其个人财产和共同财产对下列债务负清偿责任：第一，债务的产生基于日常家事代理权和管理共同财产的权利范围；第二，以共同财产作为职业或经营企业投资的，或共同财产来源于职业、企业的收入，因该职业或企业产生的债务；第三，夫妻另一方也应承担清偿义务的债务；第四，夫妻双方与第三人约定以共有财产清偿的债务。[2]而第234条规定，上述夫妻共同债务列举之外的债务为个人债务，由夫或妻一方以其自有财产和所有的共同财产份额承担责任。[3]在采用分别财产制的情形下，根据《瑞士民法典》第249条规定，夫妻任何一方对其个人债务以其个人全部财产承担清偿责任。[4]

由此可见，瑞士对夫妻共同债务的认定标准采用的是"用途"学说，以夫妻对共同财产的管理规则为依据，对夫妻共同债务情况进行列举，确立了共同债务的范围。其对夫妻共同债务范围的列举展现了夫妻共同生活的内

---

[1] 《瑞士民法典》，戴永盛译，中国政法大学出版社，2016，第63页。
[2] 《瑞士民法典》，戴永盛译，中国政法大学出版社，2016，第81页。
[3] 《瑞士民法典》，戴永盛译，中国政法大学出版社，2016，第81页。
[4] 《瑞士民法典》，戴永盛译，中国政法大学出版社，2016，第84页。

涵，值得我们研究借鉴。

四　夫妻共同债务制度的日本立法例

（一）立法类型特征

《日本民法典》中，关于夫妻之间财产关系的法律规范规定于第四编"亲属"中的第二章第三节的"夫妻财产制"中，共有两分节内容，第一分节是总括性的规定；第二分节规定了法定财产制。整体来看，其有关夫妻财产制方面的规定较少、内容简单明晰。根据《日本民法典》第762条，日本的法定财产制是分别财产制。① 《日本民法典》第755条、第756条规定，夫妻双方可以自由约定选择法定财产制之外的其他夫妻财产制，但是必须在双方结婚之前对夫妻财产契约进行登记，如果财产契约未在结婚登记前订立或者订立之后未进行登记，契约有效但不具有对抗其继承人以及第三人的效力。结婚以后不能对结婚之前选择的财产制度和契约内容进行变更，但是当负责对夫妻财产进行管理的一方有失当行为甚至是危及财产安全的行为时，另外一方有权请求法院更改夫妻财产管理权内容。约定财产制下，任何夫妻财产关系变更或者需要分割共同财产时都必须对契约进行登记，否则也不具有对抗第三人的效力。② 由此可见，日本关于夫妻财产制的规定允许夫妻双方根据自身情况进行改变，有很大的选择空间，但必须以法律规定的方式进行公示。

（二）夫妻共同债务的范围和清偿责任

《日本民法典》关于夫妻共同债务的范围的规定大致如下：夫妻一方就日常家事与第三人做出法律行为时，所生之债务，负连带责任。③

---

① 《最新日本民法》，渠涛编译，法律出版社，2006，第161页。
② 《最新日本民法》，渠涛编译，法律出版社，2006，第160页。
③ 《最新日本民法》，渠涛编译，法律出版社，2006，第161页。

（三）夫或妻一方个人债务的范围和清偿责任

日本的法定财产制是分别财产制，即夫妻一方婚前所有的财产及婚姻中以自己名义取得的财产，为夫妻一方所有的财产。[①] 所以，除了符合法律规定的夫妻间的约定按照约定处理之外，法定财产制下只要不是日常家事代理权行为所生之债，均为夫或妻一方的个人债务，由夫或妻一方的个人财产承担责任，第三人不得向另一方主张连带责任。

第二节　大陆法系国家夫妻共同债务制度的立法理论依据

夫妻共同债务制度的立法丰富但标准不一，各国立法的历史背景、理论依据也各不相同。探寻各个国家夫妻共同债务制度的立法背景和理论依据，可以为我国夫妻共同债务制度的立法提供有益借鉴。

一　大陆法系国家夫妻共同债务制度的法理依据

（一）夫妻共同债务制度与夫妻共同财产相联系

这一点在《德国民法典》《法国民法典》的规定中表现突出，其法理基础明显具有物权财产共同共有、债务共担理论的特点。《德国民法典》中规定的法定夫妻财产制为财产增加额共同制，"夫的财产和妻的财产不成为配偶双方的共同财产；前半句的规定也适用于配偶一方在结婚后取得的财产。但财产增加额共同制终止的，双方在婚姻关系存续期间取得的财产增加额被加以均衡"[②]。同时，我们注意到《德国民法典》中规定的夫妻共同债务仅适用于实行约定共同财产制的夫妻，第1437条、第1438条、第1459条、第

[①] 《最新日本民法》，渠涛编译，法律出版社，2006，第161页。

[②] 《德国民法典》（第3版），陈卫佐译注，法律出版社，2010，第428~429页。

1460 条对此有明确规定。[①]《法国民法典》中也有相似规定:"对于夫妻每一方在共同财产制期间所负的债务,无论其发生原因如何,均得以就共同财产请求清偿,但如作为债务人的夫妻一方有欺诈,或债权人为恶意时除外。"[②]其道理在于夫妻实行约定共同财产制,婚姻关系存续期间所得财产归夫妻共同共有,则债务也应当共同承担。

(二)夫妻共同债务制度与夫妻共同生活相关联

德国、法国、瑞士和日本对夫妻共同债务制度都有规定,且注意平衡债权人、举债方、举债方配偶的权益,重视对婚姻家庭关系的维护功能的充分发挥。

首先,无论何种夫妻财产制均可产生夫妻共同债务。分别财产制强调夫妻财产分别所有和管理,只有当债务属于日常家事代理权范围时,才产生夫妻共同债务;相反,共同财产制体现家庭中共有、帮扶的精神,共同债务的范围更广泛,包括基于日常家事代理权产生的债务及其他立法明确规定和列举的属于夫妻共同债务的情况。

其次,对夫妻共同债务的范围做出限制具有必要性。男女双方因结婚形成家庭,但夫妻双方并非完全成为一体,夫妻各方依然是独立的个体,有独立的人格。以夫妻共同财产偿还共同债务的主要目的是保护债权人的利益和交易秩序。故即使是采用共同财产制作为法定夫妻财产制的国家,也对夫妻共同债务范围严加限制,往往以债务是否用于夫妻共同生活作为主要判断依据,同时综合其他因素,将明显不属于日常生活限度或恶意开支的债务排除在夫妻共同债务之外。[③]

---

① 《德国民法典》(第 3 版),陈卫佐译注,法律出版社,2010,第 443、448 页。
② 《法国民法典》,罗结珍译,法律出版社,2005,第 1140 页。
③ 张驰、翟冠慧:《我国夫妻共同债务的界定与清偿论》,《政治与法律》2012 年第 6 期,第 82 页。

世界上许多国家的夫妻关系法和亲子关系法都规定，夫妻互负扶养义务，父母对子女有抚养和教育的义务。在对夫妻共同债务的认定中，上述义务为如何界定家庭共同生活提供了一些支撑。如《法国民法典》第 1409 条第 1 款、《德国民法典》第 1604 条、《日本民法典》第 760 条以及第 877 条第 1 款。为了保障夫妻间扶养义务的履行，债务用于夫妻共同生活这一规则成为认定夫妻共同债务的重要判断依据。[①]

（三）尊重当事人意思自治

当事人意思自治，体现了"民法"是私法的根本属性。"婚姻家庭法"作为民法的组成部分，其性质也属于私法。这要求"婚姻家庭法"在一定范围内，应当尽量尊重当事人的意愿，"有约定从约定，无约定从法定"[②]。从比较法的角度考察，夫妻共同债务认定规则中当事人意思自治多体现在约定财产制中，即夫妻双方可通过契约约定夫妻的共同财产、个人财产到底是属于共有、按份所有还是分别所有。如《法国民法典》第 1387 条、《德国民法典》第 1408 条第 1 款、《瑞士民法典》第 233 条、《日本民法典》第 756 条均对此做出了规定。[③] 基于当事人意思自治，夫妻可以约定一方或双方的个人债务均由夫妻双方负连带清偿责任，夫妻一方也可以自愿加入配偶的债务中或允许配偶代理其做出日常家事之外的法律行为，在上述情形下形成的夫妻共同债务，其理论基础和法律后果与普通的夫妻共同债务并无明显区别。因此，不论债务发生的原因、时间，也不论夫妻双方是否分享了举债带来的利益，只要有共同举债的合意即可认定该债务为共同债务，体现对夫妻合意的尊重。

[①]　陈法：《我国夫妻共同债务认定规则之检讨与重构》，《法商研究》2017 年第 1 期，第 129 页。

[②]　陈苇主编《外国婚姻家庭法比较研究》，群众出版社，2006，第 251 页。

[③]　陈法：《我国夫妻共同债务认定规则之检讨与重构》，《法商研究》2017 年第 1 期，第 129 页。

（四）夫妻共同债务制度与日常家事代理权制度相联系

家庭生活内容琐碎且复杂，为方便夫妻共同生活、提高处理家庭事务的效率、降低交易成本、保护交易安全，日常家事代理权制度在推定夫妻合意、承担连带责任方面发挥着重要作用。既然夫妻享有互相代理日常家事所产生的便利，当然也要承受互相代理行为产生的法律后果，夫妻双方对该行为应承担共同的连带责任。① 在国外，一些国家明确了日常家事代理权是夫妻共同债务构成的依据之一。如《德国民法典》规定，夫妻双方均有权做出满足家庭适当生活需要的行为，该行为效果对配偶一方也产生效力；夫妻双方均享有从事该事务的权利并对该事务产生的债务负有义务，但因情形另有规定的，不在此限。《法国民法典》和《日本民法典》规定，对夫妻日常家事代理权所生债务，夫妻负有连带责任。《瑞士民法典》规定，在共同生活期间，夫妻任何一方可代理处理家庭日常事务。②

二 大陆法系国家夫妻共同债务制度的实践依据

（一）维护夫妻利益，兼顾保护第三人利益和交易安全

随着各国经济水平的提高，夫妻越来越多地投身各种交易活动，成为交易的重要主体。保护夫妻合法财产权益与维护第三人利益相兼顾原则，是体现现代婚姻家庭法兼顾个人利益与社会利益的立法宗旨的必然要求。③ 大陆法系国家的婚姻家庭法均对对夫妻享有债权的第三人规定了特别的保护措施。主要包括：第一，规定夫妻财产契约对第三人发生效力的要件，避免第三人因不知情而处于不利地位。如法国、德国、瑞士、日本都规定夫妻约定

---

① 史浩明主编《中国民事法律制度继承与创新》，人民法院出版社，2006，第460页。
② 《德国民法典》（第3版），陈卫佐译注，法律出版社，2010，第425页；《法国民法典》，罗结珍译，法律出版社，2005，第207页；《最新日本民法》，渠涛编译，法律出版社，2006，第161页；《瑞士民法典》，戴永盛译，中国政法大学出版社，2016，第63页。
③ 陈苇主编《外国婚姻家庭法比较研究》，群众出版社，2006，第258页。

财产制不仅要以书面形式做出，而且要进行公证或登记，否则该约定仅在夫妻之间发生效力。第二，《德国民法典》规定夫妻双方在离婚时需保留用于清偿债务的共同财产份额，是为了保护共有财产债务（《德国民法典》中规定的夫妻共同债务的一种）债权人的利益，在未清偿债务前，夫妻双方不得在离婚时分割或擅自处分该财产。第三，《法国民法典》第 1413 条 [①] 对夫妻共同债务范围做出原则性规定，本质上也是为了最大化地保护债权人的利益。

（二）夫妻共同债务清偿限制于夫妻共同财产

在一些国家，无论采用哪种夫妻财产制，都十分注重夫或妻的主体独立人格，这表现为严格区分共同财产和自有财产的范围，共同财产不足以清偿时不能以自有财产进行清偿。如《法国民法典》第 1413 条、第 1414 条、第 1418 条强调夫妻关系存续期间的共同债务均以共同财产清偿，且不得请求以夫妻自有财产进行清偿。《德国民法典》第 1438 条也将夫妻共同债务的责任财产范围限定在共同财产以内。

第三节　夫妻财产制与夫妻共同债务制度的区别和关联性

夫妻对外财产责任，是基于夫妻双方之间特殊的身份关系与财产关系，根据法律行为要素的不同，而将夫妻双方看作一个整体，向债权人承担清偿债务的责任，其分为夫妻共同债务与夫妻一方个人债务。将夫妻婚后所得共同制与夫妻共同债务的清偿责任直接关联，其法理依据并不周延，也不具有实践依据。一方面，我国相关法律并未严格区分夫妻共同债务与夫妻一方个

[①] 《法国民法典》第 1413 条："对于夫妻每一方在共同财产制期间所负的债务，无论其发生原因如何，均得以就共同财产请求清偿，但如作为债务人的夫妻一方有欺诈，或债权人为恶意时除外。"

人债务，夫妻共同债务不仅包括夫妻双方共同举债的债务和为维持家庭日常生活而产生的债务，还包括推定为夫妻共同债务的债务①，单纯地将夫妻共同债务看作夫妻双方共同的"消极财产"，在有些情况之下对于举债方配偶来说有失公平；另一方面，若夫妻共同债务用于维护夫妻共同生活，由夫妻双方负担共同债务的清偿责任更为符合法理，但仍无法直接将夫妻财产制与夫妻共同债务清偿规则联系起来，二者之间须有维护夫妻日常生活的事实，或者基于共同的意思表示作为连接点。

下文通过对德国、法国、瑞士、日本等几个国家的相关制度的分析，探究夫妻共同债务清偿责任的法理，寻找夫妻对外财产责任与夫妻财产制的内部联系。在英美法系国家中，因其有判例法的法律传统，成文法分散不成体系，其制度是通过一个个判例构成的；而大陆法系国家有着成文法的传统，典型的如法国、德国、瑞士、日本等国家，均具备完整、成体系的成文法。由于我国是以成文法为主要法律渊源的国家，因此大陆法系国家的立法对我们更具有借鉴意义，尤其是与我国类似的以婚后所得共同制为法定夫妻财产制的国家。

一　大陆法系国家夫妻财产制规定的枚举

（一）德国法

《德国民法典》在第四编"亲属法"中第一章"民法上的婚姻"的第六节规定了夫妻财产制。该节第一目规定了法定财产制，第二目规定了约定财产制，第三目规定了婚姻财产制登记簿。德国实行的法定夫妻财产制为财产增加额共同制，其具体规定为："配偶双方不以夫妻财产合同另有约定的，他

---

① 《婚姻法解释（二）》第24条："债权人就婚姻关系存续期间夫妻一方以个人名义所负债务主张权利的，应当按夫妻共同债务处理。但夫妻一方能够证明债权人与债务人明确约定为个人债务，或者能够证明属于婚姻法第十九条第三款规定情形的除外。"

们系按财产增加额共同制这一财产制生活。"①

对于该种夫妻财产制而言，《德国民法典》及相关修订法案并非直接将夫妻双方在婚姻期间所获得的财产规定为夫妻共同财产。第一，在财产增加额共同制开始之后，"夫的财产和妻的财产不成为配偶双方的共同财产；前半句的规定也适用于配偶一方在结婚后所取得的财产"②。也就是说，夫妻任何一方仍保留对各自婚前、婚后取得的财产的单独所有权，这些财产是夫妻一方的个人财产。第二，配偶双方独立管理各自的财产，并独自承担责任，但出于保护另一方配偶的目的，对其处分行为和负担行为有一定的限制（《德国民法典》第 1365~1368 条）。第三，在财产增加额共同制终止之时，才体现双方在财产增加额上的共有权利。

根据引起法定财产制终止的事由，《德国民法典》将其所适用的婚姻财产增加额补偿规则分为两类，即第 1371 条规定的"在死亡的情形下的财产增加额均衡"和第 1372~1383 条、第 1390 条规定的"在其他情形下的财产增加额均衡"。因夫妻一方死亡而终结财产增加额共同制之时，其补偿方式具体为"财产增加额的均衡因生存配偶的法定应继份增加遗产的四分之一而实现"，并且"生存配偶不成为继承人，且也不享有遗赠的，生存配偶可以依第 1373 条至第 1383 条、第 1390 条的规定请求财产增加额的均衡"③。因其他原因而终结财产增加额共同制之时，首先应确定财产增加额。"财产增加额"的概念为：配偶一方的终结财产超出初始财产的数额。④ 具体而言，夫妻一方在财产增加额共同制开始之后因死亡或基于一项未来的继承权、因赠与或作为结婚礼金而取得的财产，以其根据具体情况不视为收入为限，在扣除其

---

① 《德国民法典》（第 3 版），陈卫佐译注，法律出版社，2010，第 428 页。
② 《德国民法典》（第 3 版），陈卫佐译注，法律出版社，2010，第 428 页。
③ 《德国民法典》（第 3 版），陈卫佐译注，法律出版社，2010，第 430 页。
④ 《德国民法典》（第 3 版），陈卫佐译注，法律出版社，2010，第 431 页。

负担债务之后计入初始财产，在财产增加额共同制终结时，夫妻一方的财产扣除负担债务后作为其终结财产，二者的差额即为夫妻一方的财产增加额。如果夫妻一方的婚姻财产增加额超过另一方，则超出部分的半数作为补偿归属于另一方。对于这种计算方式，有显失公平之情形时，尤其是在"取得较少财产增加额的配偶一方，长期有过错地不履行因婚姻关系而发生的经济义务的"①，另一方可以拒绝给付。《德国民法典》在夫妻财产制规定中也奉行契约自由原则，配偶双方可以通过夫妻财产合同调整其财产制内容。对于夫妻财产合同的形式要件和实质要件，《德国民法典》规定得较为严格，其具体在《德国民法典》第 1410~1413 条中规定。《德国民法典》规定了两种夫妻约定财产制，即财产分别制和财产共同制。除此之外，《德国民法典》排除了夫妻间其他种类的财产制约定。②

　　关于财产分别制，《德国民法典》第 1414 条规定："配偶双方排除法定夫妻财产制或他们已废止它的，如夫妻财产合同不另有规定，则财产分别制开始。财产增加额的均衡被排除，或财产共同制被废止的，亦同。"③ 在夫妻财产分别制下，夫妻双方的财产相互独立，均为夫妻一方个人财产，其对自己的债务独立承担责任，并排除离婚时的财产增加额均衡。但这并不等同于夫妻双方在财产上没有任何联系，夫妻双方应共同承担基于婚姻家庭生活而产生的债务义务，例如允许另一方共同占有和使用住宅的义务、共同负担家庭生活支出的义务等。④ 在德国人的实际生活中，往往在夫妻一方的职业规模远远超出其家庭范围时，采用该种夫妻财产制。财产分别制在 1953 年 4 月 1 日至 1958 年 6 月 30 日曾经是德国的法定夫妻财产制，在此种制度下，配

---

① 《德国民法典》（第 3 版），陈卫佐译注，法律出版社，2010，第 433 页。
② 《德国民法典》（第 3 版），陈卫佐译注，法律出版社，2010，第 437~438 页。
③ 《德国民法典》（第 3 版），陈卫佐译注，法律出版社，2010，第 438 页。
④ 〔德〕迪特尔·施瓦布：《德国家庭法》，王葆莳译，法律出版社，2010，第 108 页。

偶双方的财产完全分开，夫或妻原则上独立地管理自己的财产，但其往往会对没有工作收入的一方造成不利，尤其导致该方在离婚时处于不利境地，因此，自从德国《男女平权法》施行以来，其便不再是法定财产制。[①]

　　财产共同制规定于《德国民法典》第1415~1482条。适用该种财产制的夫妻双方，"夫的财产和妻的财产因财产共同制而成为配偶双方共同的财产"[②]，也就是说，配偶双方无须通过单个处分行为将各自的财产转化为共同财产，共同财产根据概括继受原则直接产生。[③]《德国民法典》对于夫妻共同财产的范围也有着明确的界定，其将特有财产、保留财产排除在夫妻共同财产之外。对于共同财产的管理和支配，除了夫妻双方有约定的之外，由双方共同管理，夫妻双方对共同财产享有平等的权利，并不受其对共同财产的贡献大小的影响。

（二）法国法

　　《法国民法典》第三卷"取得财产的各种方式"中的第五编"夫妻财产契约与夫妻财产制"规定了夫妻财产制。该编共四章，第一章为"通则"，第二章为"共同财产制"，第三章为"分别财产制"，第四章为"夫妻分享婚后取得的共同财产的财产制"。法国的夫妻财产制分为共同财产制和分别财产制，其法定的夫妻财产制为夫妻共同财产制，《法国民法典》第1393条规定："除夫妻间有特别约定变更共同财产制以外，第二节第一部分所定的规则为法国的普通法。"[④]

　　《法国民法典》充分保护了夫妻双方的意思自治，并将该原则规定于该编之首第1387条。[⑤] 在"通则"章节（第1387~1399条）中，篇幅最长的当

---

① 《德国民法典》（第3版），陈卫佐译注，法律出版社，2010，第438页。
② 《德国民法典》（第3版），陈卫佐译注，法律出版社，2010，第438页。
③ 《德国民法典》（第3版），陈卫佐译注，法律出版社，2010，第438页。
④ 《法国民法典》（第3版），罗结珍译，法律出版社，2005，第1120、1130、1131页。
⑤ 《法国民法典》第1387条规定："夫妻间的财产关系，仅在无特别约定时，始适用法律的规定；夫或妻只须不违反善良风俗，并依后述各条规定的限制，得随意订立契约。"

属关于夫妻财产制变更的规定（第1397条），其规定得十分复杂和严密，也就是说，法国的法律规定原则上是禁止变更夫妻财产协议的，即使变更，也要符合相当复杂的程序和条件。

《法国民法典》规定的共同财产制分为法定的共同财产制和约定的共同财产制。法定的共同财产制适用于"没有契约，或者简单声明按照共同财产制结婚"① 的夫妻。夫妻财产分为共同财产和个人财产。夫妻共同财产的范围在第1401条中规定。② 另外，对于是共同财产还是个人财产存在争议的，法律推定其为夫妻共同财产。夫妻的个人财产主要有夫妻双方的婚前财产、因接受赠与或遗赠而取得的财产（除了向夫妻二人共同赠与或遗赠的及另有约定的）、具有个人人身性质的财产及权利、一方从事职业所必要的劳动工具、以个人财产之附属物的名义取得的财产、与自有的有价证券相关的新证券及其他增值等（第1404~1406条）。

约定的共同财产制指夫妻通过财产契约对法定共同财产制中的某些规定事项进行变更，未经约定的其他事项，依然适用于法定共同财产制的规定。该法律规定中列举了六种较为常见的夫妻不采用法定共同财产制而进行约定的事项：一是夫妻共同财产包括动产与婚后取得的财产；二是不执行有关共同财产管理的规则；三是夫妻一方以支付补偿费的方式先取得某些财产；四是夫妻一方享有健在配偶的先取权；五是夫妻二人在共同财产内所占的份额不等；六是夫妻之间实行包括全部财产的共同财产制。③

在分别财产制中，"夫妻各方均对个人的财产保留管理、收益与自由处分的权利"④，在夫妻财产关系中，所有的夫妻财产均根据规定或约定由夫妻

---

① 《法国民法典》，罗结珍译，法律出版社，2005，第1130~1131页。
② 《法国民法典》，罗结珍译，法律出版社，2005，第1131页。
③ 《法国民法典》，罗结珍译，法律出版社，2005，第1176页。
④ 《法国民法典》，罗结珍译，法律出版社，2005，第1183页。

一方单独所有，"夫妻一方得以任何方式，对其配偶或第三人，证明其对某一财产唯一享有所有权；凡夫妻任何一方均不能证明其唯一享有所有权的财产，属于夫妻共同所有，双方各占一半"[①]。

夫妻分享婚后所得的共同财产制，也叫净益共同财产制、婚后所得分享制。其明确规定夫妻"每一方均保留对其个人自有财产的管理、收益与自由处分的权利……在婚姻期间，此种财产制的运作，如同夫妻之间实行的是分别财产制。在此种财产制解除以后，夫妻每一方均有权分享另一方财产中经确认属于婚后取得之净财产价值的一半"[②]。与约定的共同财产制相同的是，《法国民法典》在关于夫妻婚后所得分享制的规定中，也以列示的方式规定了比较常见的约定条款：夫妻双方尤其可以约定不对等分割财产，或者订立条款规定，在夫妻一方死亡后，健在的一方，或者其中任何一方，对他方在婚后取得的净共同财产之全部享有权利。[③]

为便于夫妻共同债务的处理，《法国民法典》还规定了以下两条与夫妻财产制相关的配套规则。第一，日常家事代理权规则。《法国民法典》第220条虽未直接使用"日常家事代理权"的概念，但其在内容上规定了夫妻双方均有权以维持家庭生活和子女教育为目的的订立合同，因此缔结的合同产生的债务对另一方具有连带约束力。第二，共同财产制的解除规则。《法国民法典》第1443条规定了请求法院认定实行分别财产制的情形，在法院判决认可后夫妻间将实行分别财产制，这也将引出在共同财产制结束后对债务的分担问题。

（三）瑞士法

《瑞士民法典》规定：夫妻实行收入分享制，但通过婚姻协议约定其他

---

① 《法国民法典》，罗结珍译，法律出版社，2005，第1184~1185页。

② 《法国民法典》，罗结珍译，法律出版社，2005，第1188~1189页。

③ 《法国民法典》，罗结珍译，法律出版社，2005，第1191页。

财产制或采用特殊夫妻财产制的除外。① 因此,瑞士实行的法定夫妻财产制为收入分享制,并且夫妻可通过协议或因破产、查封等原因实行特殊财产制,包括共有财产制和分别财产制。

在通行的收入分享制中,财产的组成包括"夫妻各方取得的收入及各方的自有财产"②,其自有财产包括法定的部分以及夫妻双方约定的部分。在法律范围内,夫妻任何一方均可管理、收益和处分其取得的收入及自有财产。当某财产为夫妻共有财产时,未经对方同意,任何一方不得擅自处分自己在共有财产中的份额。《瑞士民法典》中规定的法定夫妻财产制,是以夫妻财产分离为原则的,夫妻财产始终分开管理与支配。

在共有财产制中,财产的组成包括夫妻共有财产和各方自有财产。各方自有财产包括协议约定的自有财产、法定自有财产、仅供个人使用的财产等;共有财产分为一般共有财产和限定共有财产,除法定自有财产之外,均为一般共有财产,且自有财产的收益属于共有财产,夫妻双方的财产和收入不可分割地属于夫妻双方,任何一方不得处分其在共有财产中的份额;夫妻双方也可协议约定缩小共有财产的范围。

关于分别财产制的规定,为《瑞士民法典》第247条:"夫妻之任何一方,均得在法律许可的范围内,管理、用益和处分其财产。"③

(四)日本法

《日本民法典》于第四编"亲属"第二章"婚姻"中的第三节规定了夫妻财产制的相关内容。《日本民法典》关于婚姻及婚内财产关系的规定相对较少,仅有第755~762条共7条(第757条已废止)法律规定。其中分为两目,一为总则,二为法定财产制。《日本民法典》重视夫妻间有关财产制选

---

① 《瑞士民法典》,戴永盛译,中国政法大学出版社,2016,第68页。
② 《瑞士民法典》,戴永盛译,中国政法大学出版社,2016,第71页。
③ 《瑞士民法典》,戴永盛译,中国政法大学出版社,2016,第84页。

择的契约，规定了"夫妻于婚姻申报前，关于其财产未定立另外契约时，其财产关系，从次目的规定"①，也即夫妻间约定财产制优先于法定财产制。夫妻双方应共同负担生活支出，"夫妻应考虑各自资产、收入及其他有关情事，分担婚姻费用"②。

有关夫妻约定财产制，《日本民法典》规定：夫妻双方须在婚前订立契约，且如果夫妻通过财产契约约定了采用法定财产制之外的夫妻财产制，"除非于婚姻申报前进行登记，不得以之对抗夫妻的承受人及第三人"③，即夫妻财产制约定须于婚姻申报前做出并登记才具有对抗效力。夫妻在婚后，原则上不允许变更约定的夫妻财产制。但是若夫妻一方管理另一方财产时，因过失而危及该财产，另一方可以请求家庭法院允许自己管理该财产，还可以请求分割夫妻共同财产。另外，变更共同财产管理人或分割共同财产，也应进行登记，否则不得对抗第三人。

对于法定财产制而言，若夫妻双方未在婚姻申报前约定适用的夫妻财产制，则适用法定财产制。《日本民法典》规定的夫妻法定财产制是分别财产制。针对夫妻共同财产与一方个人财产，《日本民法典》规定如下："夫妻一方于婚前所有的财产及婚姻中以自己的名义取得的财产，为其特有财产；夫妻间归属不明的财产，推定为共有。"④ 因夫妻一方行使日常家事代理权所产生的债务，其偿还的规则为："他方对由此而产生的债务负连带责任，但是，对第三人预告不负责任意旨者，不在此限。"⑤

---

① 《最新日本民法》，渠涛编译，法律出版社，2006，第 160 页。
② 《最新日本民法》，渠涛编译，法律出版社，2006，第 161 页。
③ 《最新日本民法》，渠涛编译，法律出版社，2006，第 160 页。
④ 《最新日本民法》，渠涛编译，法律出版社，2006，第 161~162 页。
⑤ 《最新日本民法》，渠涛编译，法律出版社，2006，第 161 页。

二　与大陆法系国家的夫妻共同债务制度的比较分析

（一）《婚姻法》与大陆法系国家夫妻共同债务制度的区别

对比德国、法国、瑞士、日本等国家的民法典的相关规定，与《婚姻法》及相关司法解释，有以下不同。

1. 夫妻债务的编排体例不同

夫妻对外财产责任在不同国家的民法典中，编排位置有明显区别，但没有一部民法典将夫妻对外财产责任置于离婚编中，而《婚姻法》却将有关夫妻对外财产责任的规定置于"离婚"一编中，《民法典》"婚姻家庭编"对此做出了改变，把夫妻债务的界定规定在了"夫妻财产关系"一编中。《德国民法典》在每种夫妻财产制下分别规定了夫妻共同债务与夫妻一方个人债务的界定标准与清偿规则；《法国民法典》和《瑞士民法典》既有总括性的规定，又在每种夫妻财产制之后单独规定各自的对外财产责任；《日本民法典》则仅用三个条文极为简略地规定了夫妻对外财产责任。总的来说，各国民法典均将夫妻对外财产责任规定于"夫妻财产关系"编中，不同的夫妻财产制之下，对外财产责任的清偿规则也不同。

2. 严格区分夫妻共同债务与个人债务

各国民法典对于夫妻共同债务和夫妻一方个人债务都有着严格的区分标准，不会发生二者混淆的情形。相对而言，夫妻共同债务范围越大，一方个人债务范围越小。《法国民法典》《瑞士民法典》所规定的夫妻共同债务范围相对较大，《德国民法典》所规定的夫妻共同债务范围较小，《日本民法典》所规定的夫妻共同债务范围极为狭小。对于夫妻共同债务范围的规定，有的国家采用了概括规定的方法，有的国家采用了列举排除的方法，还有的国家采用了列举的方法。相对而言，《法国民法典》所使用的概括规定加列举排除的方法更为合理，其兼顾保护婚姻家庭关系、合同相对人是否为恶意、开支是否过大等因素综合判断是否可以排除在共同债务的范围之外，对于夫妻共同债务的认定更加公平合理、更为科学且易于操作。

3.清偿性质一般依据债务发生原因而定

对于夫妻共同债务而言，各国民法典均规定了夫妻平等负担清偿责任，且需要根据债务发生的原因确定举债方配偶负担的连带责任的大小。以是否区分清偿份额、是否承担连带责任为标准，可对各国民法典的相关规定进行剖析：《法国民法典》与《德国民法典》区分夫妻内部关系和与第三人之间的外部关系，对债务清偿责任做出了区分，夫妻一方在内部关系中清偿了超过自己应当承担的部分则产生追偿权；《法国民法典》中规定夫妻共同债务由配偶双方对半负担，且以共同财产为限承担清偿责任，一方的个人财产原则上不负担清偿责任；《德国民法典》规定了管理夫妻共同财产的配偶一方较另一方承担更多的债务清偿责任；《瑞士民法典》则规定配偶任何一方均应以其自有财产和共同财产对债务负清偿责任，且不区分各自的责任份额。对于夫妻一方的个人债务而言，各国民法典均规定应由个人自有财产承担清偿责任。尽管在实行不同夫妻财产制的情况之下，清偿规则各有差异，但清偿责任的承担规则是相同的。

（二）财产共同共有理论下夫妻共同债务与夫妻财产制的相对关联性

结合各国民法典的相关规定来看，不同的夫妻财产制对夫妻共同债务的具体清偿规则有所不同，夫妻双方根据个人收入水平、是否存在夫妻一方管理双方共同财产等相关因素，最后所负担的清偿责任会有所区别。但是无论夫妻之间采取何种财产制，共同债务的清偿责任均是由夫妻双方共同承担的。

在《德国民法典》中，存在财产增加额共同制、财产分别制、财产共同制三种夫妻财产制，夫妻共同债务的清偿规则规定于每一种夫妻财产制之下。由于适用的夫妻财产制不同，夫妻间债务的具体清偿比例会有所不同，一般情况下，只有夫妻采用约定共同财产制时，才以夫妻共同财产承担清偿责任。但无论夫妻双方采用哪种约定财产制，当某一债务被认定为夫妻共同债务之后，由夫妻双方共同负担，夫妻间任一方均不得以某一夫妻财产制的适用而排除自己的责任负担。

在《法国民法典》中，存在共同财产制与分别财产制两种夫妻财产制，夫妻共同债务的清偿规则只在共同财产制之下做了规定。实际上两种不同的夫妻财产制均有各自明确的共同债务与一方个人债务的区分标准，但共同债务的清偿规则并不因适用夫妻财产制的不同而发生改变，夫妻共同债务在任何情况下均由夫妻双方共同承担。

在《瑞士民法典》中，存在夫妻收入分享制、共有财产制和分别财产制三种夫妻财产制，对于共同债务的清偿，既有总括性的规定，又有针对每一种夫妻财产制的特殊规定。在夫妻适用共有财产制时，对共同债务与个人债务存在具体区分的规定，在适用其他两种夫妻财产制时，夫妻共同债务与一方个人债务的清偿规则一致。在《瑞士民法典》中，无论适用何种夫妻财产制，夫妻共同债务均由夫妻双方共同负担，并非因适用共同财产制才导致夫妻承担共同债务的清偿责任。

婚后所得共同制并非夫妻清偿共同债务的法理基础。结合各国法律规定来看，判定某一债务是否属于共同债务，往往需要考虑该债务的举债方将其用于何种用途。一般来说，夫妻共同债务往往包括以下三种：一是"日常家事代理权"范围内的债务，其主要指为维持家庭生活的日常开销、支付子女教育经费和管理共同财产所产生的债务；二是将共有财产投入职业或经营企业而产生的债务，且其收入为家庭成员共同所用或成为家庭生活的主要收入来源；三是夫妻双方与第三人约定或根据相关法律应为夫妻共同债务的情形。夫妻共同债务之所以能够成为"共同债务"，其主要落脚点在于"共同"

二字。就以上三个层面的债务来看，其均把夫妻作为一个整体，把夫妻共同债务作为夫妻整体或家庭整体所生之债，其基础在于夫妻的共同生活。

婚姻关系是男女之间在法律上获得完全承认的共同生活关系，对于夫妻一方以及夫妻共同体来说，都具有极为重要的意义，结婚的法律后果体现于婚后夫妻的共同生活义务之中，共同生活义务也对双方的财产关系产生影响。夫妻共同债务是因夫妻共同生活义务所产生的夫妻对外财产责任，其也因夫妻共同生活这一事实行为，而归由夫妻双方共同负担。我们不应将夫妻共同生活这一事实行为与夫妻对外财产责任割裂开来，而简单地认为夫妻共同财产制是夫妻共同清偿共同债务的法理基础。

（三）在法律行为理论下的夫妻共同债务与共同意思的关联性

在《日本民法典》中，夫妻共同债务的范围被界定得极窄，只有配偶一方因日常家事代理权与第三人之间发生的债务，才作为夫妻共同债务。就该种债务而言，夫妻间举债方配偶承担连带责任，即夫妻共同债务依然是由夫妻双方共同负担，与适用何种夫妻财产制并无关联。在基于日常家事代理权形成夫妻共同债务方面，《法国民法典》与《日本民法典》几乎没有差异。[①]

从各国民法典的相关规定中可以看出，对于夫妻共同债务的清偿，适用何种夫妻财产制，只在一定程度上决定了夫妻双方的责任比例以及内部关系上的清偿比例；在外部关系上，不论何种夫妻财产制均将夫妻双方看作一个整体，双方共同承担夫妻共同债务的清偿责任。任何夫妻财产制在对第三人的债务承担上都规定由夫妻二人共同负责，无论适用共同财产制还是分别财产制，抑或其他约定财产制，夫妻均以一个整体对外承担财产责任。因此，夫妻清偿共同债务的规定，并非取决于是否适用夫妻共同财产制，更非因为某法律规定了共同财产制作为法定财产制，在法律行为理论下，关注更多的是夫妻有无共同意思表示。

---

① 《最新日本民法》，渠涛编译，法律出版社，2006，第 160 页；《法国民法典》，罗结珍译，法律出版社，2005，第 207 页。

第七章

我国夫妻共同债务制度的立法价值选择*

＊ 博士研究生曹思雨参与了本章内容的写作。

《婚姻法》《婚姻法解释（二）》等法律法规在立法价值选择的范围上局限于债权人、举债人与举债方配偶的利益，缺少对婚姻家庭保护性的考虑，造成在最终的价值选择上往往偏重于保护债权人或夫妻一方的利益，使未能得到全面保护的债权人、举债方配偶陷入债权不能实现或"被负债"的困境。还有一些涉及户口、房、车等方面的社会公共政策在制定时仅从个人和政策实施的便利性，以及便于行政部门管理的角度进行利益衡量，造成夫妻为房、车、户口等轻率地结婚或离婚，破坏婚姻家庭的信任和稳定性。《民法典》"婚姻家庭编"的"一般规定"将家庭文明建设和婚姻家庭受国家保护纳入法律，说明国家和法律对婚姻家庭的重视以及对婚姻家庭的保护，在私法领域越来越强调对个人权利保护的同时不能忽视对婚姻家庭的保护。《民法典》"婚姻家庭编"的各章也应贯彻"一般规定"的精神内核，夫妻共同债务制度的构建应将家庭文明建设以及对婚姻家庭的保护纳入利益考量范畴。在夫妻债务制度的构建中不应将夫妻债务承担与婚姻关系存续画等号，如果债务承担不分场合、条件与婚姻家庭捆绑在一起，必然导致夫妻以离婚作为规避债务的手段，降低债权人通过婚姻家庭关系扩大债权实现的可能性。把婚姻家庭作为市场角逐的工具，受到伤害最大的可能不是债权人、举债人或者举债人配偶，而是婚姻家庭，因为此时婚姻家庭遭受内部家庭成员的侵害，也遭受来自外部第三人的侵害。人们对婚姻家庭失去信任时，就不会再缔结婚姻组成家庭，而会选择其他社会生活方式，诸如同居、丁克等。所以在构建夫妻债务制度时应该考虑对婚姻家庭的保护，在维护婚姻家庭稳定性的前提下，寻求解决夫妻共同债务问题的有效途径。

第一节　问题的提出

夫妻共同债务制度构建的主要观点集中在保护债权人、举债人与举债人配偶之间的利益平衡上，对如何平衡保护婚姻家庭、维护婚姻家庭关系的稳定和保护交易安全，法学界与司法实践中一直都没有非常明确和直接的阐释。站在人类社会发展进程中观察问题时，我们会发现作为人类社会基本组成部分的正是婚姻家庭，离开婚姻家庭去谈社会的发展和进步是缺乏根基的。从夫妻共同债务认定的法律和司法解释上看，法条本身就在侧重保护举债方配偶的利益和保护交易第三人的利益之间举棋不定，《婚姻法》第 41 条被认为给第三人过多的举证责任，不利于促进交易、保护交易安全；而《婚姻法解释（二）》第 24 条又将举证责任分配给举债方配偶，使得很多举债方配偶承担其完全不知情的债务，又不利于保护婚姻家庭、维护婚姻家庭关系稳定，而且潜在地对婚姻家庭、婚姻家庭关系、信任或者伦理造成严重破坏，甚至引导人们规避、解构婚姻家庭关系。学者在保护婚姻家庭、维护婚姻家庭关系稳定和保护交易安全的利益选择中很少给出解答，有学者认为两者利益应相互平衡，"在法秩序中存在多元价值，除了婚姻家庭保护之外，还存在其他价值，任何一个单独的价值都不能绝对贯彻，而必须与法秩序的其他价值相互连接、支援，多元价值之间互为中心、互相支撑和限制，形成一种去中心化的'价值之网'"[1]；也有学者认为应以家庭伦理价值的维护为价值取向，"具体而言，法定夫妻财产制的理性设计应当以家庭保障功能的回归为立法目的，以家庭伦理价值的维护为价值取向"[2]。在司法实践中，各

---

[1]　朱虎：《夫妻债务的具体类型和责任承担》，《法学评论》2019 年第 5 期，第 45 页。

[2]　曹贤信、吴倩倩：《我国法定夫妻财产制人本价值的偏离与回归》，载夏吟兰、龙翼飞主编《家事法研究》（2019 年卷／总第 15 卷），社会科学文献出版社，2019，第 199 页。

法院的裁判观点也存在价值取向上的区别。在不涉及第三人的离婚纠纷中，即使房屋的产权登记在双方名下，但如果双方对房屋的归属做了约定，那么法院会尊重双方的约定。[①] 这种价值选择显然是优先适用《婚姻法》，更有利于保护婚姻家庭、婚姻家庭成员的平等与自由。但是若出现第三人为夫妻共同债权人时，存在法院优先保护第三人利益的情形，并且有损害夫妻双方或举债方配偶利益的嫌疑，在"吴东升、吴兵民间借贷纠纷再审民事判决书"中，法院排除了债务没有用于夫妻共同生活不属于夫妻共同债务的情形，明显损害了举债方配偶的合法利益。此外，检察机关所提供的举债方配偶举证证明所借债务并非用于夫妻共同生活，则其不承担偿还债务责任的意见，不属于《婚姻法解释（二）》及《婚姻法解释（二）的补充规定》确认的情形。[②] 所以，不论在学界还是司法实践中都存在如何平衡保护婚姻家庭、维护婚姻家庭关系稳定和保护交易安全利益的问题。

第二节　夫妻共同债务制度的价值在立法和司法中的表现

随着市场经济的发展，借贷关系出现得越来越频繁，债务数额越来越大，尤其是涉及生产经营的债务。《婚姻法》《婚姻法解释（二）》在立法中一个偏向保护举债方配偶的利益，一个偏向保护债权人的利益，造成债权人的债权不能实现和举债方配偶"被负债"的客观现象。在司法实践中，夫妻债务纠纷多、上诉率高，并且《婚姻法》《婚姻法解释（二）》

[①] "俞某某与唐某某离婚纠纷一审民事判决书"，（2018）沪0106民初49735号，上海市静安区人民法院。

[②] "吴东升、吴兵民间借贷纠纷再审民事判决书"，（2019）黑民再325号，黑龙江省高级人民法院。

等价值取向不同，采用不同条款的法院的司法裁判逻辑不同，裁判结果也
不同。

一 法律适用情况

《婚姻法》第 41 条是在市场经济并不发达的背景下产生的，在利益保护
方面忽视了对交易相对人的保护，导致夫妻串通损害相对人利益的情况频繁
出现，不利于交易安全的保护。该条规定在司法实践中的适用情况也能说明
其在利益保护方面的欠缺，导致该条款适用减少。2015~2020 年，《婚姻法》
第 41 条的引用情况与案件审理程序情况如图 1、图 2 所示。

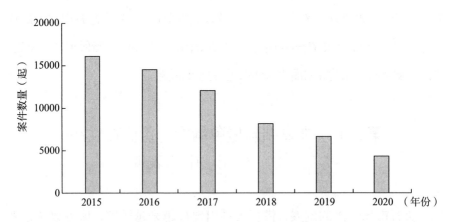

图 1 引用《婚姻法》第 41 条案件数量年份分布

资料来源：作者在"聚法案例"平台进行法律法规检索并整理所得。

在此情况下，最高人民法院为了避免上述风险，保护债权人的利益，制
定了《婚姻法解释（二）》第 23 条、第 24 条，将夫妻关系存续期间的一方举
债所负债务推定为夫妻共同债务，该推定方式极大地保护了债权人的利益，
有助于债权人实现债权并且有促进交易的效果。在援引《婚姻法解释（二）》
第 24 条的夫妻共同债务案件中，2015~2020 年的案件总数量与案件审理程序
如图 3、图 4 所示。

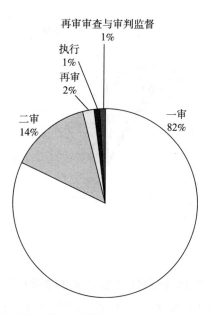

图 2　引用《婚姻法》第 41 条案件的审理程序

资料来源: 作者在"聚法案例"平台进行法律法规检索并整理所得。

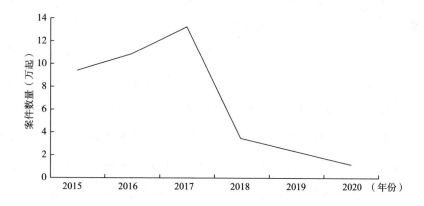

图 3　引用《婚姻法解释（二）》第 24 条案件数量年份分布

资料来源: 作者在"聚法案例"平台进行法律法规检索并整理所得。

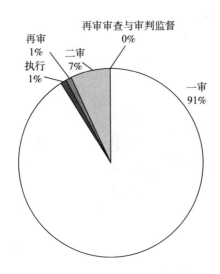

图 4　引用《婚姻法解释（二）》第 24 条案件的审理程序

资料来源：作者在"聚法案例"平台进行法律法规检索并整理所得。

从上述数据与对比中可以看出，《婚姻法》第 41 条与《婚姻法解释（二）》第 24 条近几年的适用率均不高，说明在司法实践中，该法条不能很好地解决矛盾。从一审、二审案件的占比来看，《婚姻法解释（二）》第 24 条的二审适用率较低，说明在争议较大的案件中，第 24 条不能较为公平地解决当事人之间的纠纷，二审往往不再选择第 24 条作为裁判依据。当事人对于裁判结果的反应体现了依据该法条进行裁判无法使当事人的利益得到平衡、不能保护当事人的合法权益，至少一方当事人认为其合法权益受到较大侵害，才会出现较高的上诉率。引用"法释〔2018〕2 号"第 2 条、第 3 条的 113362 个裁判文书中，二审案件共 9748 起，改判 1437 起，发回重审 70 起。"法释〔2018〕2 号"出台后，较高的引用案件数说明夫妻债务纠纷依然是婚姻家庭领域不可忽视的问题，而且 8.6% 的二审案件占比说明当事人对于案件的判决依然存在较大争议，一些当事人认为自身利益并没有得到有效保护。

从上述法条的适用情况可以看出，夫妻共同债务纠纷中，当事人的利益并没有得到很好的保护与平衡。这说明我们在夫妻共同债务制度中的利益保护与价值选择方面仍然存在较大问题。

二　对法条本身的解读

《婚姻法》第41条规定较为笼统，其确立的基本原则是：共同债务以共同财产清偿，个人债务以个人财产清偿。因此，婚前所负的个人债务以该举债方的个人财产清偿，债务人配偶不负清偿责任。立法当时的夫妻共同债务问题还不突出，该条并没有充分体现出法律对于夫妻共同债务当事人的特殊保护，只是按照夫妻财产制度的规定以及权利义务相一致的原则对夫妻共同债务认定及清偿进行大体规定，并没有对夫妻债务进行较为严格的类型化处理。《婚姻法解释（二）》第24条相比《婚姻法》第41条，考虑了特殊情况，即在婚姻关系存续期间对一方所负债务的认定。法院出于对《婚姻法》第41条未能解决的夫妻共同债务风险（即夫妻串通损害债权人利益）的考虑，将该情况下的债务认定为夫妻共同债务，特殊情形除外。但是例外情形的举证责任归属于夫妻举债方配偶。可以看出，该条明显有利于债权人实现债权。首先，在共同债务认定上，《婚姻法解释（二）》第24条没有要求该债务用于夫妻共同生活，而根据时间（夫妻关系存续期间）认定债务性质；其次，在举证责任上，证明该债务为个人债务以及没有用于夫妻共同生活的责任则转移给举债方配偶。在引用第24条的裁判文书中经常可以看到：因该债务发生在婚姻关系存续期间，且举债方配偶未能提供证据证明该债务系举债人的个人债务，同时也未能举出有效证据证明属于《婚姻法》第19条第3款规定的情形，故对举债人所负该笔债务，应当按夫妻共同债务处理。① 可见根据该条，举债方配偶常常因举证不能而负担夫妻一方举债所负债务。"法释〔2018〕2号"着重于纠正《婚姻法解释（二）》对于债权人的过度保护，平衡举债方配偶与债权人的利益，将证明债务用于夫妻共同生活、共同生产经营的举证责任转移给债权人。

从法条本身解读看，目前关于夫妻共同债务制度的立法价值选择，相关讨论主要集中在以下几个方面：保护交易安全，保护债权人、举债人、举债方配偶利益等都是对当事人的个体利益的保护，而忽略了家庭作为一个团体的利益保护；衡量的利益都是债权人、举债方、举债方配偶的个体利益；保护交易安全的利益也主要表现在保障债权人实现债权上。在这些利益中，保护婚姻家庭、维护婚姻家庭关系稳定的价值始终没有被提及，但保护婚姻家庭、维护婚姻家庭关系稳定是《民法典》"婚姻家庭编"的应有之义，而且是立法的核心和宗旨，也是不可通过单独个体利益的衡量而实现的。要想让婚姻家庭在社会治理中发挥作用，就必须保护婚姻家庭、维护婚姻家庭关系的稳定。

第三节 立法对保护婚姻家庭、维护婚姻家庭关系稳定的必要性

家庭是社会生活的基本单位，家庭的稳定涉及社会生活的方方面面。婚姻关系稳定不仅可以减少离婚诉讼还能减少非婚同居等社会问题；家庭关系

① "安徽寿县农村商业银行股份有限公司与刘杰、丁中华金融借款合同纠纷一审民事判决书"，(2019)皖0422民初1923号，安徽省寿县人民法院；"于某与赵某、李某1等被继承人债务清偿纠纷二审民事判决书"，(2019)新40民终2027号，新疆维吾尔自治区高级人民法院伊犁哈萨克自治州分院。

稳定有利于解决抚养子女、赡养老人等问题，能够间接提高社会各方面的工作效率，节约社会资源，构建和谐社会。从立法角度将维护婚姻家庭关系稳定作为原则性条款确定下来，虽然该条款极少运用到具体判决中，但起到了法律原则的指导作用，具体的法律规则不能与原则相违背。《民法典》"婚姻家庭编"新增的离婚冷静期、婚内析产等制度也体现了法律对维护婚姻家庭关系稳定的坚决态度，避免轻率离婚，避免为户口、房、车产生争执，利用公共政策漏洞通过离婚手段谋取不应得财产；当婚姻关系存续期间夫妻出现财产纠纷时，不只有离婚这一条途径，婚内析产制度在维护婚姻关系存续期间夫妻个体财产权利的同时也在尽力避免夫妻双方仅因财产纠纷而离婚，在婚姻关系存续期间为财产纠纷提供解决路径，同时反映了国家对维护婚姻家庭关系稳定的态度。

一 《民法典》"婚姻家庭编"的立法宗旨

法律体系中的婚姻家庭制度是最能回应民众对婚姻家庭的期待的制度，也是国家对婚姻家庭最基本正义观的表达，是"兴家"的制度保障。受中国传统文化影响，家庭在中国人的观念中更多的是一个"细胞"，家庭成员之间不分彼此，甚至不存在隐私和独立人格。虽然这样一些传统婚姻家庭观念已经不被法律法规所允许，但足以看出婚姻家庭一直是影响人类社会发展的重要的社会细胞。在男女缔结婚姻关系、组成家庭时，自然会出现以家庭为单位的团体概念，并且家庭成员的一些行为会被认为是家庭行为，在这种情况下，自然人的人格在一定程度上已经被家庭的概念所吸收。正因如此，在某些情形下，法律甚至不是以个人为单位，而是以家庭为单位设计社会的各种制度，比如诸多社会福利的申请、购房资格的拥有等常常是以家庭为单位的。虽然家庭成员的流动与家庭生活的分离并不必然导致家庭缺少教育、家风建设，但是必然对家庭成员的沟通交流造成一定的阻碍。正是基于家庭在社会治理中的重要地位与婚姻家庭关系稳定对各家庭成员的重要影响，婚姻家庭制度必须要承担起维护婚姻稳定、家庭关系和睦的责任，这就需要我们在设计制定婚姻家庭制度时以保护婚姻家庭、维护婚姻家庭关系稳定为立法价值选择。

1. 作为婚姻家庭基础的人身关系应得到重视

受传统封建家长制的影响，以前我国的家庭是以夫权、父权为核心的，家庭成员不平等，家庭成员的个人尊严和隐私不能得到保护，更不要说个人财产了。所以我国第一部《婚姻法》（1950 年颁行）设立之初的目的是为广大婚姻家庭及其成员赢得应有的地位与权利，实现男女平等、婚姻自由。但是随着市场经济的发展、家庭财产的逐渐丰富、经济理性意识的觉醒和《婚姻法》及相关司法解释的出台，人们对于自己权利的保护意识逐渐增强，使婚姻家庭关系中的财产关系显得尤为重要甚至成为最重要的部分。[①] 并且，如果法律过于强调个人人格权利的保护，加之财产规则受民法、财产法影响过多，会造成个人权利的膨胀，导致婚姻家庭领域的财产个人化现象严重，使家庭成员在婚姻家庭中更重视财产归属，而忽视了婚姻家庭关系中的本质关系——身份关系，弱化了维系婚姻家庭的基础因素即感情因素，只注重实际财产利益，这不仅破坏了家庭的感情交流与和谐稳定，也与保护婚姻家庭、维护婚姻家庭关系稳定的本质不符。

2. 婚姻家庭中的财产关系的目的在于维护稳定的人身关系

婚姻家庭中的财产关系依附人身关系起作用，不应对人身关系起反面作用——分裂人身关系，解构婚姻家庭。虽然社会经济的发展使财产关系在社会各方面都显得尤为重要，但是我们要区分市场中的财产关系与婚姻家庭中的财产关系。市场中的财产关系更多基于合同产生，当事人没有人身

---

① 冯莉、夏锦文：《论民法典编纂中亲属法的立法价值取向——以亲属法百年变革进程为考量》，《南京社会科学》2019 年第 12 期，第 97 页。

关系，有了财产关系才形成债权人与债务人的关系。财产关系是市场关系中的基础关系。婚姻家庭中财产关系的形成是因为男女登记缔结婚姻，形成婚姻家庭关系，夫妻的财产才形成婚姻家庭中的财产关系。这种财产关系反映了婚姻家庭关系，并应与稳定的人身关系相适应，无论是夫妻共同债务，还是夫妻财产制中的财产关系，只要是婚姻家庭中的财产关系都应与具有紧密联系的人身关系相匹配。婚姻家庭中的财产关系应当尽量维护稳定的人身关系，不可使婚姻家庭成员各自为政，因为财产关系而破坏人身关系，影响婚姻家庭稳定。所以，不能将市场中的财产规则套用在婚姻家庭中的财产关系上。①

婚姻家庭关系不是财产利益的交换关系，而是因为感情而联系在一起的身份关系，这种财产关系依附身份关系而存在。财产关系的成立并非为了将家庭成员捆绑在一起而设立的利益共同体关系，也不是为了家庭成员个体利益的交换、保全设立的。婚姻家庭中的财产关系只是由于身份关系的成立才发生变化，为了便于家庭成员更好地维持生活、履行家庭职能、反映家庭成员之间的利益共同体特征、使婚姻家庭中的财产关系不具有任何功利性质，更不能完全套用市场交易中的等价有偿原则。

3. 保护婚姻家庭是夫妻共同债务制度不可遗忘的立法价值

婚姻家庭制度主要包含两大部分，即夫妻人身关系与夫妻财产制度。在夫妻财产制度中夫妻共同债务制度是重要部分，那么夫妻共同债务制度也就必然要承担婚姻家庭制度的功能，即保护婚姻家庭、维护婚姻家庭关系稳定，发挥家庭在社会治理中的作用。具体而言，夫妻共同债务的认定与清偿规则不应有影响保护婚姻家庭、维护婚姻家庭关系稳定的风险，造成婚姻家庭中的相互隐瞒，损害家庭成员的合法利益，破坏稳定的婚姻家庭关系。在

---

① 李洪祥：《亲属法规则财产法化趋向论》，《求是学刊》2016 年第 4 期，第 88~89 页。

《民法典》施行之前，最有争议的、有影响婚姻家庭关系稳定风险的代表法条就是《婚姻法解释（二）》第24条。该条实质上将婚姻关系存续期间的夫妻一方所借债务认定为夫妻共同债务，并且将证明责任分配给举债方配偶，但是在实践中，举债方配偶成功举证证明债务非夫妻共同债务的案例较少，客观上造成婚姻家庭关系中一方与第三人串通损害夫妻另一方合法权益的现实，不利于婚姻家庭关系的和谐稳定。

夫妻共同债务的认定与清偿近年来成为民法领域理论与实践研究的热点，反映了夫妻债务问题的司法案例较多、夫妻债务纠纷已经成为婚姻家庭中的突出矛盾，并且法院在处理夫妻共同债务问题上标准不统一，适用法律条文不一，学界也在该问题上产生诸多分歧。但是从实践中来看，判决仍以《婚姻法》为主。以"聚法案例"为检索平台，在婚姻家庭纠纷案由下，以"夫妻债务"为关键词在"本院认为"部分进行检索，共有841起争议焦点涉及"夫妻债务"的案件，《婚姻法》中相关条款的适用情况如图5所示。

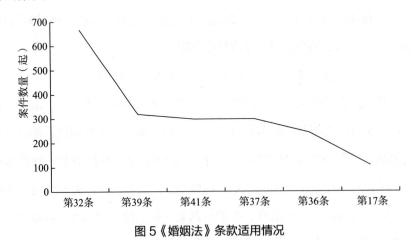

图5《婚姻法》条款适用情况

注：检索时间范围为2012~2020年，一个案件并非只引用一个法条，故法条案件总数多于文中案件总数，本图中仅展现引用数量多于100的法条。

资料来源：作者在"聚法案例"平台进行法律法规检索并整理所得。

相比而言，以《婚姻法》之外的其他法律调整夫妻债务关系的案例较少，主要参考的是《合同法》《物权法》《民法通则》，如表1所示。

从图5和表1的对比可以看出，虽然法院在法条的具体适用上并不统一，但是总体以适用《婚姻法》为主，说明夫妻债务在处理上仍优先考虑在婚姻家庭内部解决，而《婚姻法》的原则之一就是"维护平等、和睦、文明的婚姻家庭关系"。故在处理夫妻债务的时候必然也要遵循这一原则，我们在设计夫妻共同债务制度的时候也应将保护婚姻家庭、维护婚姻家庭关系的稳定作为制度的重要功能。

表1　法律适用情况表

单位：起

适用法律	案件数量
《合同法》	51
《物权法》	28
《民法通则》	24
《继承法》	12
《农村土地承包法》	4
《担保法》	3
《侵权责任法》	1
《妇女权益保障法》	1

夫妻共同债务制度应尊重婚姻家庭伦理与社会伦理，我们提倡在婚姻家庭中充分尊重家庭成员的个体人格、自由意志，同时，我们也要注重保护婚姻家庭、注重对婚姻家庭关系的维护。[①] 从2001年的"泸州遗产案"就可以看出人们对于家庭完整、和谐、稳定的期待，不希望任何破坏婚姻家庭的行为能够从中获得利益。在夫妻共同债务制度中，如果法律在功能上过于偏

---

① 李洪祥：《论我国民法典立法之亲属法体系构建的价值取向》，《社会科学战线》2012年
第12期，第182~183页。

重保护交易安全，就有可能造成在实践中夫妻一方与第三人恶意串通损害夫妻一方配偶利益的行为被法律保护，给婚姻家庭带来不安定因素，也让家庭成员在婚姻家庭中互不信任、相互提防，不利于保护婚姻家庭、维护婚姻家庭关系的稳定，也不利于形成良好的家风、家教。

二　婚姻家庭在基层社会治理中起到重要作用

党的十九届四中全会审议通过的《中共中央关于坚持和完善中国特色社会主义制度、推进国家治理体系和治理能力现代化若干重大问题的决定》（以下简称《决定》）中明确要求"注重发挥家庭家教家风在基层社会治理中的重要作用"。《决定》明确了社会治理是国家治理的重要方面，明确了家庭在社会治理中的重要作用，将兴家与强国统一结合，阐明了"家国一体"的社会治理理念。

1. 婚姻家庭在社会治理中的地位

我国从古至今一直强调家庭在国家治理中的作用，古有孟子"天下之本在国，国之本在家，家之本在身"[①]，今有习近平总书记"无论时代如何变化，无论经济社会如何发展，对一个社会来说，家庭的生活依托都不可替代，家庭的社会功能都不可替代，家庭的文明作用都不可替代"[②]。这不仅说明了婚姻家庭在社会治理中的地位，更强调了婚姻家庭主要是发挥家教、家风的作用。从家训的内容看，家教家风承载着社会规范、道德教育、文化传承的重要内容，如林则徐家训："存心不善，风水无益；父母不孝，奉神无益；兄弟不和，交友无益；行止不端，读书无益；作事乖张，聪明无益；心高气傲，博学无益；时运不济，妄求无益；妄取人财，布施无益；

---

① 《孟子·离娄上》。
② 习近平总书记在会见第一届全国文明家庭代表时的讲话，2016年12月12日。

不惜元气，医药无益；淫恶肆欲，阴鸷无益。"[1] 家风家教对家庭成员的健康成长有直接、长远、深刻的熏陶作用，家风是社会风气的重要组成部分，应当通过提高每个家庭成员的思想道德修养来提高全社会的道德水平，促进家庭文明建设。

2.婚姻家庭是社会组成的基本细胞和社会治理的基本主体

婚姻家庭是基层社会治理的基本参与主体，也是社会治理效果的最终体现。充分发挥每个婚姻家庭在社会治理中的作用，需要处理好婚姻家庭内部关系，家庭与家庭之间的关系，家庭与社区、社会之间的关系。每个家庭成员形成主体意识，以身作则传播中华民族传统家庭美德、社会道德、社会主义核心价值观，有助于维持社会的和谐稳定。如果缺乏正确的家风家教引导，会导致家庭成员缺乏基本的规则意识与操守，很多社会上的不正之风往往就是由这些小缺口引起的，最终导致道德滑坡，产生社会治理乱象。

虽然《民法总则》的立法过程中并没有明显将"婚姻家庭"作为主体，明确"婚姻家庭"的主体地位，但是这不等于"婚姻家庭"不受国家、法律的保护。从古至今，中国社会一直存在以"家庭"为单位的实践传统，中国古代征税一直是以"户"为单位，现在也依然存在"农村承包经营户"，虽然此"户"与"家庭"并不完全等同，但是仍与家庭息息相关，甚至许多民营企业形式上为公司，实际上也是家庭经营，其资本源于家庭财产或者亲友。[2] 这些社会现实说明，虽然我们很多法律制度的制定借鉴于西方，但其仍然具备中国因素，尤其在婚姻家庭领域，完全适用西方制度理念可能无法解决中国的婚姻家庭问题。

---

[1]　林则徐家训是笔者去福州林则徐故居时看到并记下的。

[2]　李拥军:《"家"视野下的法治模式的中国面相》，《环球法律评论》2019 年第 6 期，第 94 页。

《民法典》"婚姻家庭编"中明确规定"家庭应当树立优良家风，弘扬家庭美德，重视家庭文明建设"，该规定呼应了十九届四中全会上提出的发挥家庭在社会治理中的作用，宣示了国家对家庭方面建设的重视与倡导，对于家庭道德的提倡不仅仅停留在道德层面，更需要法律强有力的维护。

三　维护婚姻家庭关系稳定是家庭成员的期望

1. 婚姻家庭关系稳定有助于家庭成员适应社会

由于我国的历史传统与社会主义制度背景，人们非常重视婚姻家庭、亲情的影响，家庭成员间的亲密度对个体适应性影响较大。依恋理论认为稳定和谐的婚姻家庭环境有助于个体形成安全的依恋模式，该模式可以激发家庭成员主动、自信地探索外部世界，他们的探索行为表现出更多的内在行为动机倾向。并且在和谐的家庭中，父母可能给予子女更多的支持、鼓励，有助于子女形成良好的自我管理与自主性。个人自主与社会适应呈正相关，高自主性的个体对个体行为的价值有明确的认知，能够根据行为对自身的重要性进行行动。高自主性的个体不会盲目屈从他人，极少产生焦虑、抑郁情绪，能更好地适应社会。因此婚姻家庭关系的稳定、和谐有利于家庭成员形成自主性，形成对社会的更好的适应性。[1]

2. 婚姻家庭关系稳定是家庭成员的心理要求

"家文化"是中华传统文化的重要组成部分，重亲情、尊老爱幼、追求亲属间的和睦互助仍然是中国人特有的民族性格和心理习惯[2]，婚姻家庭关系稳定、和谐一直是家庭成员追求的目标。"家和万事兴""无论是国王还是农夫，家庭和睦是最幸福的"，这些无不说明不论个体的国籍还是家庭背景，

---

① 李彩娜、张曼、冯建新：《家庭功能与社会适应：个人自主的中介作用》，《心理发展与教育》2010 年第 4 期，第 375 页。

② 李拥军：《我们期待着属于中国的家庭法》，《法制与社会发展》2019 年第 4 期，第 2 页。

他们对于家庭和睦的期待是一致的。夫妻个体在结婚时都希望组成和谐稳定的家庭，出现矛盾会相互协商解决，也希望子女出生在完整和谐的家庭中。但社会生活中家庭能否和谐稳定不仅仅由家庭成员的期待决定，社会福利制度、夫妻共同债务、失业率、离婚程序都对婚姻稳定产生影响。[①] 即使离婚率居高不下，也不能否定人们心中对于美好婚姻家庭幸福的期待。

第四节　立法对保护婚姻家庭、维护婚姻家庭 关系稳定的可行性

虽然随着社会观念的变化和经济水平的不断提高，女性有了和男性一样的法律地位，不再需要对男性有身份上的依附，在经济上男女同工同酬，在法律上平等，女性完全可以达到自力更生或养家糊口的水平，也可以独立，但是婚姻家庭关系仍是社会的基本关系。男女的结婚年龄在不断增长、离婚率在不断升高，但已婚有配偶的比例仍维持在相对稳定的水平，这说明人们只是进入婚姻关系的时间延后，并不能说明同居等关系代替了婚姻关系；离婚率升高的同时伴随复婚、再婚率的升高，也不能说明其他身份关系取代了婚姻关系。在立法上不能因为出现了同居等社会现象就转而保护其他类型的关系而忽视最基本的社会单位。并且保护婚姻家庭与保护债权人利益、保护举债方配偶利益、保护交易安全等价值并不矛盾，它们是相辅相成、相互促进的关系，当婚姻关系存续期间个人的价值保护得到平衡时，会让夫妻减少寻求离婚途径来保护个人财产权益，当婚姻家庭与婚姻关系存续期间的个人财产权益得到充分保护时，更能促进交易的发生，也更能使债权人对夫妻举债产生信赖，减少夫妻在债务清偿时产生的纠纷，保护交易安全。

---

① 伍再华、冉珍梅、郭新华:《家庭债务变动对婚姻不稳定性的影响——一个跨国经验研究》,《人口与经济》2015 年第 5 期, 第 11 页。

一 婚姻家庭关系不能为同居等关系替代

婚姻家庭关系是目前我国能达到社会治理目标的最小、最有效的单位。当前，虽然有观点因为我国离婚率较高（如北京市2019年合计的结婚登记数是128959对，离婚登记数是76356对，结离比高达1.69：1[①]）而认为婚姻家庭形式已经不是社会成员普遍的生活形式。但实际上离婚率较高并不能说明"同居""独居"等生活形式已经成为代替婚姻家庭生活的形式，结离比仅能反映在某一时期未经历婚姻生活刚进入婚姻关系的人数与经过一段时期的婚姻生活后离婚的人数的比例，分子分母的人数没有任何关系，是不能反映同一群人中有多少人结束婚姻家庭关系的。结婚年龄的推迟和计划生育实行一段时间之后我国的出生人口下降，使得进入适婚年龄的人口减少都可能导致结离比的下降。所以仅从结离比或者离婚率的数据就认定当前我国有近60%的婚姻已经解体是不具有说服力的。这种较为粗糙的数据放大了我国的离婚水平，导致很多人认为婚姻家庭已经并非当今社会的主流生活方式，认为"同居""单身"等方式已经可以替代婚姻家庭或者与婚姻家庭同样是社会的主流生活方式。目前并没有数据能够说明婚姻家庭关系有其他的替代方式。

人口普查资料显示，我国15岁及以上人口中有配偶者人数与未婚人数如图6所示。

由图7、图8可知，2000年以来，我国15岁及以上人口中已有配偶者人数相对稳定，虽然在20~34岁人口中有配偶者比例有所下降，未婚比例上升，但是在40~44岁人口中有配偶者比例变化不大，而且在35岁之后有配偶者比例高达90%，并维持在相对稳定的水平，而未婚比例始终处于较低水平，说明人们结婚时间晚并不等于人们不结婚，大部分人仍然进

[①] 数据来源：民政部，2019年第4季度各省社会服务统计数据，http://www.mca.gov.cn/article/sj/tjjb/sjsj/th20200804201904002.htm/。

入婚姻家庭关系并保持婚姻家庭关系的稳定状态，也说明婚姻家庭关系
仍是社会成员生活的主要形式，同居关系等从社会现实数据上来看无法
替代婚姻家庭关系成为社会主流。

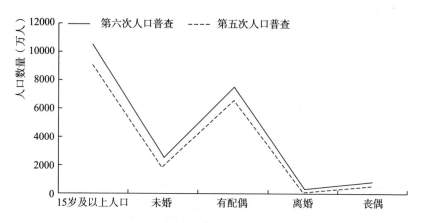

图 6　我国 15 岁以上人口中未婚、有配偶者、离婚、丧偶人数

资料来源：国家统计局第五次、第六次人口普查数据第二部分第五卷表 5-1，
http://www.stats.gov.cn/tisj/pcsj/rkpc/5rp/index.htm,http://www.stats.gov.cn/tjsj/pcsj/rkpc/
rkpc/6rp/indexch.htm。

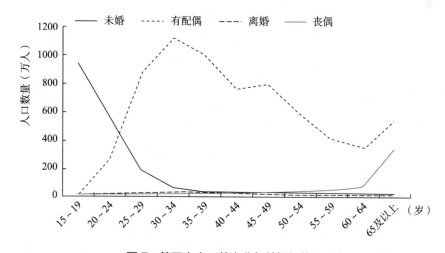

图 7　第五次人口普查分年龄婚姻状况

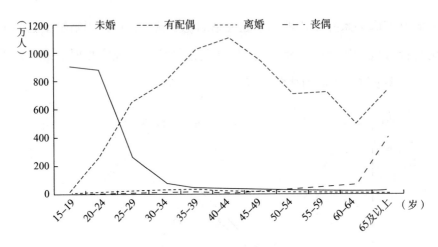

图8　第六次人口普查分年龄婚姻状况

有学者认为应当认定同居关系是一种新型家庭形态，并纳入《民法典》"婚姻家庭编"的调整范围。[①] 同居关系在国外发展较早，各国都有关于未婚同居的相关规定。德国法律认为未婚共同生活关系一方面在原则上有别于婚姻，不能直接适用有关婚姻的法律规定，另一方面是私法中的合法领域，在一定程度上可以获得法律保护。法律应当为未婚共同生活者提供最低限度的法律保护，而不是建立一套类似婚姻的制度。[②] 非婚同居现象在美国发展迅速，美国大多数州要求强制实行非婚同居合同的规定，通过私人合同的方式进行救济。原因在于许多州认为非婚同居行为是违法行为，不受法律保护。[③] 瑞典承认婚姻关系也承认非婚同居关系，对两种关系提供不同的保护模式。[④] 可见各国对于同居关系的认识并不统一，但大部分国家并不认为同居关系可以替代婚姻家庭关系，并且认为同居关系与婚姻家庭关系相去

---

①　杨立新:《我国亲属制度改革的进展、问题与对策——〈民法典婚姻家庭编（草案·三审稿）〉述评》,《中国社会科学院研究生院学报》2019年第6期，第83页。

②　王葆莳:《德国联邦最高法院典型判例研究·家庭法篇》,法律出版社,2019,第133页。

③　夏吟兰:《美国现代婚姻家庭制度》,中国政法大学出版社,1999,第30页。

④　夏吟兰:《美国现代婚姻家庭制度》,中国政法大学出版社,1999,第31页。

甚远，并不像很多人认为的"同居"仅是没有登记结婚而已，其他方面完全可以像婚姻关系一样进行救济。就目前来看，虽然同居现象呈上升趋势但不可与婚姻家庭关系相提并论。即使将同居关系纳入《民法典》"婚姻家庭编"的保护范围，其救济方式也不应与婚姻家庭关系相同。

同居关系没有和婚姻家庭关系一样的较强的人身关系，不登记结婚即说明当事人不想受人身关系束缚。不想承担婚姻家庭关系带来的责任，又想享受婚姻家庭关系带来的保护，这不符合公平原则。同居关系不能像婚姻家庭关系一样形成稳定的生活环境，对稳定社会关系的作用无法与婚姻关系相比，甚至有可能冲击传统稳定的婚姻家庭关系。我国社会治理体系中婚姻家庭对基层社会治理起到至关重要的作用，通过家风家教的熏陶，有助于家庭成员融入社会，形成良好的道德规范，稳定社会秩序。同居关系较为松散，少有对伴侣进行承诺的意思，同居关系的主体遇到困难时往往选择逃避，由同居关系发展而成的婚姻关系离婚率更高，[1] 而这种同居关系展现的逃避倾向很难说不会对同居者参与社会关系产生类似消极影响，影响社会稳定。

二 维护婚姻家庭关系稳定与保护交易安全并不冲突

由婚姻缔结而组成的家庭虽然有其相对独立的生活环境、情感联系，但依然是社会的组成部分，不能脱离社会而存在，更不能无视社会、市场规则。家庭作为主体参与市场经济活动时也要遵循市场交易规则。从法律法规制定的角度来看，《民法典》"婚姻家庭编"说明婚姻家庭相关法律是民法的重要组成部分，是私法的一部分，应遵循民法的一般原则，民法所保护的意思自治原则在夫妻共同债务制度中也不应违反。

在西方国家，人们认为每一个人都是独立的个体，家庭成员的权利边

---

[1] 陈一筠：《同居会替代婚姻？——来自美国的最新报告》，《中国青年研究》1999 年第 6 期，第 32 页。

界也相对清晰，夫妻之间或父母子女之间极大程度地存在对彼此隐私权的尊重，在个人财产方面更是如此。但是在中国家庭中，家庭成员的独立性并没有那么强，情感上的联系使得家庭成员之间更愿意"同富贵，共患难"，并且中国人内敛含蓄的表达方式与性格特点，使得家庭成员之间的关系比西方更亲密，对待家庭成员与家庭之外第三人的区别更大，家庭生活的私密性也相对较高。

由于家庭生活的私密性，夫妻共同债务中善意相对人对于债务用途是否用于夫妻共同生活的举证相对困难，正是出于这些考虑，《婚姻法解释（二）》第24条规定在婚姻关系存续期间夫妻一方所借债务为夫妻共同债务，并且将除外情形的证明责任分配给了举债方配偶。该规定的合理性在于，由于家庭成员之间特殊的情感联系，尤其是在传统中国家庭"同富贵，共患难"的观念下，夫妻共同债务形成于夫妻关系存续期间，即使夫妻一方的个人举债没有用于夫妻共同生活，也不能想当然地推定配偶一方不愿意共同承担债务，应当给予善意相对人基于对家庭的信任所产生的举债行为一定的保护。

1. 两种利益的理论基础

"结婚的充分自由，只有在消灭了资本主义生产和它所造成的财产关系，从而把今日对选择配偶还有巨大影响的一切附加的经济考虑消除以后，才能普遍实现。"[①] 夫妻共同债务制度的构建原则也是一样的，我们当下无法消除市场规则对婚姻家庭产生的影响，但是我们要尽量减少财产关系对婚姻家庭关系的影响，实现婚姻家庭关系中家庭成员的自由平等，维护婚姻家庭关系稳定，而不应该完全按照市场中的财产规则调整夫妻的人身关系和财产关

---

① 恩格斯：《家庭、私有制和国家的起源》，中共中央马克思恩格斯列宁斯大林著作编译局译，人民出版社，2018，第88页。

系。[1] 正是由于市场化趋向，婚姻家庭规则中很多地方直接适用市场经济规则，导致越来越多的经济等外部因素对婚姻家庭关系产生巨大负担，使婚姻家庭关系变得脆弱。2000 年以来，我国 20 岁以上的人群中，离婚者与再婚者的比例总体呈现波动上升趋势，如表 2 所示。

表2 2000~2015 年 20 岁以上人群中离婚者和再婚者的比例

单位：%

年龄组	2000 年	2005 年	2010 年	2015 年	2000 年	2005 年	2010 年	2015 年
	离婚者比例				再婚者比例			
20~24 岁	0.67	0.64	0.81	1.26	0.56	0.51	0.59	1.21
25~29 岁	0.93	0.97	1.33	1.75	1.03	0.95	0.91	1.20
30~34 岁	1.30	1.40	2.07	2.53	1.84	1.82	1.42	2.07
35~39 岁	1.58	1.64	2.39	3.03	2.57	2.61	2.04	2.63
40~44 岁	1.56	1.80	2.39	2.99	3.02	3.05	2.42	3.06
45~49 岁	1.22	1.62	2.38	2.65	3.14	3.27	2.39	3.10
50~54 岁	1.03	1.16	2.06	2.44	3.45	3.24	2.48	3.05
55~59 岁	0.90	0.90	1.44	2.00	3.67	3.37	2.31	2.79
60~64 岁	0.79	0.74	1.04	1.35	4.07	3.45	2.23	2.68
65 岁及以上	0.61	0.54	0.68	0.81	4.04	3.39	1.87	2.20

资料来源：翟振武、刘雯莉：《中国人真的都不结婚了吗——从队列的视角看中国人的结婚和不婚》，《探索与争鸣》2020 年第 2 期，第 128 页。

这一趋势说明，我国 20 岁以上人群的婚姻家庭关系较不稳定，尤其是年轻人群的婚姻存续期短、婚姻解体速度更快，但是他们又会在短时间内建立新的婚姻家庭关系，"闪婚闪离"现象较为突出。[2] 主要原因在于社会进

---

[1] 李洪祥：《亲属法规则财产法化趋向论》，《求是学刊》2016 年第 4 期，第 89 页。

[2] 翟振武、刘雯莉：《中国人真的都不结婚了吗——从队列的视角看中国人的结婚和不婚》，《探索与争鸣》2020 年第 2 期，第 130 页。

步与经济发展带来了人们观念上的变化以及人们对婚姻家庭关系认识的变化。人们在缔结婚姻组成家庭时，更多要求建立个体独立、平等、自由的关系，不再强调对婚姻家庭的付出，该观念的过度发展导致人们的经济理性意识扩张，使财产关系成为家庭的主导关系。此外，许多法律条文和政策，如《婚姻法解释（二）》第24条将夫妻关系存续期间的夫妻一方举债原则上推定为夫妻共同债务，这种规定使得债务成为夫妻关系中严重的外部压力，会造成婚姻家庭关系中的相互猜忌与防备，不利于稳定的夫妻关系与家庭关系的建立。所以在婚姻家庭制度中不应附加过多的外部负担，即使设立负担的目的是使婚姻家庭成员成为利益共同体。

在婚姻家庭制度中很多条款尤其是涉及财产的条款，其设置目的是保护婚姻家庭，使家庭形成利益共同体，营造共同付出、分享家庭成果的氛围。但是过多的外部负担引起了反效果，造成家庭成员"未雨绸缪"、个人权利意识扩张，不愿为家庭共同利益贡献个人利益，甚至有些经济负担直接影响当事人的结婚、离婚意愿[①]，使得人身关系与财产关系本末倒置，使本应相对稳定的人身关系依附于受市场影响较大、具有较强不确定性的财产关系，导致婚姻家庭关系脆弱。为规避限购政策或多拿土地拆迁补偿款，社会上出现的"假结婚""假离婚"案件不胜枚举，以"聚法案例"为检索平台，在"本院认为"部分搜索出的"假离婚""假结婚"的案件就多达1739件，并以上海、北京、广东、浙江等经济较发达的省（市）为主。此外，《婚姻法》第41条以及《婚姻法解释（二）》第24条造成的夫妻串通损害第三人利益和举债方与第三人串通使不知情的举债方配偶成为共同债务人等情况的出现，一方面说明法条的设计和适用上还存在较大问题，另一方面说明法条内容为婚姻家庭设置的较大的财产负担，导致家庭成员趋利避害以及个人主义倾向严

[①]　陈苇、黎乃忠：《现代婚姻家庭法的立法价值取向——以〈婚姻法解释（三）〉有关夫妻财产关系的规定为对象》，《吉林大学社会科学学报》2013年第1期，第82页。

重，婚姻家庭关系岌岌可危。可见现存的很多法律法规、政策存在为婚姻家庭设置外部负担的情况，过多的外部负担并没有使家庭成员学会共同建设美好家庭，而是让他们走向另一个利己的极端，完全不关心其他家庭成员的权利与利益，造成婚姻家庭关系的脆弱。

同时，由于我们不能消灭市场中的财产关系，就需要在与非家庭成员的市场主体进行生产、交换时，同样保护交易安全和相对人的利益，否则将会扰乱市场秩序。所以夫妻共同债务制度的立法原则必须充分衡量如何保护婚姻家庭、维护婚姻家庭关系稳定与保护交易安全两种利益。此外，夫妻共同债务制度的构建不能脱离我国婚姻家庭的实际，忽略家庭伦理与家庭成员的情感联系，不能完全按照财产法的原则解决婚姻家庭中的债务问题，而是必须在保护婚姻家庭、维护婚姻家庭关系稳定的前提下寻求保护交易安全的方法。夫妻共同债务的立法原则应与其立法目的、法律功能相统一。

保护交易安全利益是市场规则的要求也是民法、财产法的要求，该利益的出发点是保护交易中平等主体的利益，法律中"等价有偿""缔约自由"等原则均体现法律对于交易安全的保护，但这种利益保护的出发点及目的是"利己"。在市场交易中，注重的是"平等"，在不损害相对人的前提下使自己尽可能地获利，即按市场逻辑，主体不会损害自身利益使他人获益，除非二者具有"一损俱损"的关系。婚姻家庭关系成立的前提是感情和血缘关系，根据"亲缘选择理论"，具有情感亲缘关系的家庭成员之间广泛存在"利他"行为[1]，出现该行为的原因在于利他者为自己的亲属提供帮助或做出牺牲虽不能提高自己的生存和繁衍空间，但是可以提高亲属的生存和繁衍空间，从而在亲属身上延续他们相同的基因[2]，说明婚姻家庭领域并不只以

---

[1]　李洪祥：《亲属法规则财产法化趋向论》，《求是学刊》2016年第4期，第88页。

[2]　陈晓平：《利己与利他的综合——从进化论的角度看》，《学术界》2010年第1期，第72页。

"利己"行为为核心。

如果保护交易安全的核心是"利己"理论，那么"利他"体现最鲜明的领域就是由婚姻关系与血缘关系组成的婚姻家庭领域。对于夫妻共同债务制度立法原则的讨论也是在婚姻家庭以及血缘亲情成立的前提下进行的，血缘感情为人之本性[①]，爱和奉献是家庭成员共同的追求，维护婚姻家庭的和谐稳定是家庭成员的共同目的。这种"利他"体现在方方面面，无条件照顾家庭成员甚至家庭成员的亲人，忽视婚姻家庭领域的"利他"是不符合社会现实与道德伦理的。自古以来，婚姻家庭就是法律保护的对象，"亲亲得相首匿"正是基于亲情关系产生的，该观点认为对于家庭成员的爱和保护是天性，不应违背。家庭中的伦理亲情是人的基本情感，应当成为法律保护的对象，法律在制定过程中应当以之为原则，并且这种原则具有一定的教育传承意义，是家庭发挥社会治理功能的重要环节。家庭潜移默化的影响无处不在，人如何与社会成员交往往往是从学习如何与家庭成员相处中演变而来的，家庭环境的和谐稳定以及"利他"的伦理风气最终会由家庭成员带入社会，所以建立何种婚姻家庭制度的立法原则对于社会平稳运行至关重要。但是婚姻家庭关系也并非完全"利他"，每个家庭成员都是独立的个体，也都是社会的主体，不能盲目宣传"利他"的道德风气而忽视个体的独立、自由、平等等权利。

2. 两种利益共存且相互约束

保护交易安全与保护婚姻家庭稳定可以共存，二者都要求尊重家庭成员的个体人格，强调主体地位平等，尊重主体意思自治。维护婚姻家庭稳定并不是一味地保护家庭完整，而是保护婚姻家庭成员的个体权利和自由，在尊重家庭成员意思自治、个人权利的前提下维护婚姻家庭关系稳定。"利

[①]　李伟:《亲属法价值取向中的人性根基》,《法学杂志》2017 年第 9 期, 第 70 页。

己""利他"可以共存，并非必须二选其一。

保护交易安全与保护婚姻家庭稳定可以共存而且必须共存，相互约束。如果将家庭成员的个人利益置于家庭团体利益之上，在现代社会越来越强调个体独立的环境下，市场经济规则不仅会存在于市场经济领域甚至会扩展到婚姻家庭领域。在该规则下，对家庭成员的个体利益保护优于对家庭团体利益的保护，维护婚姻家庭的利益是为了更好地维护个体利益。这符合黑格尔的市场伦理关系：以利己性为核心的市场规则要求"在受普遍性制约的实现中建立起在一切方面相互依赖的制度"①。维护家庭利益是维护个人利益的手段之一，为了个体利益必须维护家庭团体利益。如果仅以"利己"为夫妻共同债务制度的立法原则不免会导致婚姻家庭关系的脆弱，当遇到共同债务问题时，会出现配偶一方为逃避债务而离婚，也可能出现夫妻双方串通为逃避债务而"假离婚"的现象。很多婚姻家庭的风险都是在"利己"的市场规律作用下出现的。如果任由"利他"发展将会造成个体被感情控制，一味偏袒自己的亲属造成规则混乱，对家庭以外的其他主体来说是不平等的。无论是"利己"还是"利他"，都有一个前提，即独立个体的存在。个体独立存在才有"利己""利他"。否认婚姻家庭中的利己性存在既不符合社会生活实际，也不符合科学逻辑。② 所以需要债权人为维护自己利益去约束这种"利他"行为。由此可见，夫妻共同债务制度的两种立法价值并非截然对立，两种利益呈现并存且相互约束的特点，夫妻共同债务制度在保护交易安全的同时不能忽视对婚姻家庭稳定和谐的价值的保护。

---

① 〔德〕黑格尔：《法哲学原理》，范扬、张企泰译，商务印书馆，1961，第197页。
② 李洪祥：《亲属法规则财产法化趋向论》，《求是学刊》2016年第4期，第88页。

第五节　完善夫妻共同债务制度价值取向的立法思考

完善夫妻共同债务制度的价值取向应明确夫妻共同债务制度以维护婚姻家庭关系稳定为前提，在婚姻家庭内寻求可以解决夫妻共同债务问题的途径，避免夫妻以离婚分割财产的方式规避债务、清偿债务，使婚姻破裂的不是感情不和而是其他因素，应尽可能地在立法设计上不让其他因素尤其是经济因素的价值优先于婚姻家庭的价值。保护交易安全以及促进经济交易的价值保护常常优先于婚姻家庭稳定价值的保护，在夫妻共同债务制度中体现在债权人的利益受到倾向性保护，与此同时婚姻家庭破裂、举债方配偶离婚"被负债"现象却得不到有效的抑制，不顾对方利益和婚姻家庭价值的经济利益保护最终只会对经济秩序起不利的反作用。虽然司法领域越来越强调意思自治的重要作用，在个人保护的角度也越来越尊重个人意思表示，但婚姻家庭成员不同于普通个体，"个人主义""利己思想"不符合婚姻家庭的精神内核，以夫妻情感和血缘关系为基础构建的婚姻家庭，其精神基础是"团体精神"。所以在制度价值取向上，不能完全从客观上保护个人利益出发，还要兼顾个人对保护婚姻家庭关系稳定的期待，当个人利益与个人对婚姻家庭关系稳定的期待产生冲突时，不能一味地以客观利益为保护对象，婚姻家庭关系稳定的价值可能为无形但不等于没有，不能忽视婚姻家庭关系稳定的价值。

一　应明确保护婚姻家庭及其关系稳定为制度设计的大前提

《民法典》"婚姻家庭编"中明确提出"家庭应当树立优良家风，弘扬家庭美德，重视家庭文明建设"，其提出的背景是发挥家庭在基层社会治理中的作用，立法目的是让家庭有良好的生活、文化氛围。家庭作为家庭成员的精神载体，必然承担着情感功能与家庭教育功能，家庭文明建设的前提是家庭稳定，没有稳定何谈建设，该条款的内容可以说已经含有保护婚姻家庭关系稳定的深刻含义。婚姻家庭制度的设计必须保障家庭功能的实现，立法的价值取向由生活需要决定，婚姻家庭作为社会的组成部分承担着社会存在与发展之必需的人类繁衍的重要使命，为了完满地实现自己的功能，便对秩序从根本上提出了要求。这种要求首先表现为价值取向，随着社会的发展和变迁，这种要求在法律层面上最终演变成了婚姻家庭法的法律原则、法律制度和法律规则。婚姻家庭的社会功能决定了婚姻家庭法的各个方面，婚姻家庭法为实现婚姻家庭的社会功能必须有一定的价值取向做指导，并通过法律制度（法律原则、法律规则）为其提供法律保障。[1] 婚姻家庭的功能恰恰反映了社会需求与国家要求，保护婚姻家庭不仅仅是法律的责任更应该是国家的责任。不仅要通过《民法典》"婚姻家庭编"保护婚姻家庭，还要考察各项社会政策的形成、推进、实施及效果究竟是个人主义的、人格独立的，还是以家庭为单位的、团体人格寄居的，以避免因政策制定的局限而导致婚姻家庭的失衡或动荡。[2] 从《民法典》"婚姻家庭编"各章节规定的具体条款来看，其整体加强了对保护婚姻家庭关系稳定的重视。为了贯彻"婚姻自由"原则以及改变原有陋习，我国离婚条件与程序一直非常简便，在人格独立观念扩张的今天，离婚焦虑及其引发的家庭解构现象开始凸显，设置"离婚冷静期"可以给申请离婚的夫妻冷静的时间，让他们有充分的时间缓解矛盾、考虑子女的抚养问题以及共同财产的分割问题，减少冲动离婚带来的不利后果，也减少离婚带来的矛盾，有利于保护婚姻家庭和尽可能减少夫妻感情破裂带来的矛盾。

---

[1]　李洪祥:《论我国民法典立法之亲属法体系构建的价值取向》,《社会科学战线》2012 年第 12 期，第 177 页。

[2]　王歌雅:《〈民法典·婚姻家庭编〉的编纂策略与制度走向》,《法律科学》(西北政法大学学报) 2019 年第 6 期，第 88 页。

夫妻共同债务制度属于婚姻家庭制度的重要组成部分，其立法价值也应是维护婚姻家庭关系稳定。夫妻共同债务制度的风险不再只是夫妻串通欺骗第三人，离婚当事人一方隐藏、转移、变卖、毁损、挥霍夫妻共同财产，或者伪造债务企图侵占另一方财产的行为也屡见不鲜。[①] 在设计夫妻共同债务制度时，应首先强调夫妻共同债务制度的立法目的不是分割夫妻双方财产以偿还债务，而是在尽量保护婚姻家庭关系稳定的同时解决夫妻双方与债权人之间存在的债权债务问题。将夫妻共同债务与夫妻个人债务区分开来，两者保护的价值不同，其立法规定也必然不同。在夫妻共同债务的认定规则上不能仅从个人意思判断，还应该考虑其他家庭成员的意愿以及债务的家庭功能，把家庭成员个体与家庭整体相结合。有学者认为"个人的财产安全是消除离婚债务清偿恐慌的保障"[②]。但在夫妻共同债务制度中，抛开婚姻家庭整体只谈如何保护夫妻一方个人财产如隔山打牛，收效甚微，夫妻共同债务产生的财产基础是夫妻共同财产制，共同财产的产生是由于婚姻关系的存续，所以夫妻共同债务制度中只谈举债方或举债方配偶的利益是抛开基础的"空中楼阁"。

二　尽可能排除不利于婚姻家庭关系和谐稳定的价值、规范、规则

婚姻家庭不能为同居等非婚姻家庭关系取代，其对社会治理有重要作用，不论从立法价值、立法目的的角度还是从家庭功能的角度，在《民法典》"婚姻家庭编"及其他法律规范中都应当尽可能排除不利于婚姻家庭保护以及婚姻家庭关系和谐稳定的价值、规范、规则。

---

① 王歌雅:《〈民法典·婚姻家庭编〉的编纂策略与制度走向》，《法律科学》（西北政法大学学报）2019年第6期，第88页。

② 王歌雅:《〈民法典·婚姻家庭编〉的编纂策略与制度走向》，《法律科学》（西北政法大学学报）2019年第6期，第89页。

1. 抑制"个体主义"在婚姻家庭领域的扩张

在《财产法》规则化趋向严重的背景下，以"利己"为核心的个体主义在婚姻家庭生活中逐渐占据主导地位，每个个体都独立且享有自由，但独立自由并非绝对没有界限，进入婚姻家庭的个体的独立自由更要受到婚姻家庭法的约束，保持"婚姻家庭编"在《民法典》中的独立性。[①] 考虑到婚姻家庭关系的身份属性与其保护的价值、社会公益属性，家庭成员的行为必须符合《民法典》"婚姻家庭编"及相关法律法规的规定，家庭成员虽然可以独立做出意思表示，但必须对这一自由加以必要限制，以保护婚姻家庭关系与家庭成员中弱势群体的权益。在婚姻家庭领域彻底贯彻独立自由与"利己"的经济理性，不仅不能保护个体的权益，反而可能造成个体权利的滥用，"损人而不利己"。所以在婚姻家庭制度中，应该在保障个人权利的同时强化"家庭"团体地位。强化"家庭"团体地位并不要求将"家庭"作为主体类型固定下来，只是明确婚姻家庭中的身份伦理关系以及权利义务关系，将婚姻家庭作为社会基本单位和家庭成员的精神支柱与归属的地位固定下来，有利于团结家庭成员，抑制"个体主义"扩张对家庭关系带来的弊端，发挥家庭在社会治理中的作用，强化家庭道德内涵。[②]

2. 保护婚姻家庭、维护婚姻家庭关系和谐稳定的制度安排

以《民法典》"婚姻家庭编"中规定的离婚冷静期制度为例，离婚冷静期制度即是在离婚登记程序中设立一定的标准，以法律规定的方式促使夫妻走出冲动，在冷静思考后做出选择，避免当事人草率、冲动离婚，以及假借离婚规避法律的行为。这一制度安排既保证了当事人的离婚自由，又能够最大限度地维护婚姻家庭关系稳定，保护家庭成员的利益。

---

① 李洪祥:《亲属法规则财产法化趋向论》,《求是学刊》2016 年第 4 期, 第 89 页。

② 李拥军、雷蕾:《论我国婚姻家庭关系的伦理价值与立法表达——以〈民法典（婚姻家庭编）〉制定为背景》,《政法论丛》2019 年第 2 期, 第 21 页。

从各个国家设置离婚冷静期的背景与目的来看，传统婚姻家庭的稳定都是各个国家想要尽力维护的，它们都看到了婚姻家庭稳定与社会稳定发展的关系。为了减少家庭解体的情况，韩国于 2005 年试行离婚熟虑期，在期限过后撤销离婚的人数多了近一倍，虽然没有数据说明离婚熟虑期的设立对离婚申请的影响，但从撤销离婚的数据可以看出离婚熟虑期制度确实收到了保护婚姻家庭稳定的效果。英国设置了反省与考虑期制度，该制度的主要功能就是考察婚姻是否有挽救可能以及协调财产、子女关系，帮助子女适应父母离婚的情况。通过制度的内容可以看出英国也首先维护婚姻家庭的存续，即使婚姻不能延续，也要尽力使家庭成员不受伤害，不在财产等问题上产生纠纷，实际上也是在尽力确保破裂的家庭不对家庭成员及社会关系产生消极影响。在《民法典》"婚姻家庭编"中规定离婚冷静期表明了我国的立法意向，婚姻自由是《民法典》"婚姻家庭编"的基本原则，体现了尊重个人在婚姻家庭中的表达与选择，在保证离婚自由的同时，也要反对"闪离"等轻率离婚的社会现象，因为其会动摇人们心中婚姻家庭的稳定性，将结婚离婚变成获得利益的手段，不利于婚姻家庭的长期发展，也不利于社会的长治久安。对于家庭成员和社会来说，冲动离婚会造成一定时期内家庭成员关系的混乱，放任夫妻双方视婚姻家庭如儿戏态度的发展，不利于培养家庭成员的家庭责任心。[1]

3. 减少错误价值取向的消极影响

（1）以稳定婚姻家庭关系为核心价值引导立法

以《婚姻法解释（二）》第 24 条为例，为纠正原有夫妻串通损害债权人利益的情况，其将债权人利益放在第一位，将财产法规则引入婚姻家庭法，夫妻债务认定、举证责任分配规则完全以实现债权人利益为首要价值选

---

[1] 杨立新、蒋晓华：《对民法典婚姻家庭编草案规定离婚冷静期的立法评估》，《河南社会科学》2019 年第 6 期，第 36 页。

择，不顾婚姻家庭内部关系，盲目将夫妻通过婚姻家庭捆绑，扩大债权责任财产范围，以提高债权实现的可能性。该规定不考虑债权人是否为善意第三人，也不考虑举债方配偶对债务是否知情，只要债务发生于婚姻关系存续期间且举债方配偶无法证明除外情形，就要成为夫妻共同债务的债务人。[①] 这一规定在以保护交易安全为核心价值的导向下，极大可能诱发婚姻道德风险，导致夫妻一方与第三人串通，通过伪造债务的方式转移财产。保护交易安全为价值取向的规则，着重考虑债权债务关系的认定与分配，没有考虑婚姻家庭、婚姻家庭关系下夫妻的人身关系与财产关系，将之简单化捆绑，更没有考虑引发的婚姻道德风险，诱发当事人出于"利己"考虑背叛婚姻家庭关系。在确立婚姻家庭制度时，必须将婚姻家庭关系放在首位，不能简单地以财产法逻辑处理婚姻家庭财产关系，婚姻家庭的财产关系与身份关系不可截然分开，必须在维护婚姻家庭关系稳定的价值取向下处理财产关系，否则将会面临人为增加婚姻道德风险的问题。

（2）普法、适法也应以稳定婚姻家庭关系为核心价值

以维护婚姻家庭稳定为核心价值取向有助于人们正确理解法律法规的立法意图，在婚姻家庭中做出正确的行为选择。以经济理性为价值核心会使人们对婚姻家庭相关法律政策的解读出现误解，并在此引导下做出相反的选择。这种现象出现在法律专业者中，也出现在普通民众中。

从适用《婚姻法解释（二）》第24条的相关司法裁判中可以看出，法官认定夫妻共同债务的条件相对简单，主要举证责任在于举债方配偶。二审法官在"上诉人胡祥则民间借贷纠纷、被继承人债务清偿纠纷一案二审民事判决书"中认为，举债方配偶应当承担主要证明责任。该案中举债方配偶对举债人的该笔债务不知情，无共同举债的合意，该笔债务也未用于家庭共同生

---

① 但淑华：《对〈婚姻法解释（二）〉第二十四条推定夫妻共同债务规则之反思》，《妇女研究论丛》2016年第6期，第68页。

活，但举债方配偶并未提交任何证据予以佐证。一审法院将举证责任分配给债权人错误，系适用法律不当。① 在案件中法官以维护交易安全为核心价值，运用推定规则推定夫妻共同债务存在。在《婚姻法解释（二）的补充规定》出台后，没有明确纠正价值取向，而是试图缩小第24条的运用范围，将夫妻债务关系分为夫妻内部关系与夫妻外部关系，第24条应适用于后者。最高人民法院在公报中就案例"单洪远、刘春林诉胡秀花、单良、单译贤法定继承纠纷案"表示：人民法院在处理涉及夫妻内部财产关系的纠纷时，不能简单依据该规定将夫或妻一方的对外债务认定为夫妻共同债务，其他人民法院依据该规定做出的关于夫妻对外债务纠纷的生效裁判，也不能当然地作为处理夫妻内部财产纠纷的判决依据，主张夫或妻一方的对外债务属于夫妻共同债务的当事人仍负有证明该项债务确为夫妻共同债务的举证责任。② 但是夫妻共同债务很难截然区分内部与外部关系。虽然"法释〔2018〕2号"改变了举证责任分配以及共同债务的推定规则，但是在价值选择上，仍然是在债权人与举债方配偶的个人利益上进行协调，没有明确以何种方式来维护婚姻家庭关系稳定，避免出现婚姻道德风险。

当然，维护婚姻家庭关系稳定是尽可能地保护关系良好的家庭，让关系不够稳定的家庭往好的方向发展，而不是一味地不判决离婚，将夫妻感情确已破裂的家庭强行捆绑在一起。将感情破裂的夫妻强行捆绑反而会造成更大的社会危害，滋生其他的不稳定因素，法院在判决时应当充分尊重当事人的意愿，认可双方做出的理性决定。

从普通群众理解法律的角度来看，错误的或者不明确的核心价值引导

① "上诉人胡祥则民间借贷纠纷、被继承人债务清偿纠纷一案二审民事判决书"，（2019）陕08民终3208号，陕西省榆林市中级人民法院。

② "单洪远、刘春林诉胡秀华、单良、单泽贤法定继承纠纷案"，《最高人民法院公报》2006年第5期，江苏省高级人民法院。

会造成与立法者目的完全不同的理解。从保护交易的角度出发，每个人都作为经济理性的个体，寻求自身利益最大化。由于房地产市场的发展，房产以及购房资格依然影响婚姻家庭关系，为了获得购房资格而"假结婚""假离婚"、为了转移资产逃避债务而离婚的现象不仅仅说明了夫妻之间感情脆弱，更说明婚姻家庭制度在这方面并不完善。

　　更有甚者不能明白立法的初衷以及功能，《民法典》出台后，民众对"离婚冷静期"反响不一，有一种声音认为离婚冷静期限制了离婚自由，使得人们都不敢结婚，违背了婚姻自由原则。但是婚姻自由并非对婚姻不加任何限制，任何自由都不是绝对的。首先，我国在强调婚姻自由的同时也反对草率结婚、草率离婚，两种价值必须同时考量。其次，我们还需要兼顾男女平等以及保护婚姻家庭中的弱势群体，所以婚姻自由必须要有限度。以自身利益为出发点，完全忽视自身家庭成员的身份，不考虑制度的目的是保护婚姻家庭、维护婚姻家庭关系稳定、防止冲动离婚现象，是在保护每一个婚姻家庭成员的利益。个人结婚目的应该是想要建立一个和谐幸福的家庭，而不是获取最大个人利益。进入家庭后身份关系与财产关系必然会产生变化，如果婚姻家庭制度的建立不能树立正确的价值导向——以保护婚姻家庭、维护婚姻家庭关系稳定为核心价值，就会让个人将"个体主义""利己"的价值观带入婚姻家庭，无法正视婚姻家庭关系和个人角色的转变，造成婚姻家庭关系的脆弱与社会的不稳定。在此应当明确，保护婚姻家庭中个体的权利与保护婚姻家庭是不矛盾的。[1]

---

① 李洪祥:《亲属法规则财产法化趋向论》,《求是学刊》2016 年第 4 期,第 89 页。

第八章

《民法典》对夫妻共同债务制度的立法路径和立法模式选择的影响

关于夫妻共同债务构成的法理基础，现有法律、司法解释的规定基本存在于如下两个范畴。一个是"财产共同共有理论"，其试图把婚姻家庭的内部行为与外部行为区别开来，提出夫妻共同财产包括积极财产和消极财产（消极财产即夫妻共同债务），这种理论的核心是"财产共有、债务共担"。另一个是"法律行为理论"，其认为影响夫妻共同债务构成最主要的是夫妻双方是否有共同意思表示，存在共同意思时，举债行为为夫妻共同行为，夫妻双方应当共同承担责任；不存在共同意思时，举债行为为夫妻一方个人行为，后果应当由行为人自己承担。同时，在婚姻家庭领域为了补充夫妻共同债务制度可能出现的不足，当这种行为带来的利益用于夫妻共同生活、共同生产经营时，所负债务也应当构成夫妻共同债务。"法律行为理论"已经成为夫妻共同债务构成的法理基础，而且《民法典》对于夫妻共同债务制度的规定明显表现出"法律行为理论"的特征。在夫妻共同债务的构成上，两种理论比较，"法律行为理论"明显优于"财产共同共有理论"。

第一节　《民法典》颁布前夫妻共同债务制度的 立法路径和缺陷 ①

婚姻家庭立法不仅要关注婚姻中的人身关系，还要关注婚姻中的财产关

---

① 李洪祥：《夫妻共同债务制度立法路径研究》，曾在吉林大学鼎新大讲堂、西南政法大学、西北政法大学以专题讲座形式向相关师生做过汇报交流，后改题目为《〈民法典〉夫妻共同债务构成法理基础论》，发表于《政法论丛》2021年第1期。

系，夫妻共同债务规则就是重要的婚姻财产关系规则，《婚姻法》第41条、《婚姻法解释（二）》第24条、"法释〔2018〕2号"和《民法典》"婚姻家庭编"中都有规定。《婚姻法解释（二）》第24条确立的推定规则与《婚姻法》第41条确立的认定规则同时并存，但司法实践中适用《婚姻法》第41条成了特例，而适用《婚姻法解释（二）》第24条却成了常态，且经常发生夫妻举债方配偶在不知情的情况下背上了巨额债务的案件，因此这种规则一直备受诟病。《民法典》"婚姻家庭编"在构建夫妻共同债务制度的过程中，主要依据是《物权法》，《民法典》颁布后，"物权编"①采用"财产共同共有理论"和"法律行为理论"两种立法路径来解决夫妻共同债务问题。

一 《民法典》颁布前夫妻共同债务制度的法理基础

《民法典》颁布前，《婚姻法》第41条、《婚姻法解释（二）》第24条等都对夫妻共同债务的认定、推定做出规定。《婚姻法解释（二）》专门针对夫妻债务认定区分了夫妻共同债务与个人债务，但其将夫妻共同债务与婚姻存续期间密切相连，认为只要在婚姻关系存续期间的举债即为共同债务，究其原因在于我国的法定夫妻财产制为夫妻共同财产制，债权人只要不知道夫妻对财产另行约定，则债务共担。以夫妻共同财产制决定夫妻共同债务性质导致夫妻举债方配偶在不知情的情况下背上巨额债务的案件时有发生，因此这种规则一直以来备受诟病。《民法典》颁布之前采取财产共同共有理论解释夫妻共同债务问题，主要可以从以下两个方面观察：一个是《婚姻法解释（二）》第24条的规定及其司法适用；另一个是近年来一些学者的研究观点。

（一）最高人民法院的司法解释符合财产共同共有理论

《婚姻法解释（二）》第24条规则的依据来源恐怕就是《物权法》中财

---

① 《民法典》公布后，《物权法》成为《民法典》中的一编，称为"物权编"。

产共同共有的规定。由最高人民法院民事审判第一庭编著的《最高人民法院婚姻法司法解释（二）的理解与适用》中指出："根据《婚姻法》第17条的规定，夫妻在婚姻关系存续期间所得的工资、奖金、生产经营的收益、知识产权的收益等归夫妻共同所有，同样，夫妻在婚姻关系存续期间一方以个人名义所负的债务也应当按夫妻共同债务处理。"[①] 最高人民法院一方面强化了夫妻共同财产制下夫妻财产共有和债务共担的规则，另一方面把积极财产和消极财产强制地绑在一起，使夫妻共同财产中包括了夫妻共同债务，从而完成了夫妻共同债务被套入共同共有范畴内解决的体系构建。这与民法教材的观点是一致的，该教材不仅明确了共同共有的概念，还指出共同共有的内外部关系，以及连带债权和连带债务的概念。[②] 最高人民法院的司法解释正是按照以下逻辑，最终完成了《婚姻法解释（二）》第24条的构建：离婚前，夫妻是共同债务的主体，应当以共同财产清偿债务；夫妻关系解除后，对夫妻关系存续期间所负的共同债务，双方均负有清偿全部债务的责任，当一方清偿全部债务后，双方之间即发生内部之债。[③]

（二）学者以财产共同共有为基础构建夫妻共同债务制度

我国立法采取婚后所得共同制，为了能够直接适用《物权法》解决夫妻共同债务问题，一些学者将夫妻共同债务解释为夫妻共同财产中的消极财产，试图使其与积极财产一道可以运用共同共有规则解决夫妻共同债务问题。

《婚姻法解释（二）》第24条规定所确立的"夫妻共同债务制度"即是

---

① 最高人民法院民事审判第一庭编著《最高人民法院婚姻法司法解释（二）的理解与适用》，人民法院出版社，2004，第216页。

② 魏振瀛主编《民法》（第5版），北京大学出版社、高等教育出版社，2013，第278~279页。

③ 最高人民法院民事审判第一庭：《婚姻法司法解释的理解与适用》，中国法制出版社，2002，第65页。

基于夫妻财产共同共有制度的"财产共有、债务共担"的理念。[①] 夫妻共同财产包括积极财产与消极财产，双方应当承担连带的清偿责任。[②] 基于日常生活需要，在日常家事代理权的范围内产生的共同财产包括积极财产和消极财产，其中消极财产就对应夫妻共同债务。[③] 积极财产和消极财产同属夫妻财产关系的主要内容，所以也是夫妻共同债务制度的组成部分。[④] 也有学者在解释夫妻共同债务问题时，一方面主张法律行为的存在，另一方面又用共同共有理论解释夫妻共同债务。这种现象首先表现在将表见代理用于解释夫妻共同债务问题上。在当事人没有约定的情况下，夫妻间当然适用共同财产制。对于此类财产制之下的夫妻而言，双方的身份关系决定其对外产生"外表授权"，形成表见代理权，因此对夫妻一方的行为后果，他人有理由相信为夫妻双方共同之意思表示，夫妻另一方不得以不同意或不知道为由抗辩。[⑤] 这种观点同样为《婚姻法解释（二）》第24条的推定规则提供了立法依据。其次，在对日常家事代理权制度的定义上也体现了这种观点，日常家事代理权制度是指将夫妻一方因家庭日常生活事务与第三人交往时所产生的法律行为视为夫妻共同意思表示并由配偶承担连带责任的制度。[⑥] 可见，日常家事代理权制度既认可"法律行为理论"，又体现《物权法》的"财产共同共有理论"中的责任分配制度，把"财产共同共有理论"与"法律行为理

---

① 邱国威:《论夫妻共同债务的认定规则——以法释〔2018〕2 号为中心》,《河南财经政法大学学报》2018 年第 4 期, 第 37 页。

② 夏吟兰:《我国夫妻共同债务推定规则之检讨》,《西南政法大学学报》2011 年第 1 期, 第 30 页。

③ 王雷:《〈婚姻法〉中的夫妻共同债务推定规范》,《法律适用》2017 年第 3 期, 第 102 页。

④ 冯源:《夫妻债务清偿规则的价值内涵与立法改进》,《中南大学学报》(社会科学版) 2014 年第 5 期, 第 133 页。

⑤ 缪宇:《走出夫妻共同债务的误区——以〈婚姻法司法解释（二）〉第 24 条为分析对象》,《中外法学》2018 年第 1 期, 第 260 页。

⑥ 冉克平:《论因 " 家庭日常生活需要 " 引起的夫妻共同债务》,《江汉论坛》2018 年第 7 期, 第 104~105 页。

论"混在一起。

二　《民法典》颁布前夫妻共同债务制度的缺陷和修正

《婚姻法解释（二）》出台前，司法审判以《婚姻法》第 41 条的"夫妻共同生活"作为判定夫妻共同债务构成的依据，但当时的司法审判对于何为"夫妻共同生活"的判断比较狭隘，并且将证明举债用于共同生活的责任归于债权人，导致债权人难以追债甚至出现举债夫妻恶意串通逃避债务的问题。《婚姻法解释（二）》第 24 条立足于夫妻财产共同共有之"财产共有、债务共担"的理念，为了解决当时社会中广泛存在的"假离婚、真逃债"的问题，设立了夫妻共同债务推定制度，将证明债权人与债务人之间约定为个人债务的举证责任分配给夫妻中的举债方配偶，如果其无法举证或所举证据不能达到相应的证明标准，则承担相应的不利后果，即其应与债务人共同承担举债责任。可以说以财产共同共有理论弥补《婚姻法》在夫妻共同债务方面的诸多缺陷，有创设性的意义，通过将夫妻共同债务解释为"消极财产"的方式，将其纳入《物权法》中的"财产"概念，进而运用"财产共同共有理论"构建夫妻共同债务制度的立法路径。"财产共同共有理论"在婚姻法领域主张夫妻"财产共有、债务共担"，符合夫妻一体化或者团体理念，是在既有体系下以较为成熟的法律规范解决新问题的一种解释方法。从《婚姻法解释（二）》第 24 条的实施现状来看，通过将举证责任分配给夫妻中的举债方配偶的方式，保护了债权人的利益。在财产共同共有范围内构建夫妻共同债务制度与《婚姻法解释（二）》第 24 条在立法理念上一脉相承，在预防夫妻通谋转移财产、最大限度保护债权人利益、维护交易安全等方面起到了其他制度无法替代的作用。但是以"财产共同共有理论"为基础，存在不可忽视的与社会生活规律相违背、与法律规范相矛盾的缺陷。

（一）违反基本生活事实

主张在《物权法》的"财产共同共有理论"范围内解决夫妻共同债务问题的观点引申了夫妻共同财产的概念，将夫妻共同财产分为积极财产和消极财产。一方面，这类观点值得表扬，其为了弥补《婚姻法》对夫妻共同债务制度方面规定的不足，提出尽量在财产共同共有范围内解决夫妻共同债务的问题，主要参照财产"共同共有"的相关规定。另一方面，夫妻共同债务与财产共同共有理论的相关规定存在"水土不服"的情况，其中最明显的是，将夫妻共同财产的概念解释为既包括积极财产又包括消极财产（债务）的观点就与《物权法》中财产的基本概念相矛盾，这种解释违背了民众的基本认知。《物权法》中的共同共有财产仅指积极财产，债务不是共同共有财产的一部分。

把夫妻关系解释为是一个团体、一个整体、一个统一体，是一体的，缺乏现实基础。从夫妻的法律地位观察，夫妻各方都具有独立人格，是独立的个体，都享有自己独立从事法律行为的权利和自由，他人无权干涉；从现实生活观察也是如此，不仅在对外交往上，在夫妻之间也有经济往来。婚姻关系是在夫妻两个无关联的主体之间形成的一种新的法律关系，但并非夫妻共同形成一个新的主体，夫妻无论是生活还是工作抑或是抚养子女、赡养老人，都是通过个人行为做出的，并非出于夫妻团体人格，只是夫妻形成的特殊人身关系可以产生特殊的代理，使得一人行为有夫妻团体行为的外观，但不等同于夫妻、家庭具有团体人格。所以，不区分具体情况，直接推定夫妻一方的行为是另一方的意思或者共同的意思，显然是不公平的。

（二）违反《物权法》的基本规则

以财产共同共有理论为基础解决夫妻共同债务问题，那么夫妻共同债务的清偿责任将只有连带责任这一种途径，并且是以全部夫妻共同财产为责任财产，这就将夫妻共同债务的性质简单等同于连带之债。在《物权法》范畴内解决夫妻共同债务的这一设想在实践中遇到许多问题，其中最重要的一个问题在于没有认清夫妻共同债务的性质，直接将责任财产范围划定为共同共有的财产，进而与连带之债相混淆。司法解释把《婚姻法》中的共同偿还解释为连带清偿。《婚姻法解释（二）》直接将"共同偿还"与"连带之债"等同。可见，司法解释误以为夫妻共同债务和夫妻连带债务是同一概念。法律对于夫妻共同债务承担方式的规定中使用'连带清偿'的表述方式，一定程度上混淆了概念间的区别。①

对于上述矛盾，一些学者试图通过将夫妻共同债务解释为夫妻共同财产中的消极财产，将《物权法》"财产共同共有"的规定引入《婚姻法》来解决夫妻共同债务问题。根据《物权法》"财产共同共有"的规定承担连带责任，依据"财产按份共有"承担按份责任，进而将共同偿还等同于连带责任。值得注意的是，引入财产共同共有理论后，夫妻对于共同债务要承担连带责任，债权人有权要求婚姻中任何一方承担全部清偿责任。这对于婚姻关系存续期间以夫或妻一方名义举债的举债方配偶是不公平的，同时与《婚姻法》第41条的规定相矛盾。

《婚姻法解释（一）》第17条②的规定实际上是关于日常家事代理权雏形的规定，为解决上述问题，夫妻双方可以基于日常家事代理权处分共同财产，且无须对方同意，但该处分权利以家庭日常生活需要为边界，也被一些学者解读为表见代理制度的体现。对于夫妻之外的第三人而言，夫妻身份决定对外产生"外表授权"，形成表见代理权，所以夫妻一方的行为后果，夫

---

① 曲超彦：《夫妻共同债务清偿规则探析》，《法律适用》2016年第11期，第63页。
② 《婚姻法解释（一）》第17条第1项规定："夫或妻在处理夫妻共同财产上的权利是平等的。因日常生活需要而处理夫妻共同财产的，任何一方均有权决定。"《婚姻法解释（一）》第17条第2项规定："夫或妻非因日常生活需要对夫妻共同财产做重要处理决定，夫妻双方应当平等协商，取得一致意见。他人有理由相信其为夫妻双方共同意思表示的，另一方不得以不同意或不知道为由对抗善意第三人。"

妻他方不得以不同意或不知道为由进行抗辩。^① 日常家事代理权与表见代理是一人举债、夫妻共同担责的法律依据和法理基础。^② 对于婚姻关系存续期间一人举债的情况，如果在家庭日常生活需要范围内，根据日常家事代理权认定为夫妻共同债务；对于超过家庭日常生活需要范围的部分，一旦符合表见代理的要求，也应当认定为夫妻共同债务。这种表见代理的规定应属于"法律行为理论"的范畴，是在"财产共同共有理论"不能解决夫妻共同债务问题时，转而寻求"法律行为理论"来对夫妻共同债务制度进行补充，但此时"法律行为理论"仅作为填补"财产共同共有理论"漏洞的工具，并没有形成整体逻辑，夫妻共同债务制度也没有以它为基础。对于超出家庭日常生活需要范围所负的债务，表见代理所推导出来的结果应当是由债权人负责举证举债时债务人具备有权代理表象，而不是上述观点中的直接推定为夫妻共同债务。^③《民法典》颁布之前的立法没有规定夫妻双方关于个人财产有相互代理权，也没有规定夫妻一方应该以个人财产为对方的债务承担连带责任。《婚姻法解释（二）》第 24 条确立的推定规则实质上有可能造成个人财产作为他方以自己名义发生债务的担保，这种夫妻消极财产的分配规则在缺乏法律明确授权的情况下，其合法性存疑。^④

（三）违反诉讼程序法的基本法理

由于司法实践中常常将《婚姻法》第 41 条规定的共同偿还与连带责任相混淆，在相关的诉讼程序法中也出现了混乱。按照财产共同共有的原理，共同共有是不确定份额的共有，只要共同共有关系存在，共有人就不能划分

---

① 刘雁兵：《关于确认夫妻共同债务的审判思考》，《法律适用》2006 年第 5 期，第 57 页。

② 邢景明、李富建：《夫妻共同债务的认定规则》，《人民司法（应用）》2016 年第 1 期，第 32 页。

③ 魏小军：《论我国夫妻共同债务推定规则》，《昆明理工大学学报》（社会科学版）2009 年第 11 期，第 50 页。

④ 冯源：《夫妻债务清偿规则的价值内涵与立法改进》，《中南大学学报》（社会科学版）2014 年第 5 期，第 134 页。

自己对共有财产的份额。① 所以从诉讼程序法的角度来看，涉及夫妻共同偿还的案件，应当以夫妻双方作为必要共同被告，债权人不能仅起诉举债方或者其配偶。对于追偿问题，若夫妻以共同财产清偿债务，则双方之间并无追偿问题；若以超过共同财产范围以外的财产清偿，根据"共同偿还"这一用语的字面意思，双方之间是否具有追偿权尚不明确。即使夫妻可以向对方追偿，这种债权实际的实现及执行仍然是很难的。②

但对于连带责任而言，债权人有权对起诉对象进行自由选择，原告仅起诉了多个债务人中的一个，该债务人对其他债务人有追偿权，不区分是否涉及共同财产问题。共同之债为单数债，各当事人对外以一个整体的形式存在，体现在诉讼程序上就是其属于不可分之诉，须以所有当事人作为共同被告；而连带之债为复数之债，各债务人彼此独立，相互间基于共同的目的而被连带，对外展现的依然是数个独立的个体。③ 可见，从程序法角度来看，共同偿还并不能完全等同于连带清偿，在《物权法》领域内解决夫妻共同债务问题的尝试存在程序法缺失问题。

从举证规则来看，推定规则违背了民事诉讼的一般举证规则，给夫妻举债方配偶安排了过重的举证责任和过高的证明标准，从而剥夺了其反驳机会。于是，举债人与债权人恶意串通损害婚姻中举债方配偶权益的情形时有发生，法院只能依据《婚姻法解释（二）》第24条的推定规则将所负债务推定为夫妻共同债务，使"被负债一方"在毫不知情的情况下背上沉重的债务。④ 一些法院为避免此类案件不公平审理，不再根据推定规则分配举证责

---

① 魏振瀛主编《民法》（第5版），北京大学出版社、高等教育出版社，2013，第278页。

② 李洪祥：《论夫妻共同债务构成的依据》，《求是学刊》2017年第3期，第88页。

③ 〔日〕我妻荣：《我妻荣民法讲义Ⅳ新订债权总论》，王燚译，中国法制出版社，2008，第356页；孙森焱：《民法债编总论》（下册），法律出版社，2006，第719页。

④ 程新文等：《〈关于审理涉及夫妻债务纠纷案件适用法律有关问题的解释〉的理解与适用》，《人民司法》2018年第4期，第33页。

任，这种做法保证了案件审理的相对公平，但加重了法官的审判风险，还容易引发同案不同判的争议。同时，由于同一个案件审理先后、有无债权人参与诉讼不同，审判结果可能截然相反。[①]

（四）违反《婚姻法》的立法本意

《婚姻法》第41条不仅与《婚姻法解释（二）》第24条存在冲突，与《婚姻法解释（二）》第25条、第26条也不相适应。《婚姻法》第41条规定，认定夫妻共同债务的前提是用于夫妻共同生活，而《婚姻法解释（二）》第24条对这一条件却只字未提，其明确规定以婚姻存续期间作为推定夫妻共同债务的条件，这意味着推定规则有扭曲《婚姻法》第41条之嫌。还有一些法官在判决书中虽然写明根据《婚姻法》第41条做出判决，但判决的实际内容却是依据《婚姻法解释（二）》的推定规则做出的。叶名怡教授在对4418份认定为共同债务的判决进行分析后发现，有4384份径自以"债务发生在婚内"这一典型的推定规则作为判决理由，占比高达99.23%。从司法实践来看，《婚姻法解释（二）》第24条基本上已经将《婚姻法》第41条规定架空。[②]

夏吟兰教授指出"这一针对夫妻一方以个人名义所欠债务的规定，实质上是以推定夫妻共同债务为原则，以推定个人债务为例外……利益分享推定制违反了《婚姻法》确立的目的推定规则，以日常家事代理权作为基本法理，没有《婚姻法》的依据"[③]。夏吟兰教授在认为《婚姻法解释（二）》第24条脱离了《婚姻法》的同时，又主张在《物权法》范围内解决夫妻共同债务问题。"夫妻婚后所得共同共有，是我国法定的夫妻财产制。在当事人没有约

---

① 李洪祥：《论夫妻共同债务构成的依据》，《求是学刊》2017年第3期，第88页。

② 叶名怡：《〈婚姻法解释（二）〉第24条废除论——基于相关统计数据的实证分析》，《法学》2017年第6期，第33页。

③ 夏吟兰：《我国夫妻共同债务推定规则之检讨》，《西南政法大学学报》2011年第1期，第31、32页。

定的情形下，夫妻间当然适用共同财产制。夫妻共同财产包括积极财产和消极财产，双方应当承担连带的清偿责任。"① 而不容忽视的是，《婚姻法解释（二）》第 24 条正是取材于《物权法》中财产共同共有和夫妻间存在表见代理权的法律规定，在《物权法》财产共同共有领域内解决夫妻债务问题的构想最终很难不走向推定规则。

（五）不符合风险控制基本原理

《婚姻法解释（二）》第 24 条的推定规则在全面保护债权人利益、维护交易安全的同时，使赌债等非法债务和恶意串通债务更可能被纳入夫妻共同债务中，也加大了婚姻和婚姻财产风险。现代社会中，家庭对外经济交往密切，个人的经济独立性也显著增强，夫妻一方无法对配偶所有的举债情况了如指掌，也并非所有的举债都会用于家庭生活，或者间接使得家庭受益。但根据推定规则，举债方配偶在不能证明例外情形的情况下，要同举债方一起承担连带清偿责任，这对在很多情形下被蒙在鼓里的举债方配偶而言意味着极大的不公平，也将其置于极大的婚姻风险之中。

《婚姻法解释（二）》第 24 条使夫妻共同债务的确认变得易于操作，但同时也使夫妻共同债务在立法上呈现绝对化和片面化的倾向，加重了人们的恐婚心理，与《婚姻法》《民法典》的立法目的相悖。《婚姻法解释（二）》第 24 条立足于《物权法》的财产共同共有理论和夫妻间存在表见代理权，与《物权法》的设想一脉相承。学界提出废除《婚姻法解释（二）》第 24 条，使依然试图在《物权法》范围内解决夫妻共同债务问题的许多设想的依据都显得不充分。这种情况下，无疑债权人是最具有管控债权风险的人。自己的钱借不借给他人、借给谁、什么时候借，以及借出去能否收回都是债权人能够控制的。所以债权人的注意义务是必须要充分考虑的，

---

① 夏吟兰：《我国夫妻共同债务推定规则之检讨》，《西南政法大学学报》2011 年第 1 期，第 30 页。

否则利益就会失衡。

在"财产共同共有理论"指导下，夫妻共同债务制度出现不可忽视的"被负债"现象后，一些主张在财产共同共有范围内解决夫妻共同债务制度的学者进一步提出了"时间论"和"内外有别论"，以对此设想进行完善。二者立足于婚姻关系存续期间夫妻双方"财产共同共有理论"，功能在于对"债务共担"理念进行限定，使夫妻共同债务的范围不至于太宽泛，对婚姻关系存续期间举债方配偶的利益进行一定的保护。"时间论"认为，判断债务是否构成夫妻共同债务应当以举债时间为节点，举债若发生在结婚前或者离婚后，则为举债方的单方债务；若发生在婚姻关系存续期间，则为夫妻共同债务。"内外有别论"的现实基础在于《婚姻法》第41条主张的夫妻共同债务以"共同生活"为基础和《婚姻法解释（二）》第24条的推定规则之间的矛盾。实践中一些法官为了调和立法与司法解释之间的矛盾，便于审判工作顺利进行，总结出了夫妻债务适用法律依据内外有别的方法。夫妻内部债务纠纷适用《婚姻法》第41条；涉及第三方或者债权人起诉举债方及举债方配偶的，适用《婚姻法解释（二）》第24条。[1] 虽然"内外有别论"的说理依据存在明显不足，但不可否认法官在法律冲突情况下发挥的审判智慧。这种修正在一定程度上是通过限制"财产共同共有理论"的影响范围来限缩夫妻共同债务范围的，虽然有一定效果，但是都不是在解决"被负债"现象产生的根源问题。

---

[1]　比如江苏省徐州市中级人民法院（2015）徐民终字第4378号民事判决书中认为，《婚姻法》第41条是夫妻双方内部在离婚时针对对外债务负担应遵循的规范；在夫妻作为一方与其他债权人的外部关系上，如债权人针对夫妻双方主张权利的，应当按照《婚姻法解释（二）》第24条来认定是否构成夫妻共同债务。

第二节 《民法典》颁布后夫妻共同债务制度的立法路径和制度设计

我们注意到两种立法路径清晰的时间界限是以《民法典》颁布前后进行划分的,《民法典》颁布之前是以"夫妻共同生活"和"财产共有、债务共担"为原则的;《民法典》颁布之后则依"法律行为理论"进行考察,共同行为共同承担,个人行为个人承担。应该说两种立法路径都有利弊。夫妻共同债务是基于民事法律行为产生的债权债务关系,不能将其简单归于《物权法》的财产共同共有范畴。对于夫妻债务而言,根据"法律行为理论"以当事人的举债行为来判断其性质更加符合法理。

一 《民法典》颁布后夫妻共同债务制度立法路径的改变

(一)《民法典》确认了法律行为理论的立法路径

《民法典》认可了"法释〔2018〕2 号"中夫妻共同债务的认定标准,充分体现了"法律行为理论",其认为夫妻合意形成的债务、日常家事代理权形成的债务,以及用于家庭共同生活、共同生产经营形成的债务都属于夫妻共同债务。"法律行为理论"解释的目标最初被认为是探求表意人的原意,但是如果表意人的原意在任何情况下都具有法律上的决定性意义,那么就不存在意思表达与理解的偏差了,故"法律行为理论"的解释不能仅探寻表意人的原意或以表意人的原意为准,还要以一种客观的方式解释当事人的意思表示,进行意义的查明。意思表示并非仅是知觉判断的对象,也是一种推论的对象,我们所要探求的"法律行为理论"中的共同意思并非仅是具有明显特征意义的共债共签,还有被法律视为具有决定性意义的共同意思,这种共同意思就不仅局限于夫妻共同债务认定标准之一的共债共签，而是可以包含《民法典》中夫妻共同债务认定标准的、法律上有决定性意义的、经过诠释的共同意思表示。这种解释也将意思表示的可归责性体现出来了，共同意思的解释不仅要明白何种表示归于共同意思，更要看夫妻对于该共同债务的表示在法律上是否有意义、是否真的表示一种效力意义。[①] 夫妻共同债务中，一般意义上的夫妻共债共签、代理是夫妻共同意思表示，而用于共同生活、共同生产经营的债务正是一种意义的查明，根据交易习惯、诚实信用原则等，债务显然为夫妻双方所知、所用，双方共享债务利益，此时，即使与表意人想法相冲突，该种行为、用途上的表示仍然在法律上具有重要意义。所以在"法律行为理论"下，并非只有共债共签一种标准，表意人的想法也并非"法律行为理论"中判断共同意思的唯一标准。"法律行为理论"的解释方法并非唯一，其能涵盖的夫妻共同债务的认定标准也非共债共签一种，《民法典》中夫妻共同债务的认定规则可以被"法律行为理论"涵盖。

按照民法规划教材中"民事法律行为是民事主体实施的以发生民事法律后果为目的的行为"的理论，合同关系是一种典型的民事法律行为。合同权利义务发生在相关当事人之间，其权利义务不得涉及第三人，也称为"合同的相对性""债的相对性"。[②] "债务人以外的其他一切人，对债权人不负有履行义务，除非依法构成债权侵害或依法定或约定由债务人以外的第三人负赔偿责任或者给付义务。"[③]

（二）学界探索以法律行为理论为路径解决夫妻共同债务认定问题

为解决法定夫妻财产制下，财产共同共有决定夫妻共同债务性质带来的

---

① 〔德〕卡尔·拉伦茨：《法律行为解释之方法——兼论意思表示理论》，范雪飞、吴训祥译，法律出版社，2018，第15页。

② 魏振瀛主编《民法》（第5版），北京大学出版社、高等教育出版社，2013，第140页。

③ 魏振瀛主编《民法》（第5版），北京大学出版社、高等教育出版社，2013，第145页。

一系列理论上的矛盾与现实社会问题，学界探寻了不同的方法。一种是在夫妻财产制决定夫妻共同债务性质不变的前提下，改变法定财产制，通过对夫妻财产重新划分来重新定义夫妻共同债务的认定规则。另外一种即寻求新的法理基础来解释夫妻共同债务的形成依据，并根据新的法理基础重新定义夫妻共同债务。第一种方法没有从债务形成的原因上解决问题，仍想从物权体系的角度将债务的认定、清偿、责任财产范围问题都与相应的财产制对应。但是债务的形成是出于法律行为而非夫妻财产制，夫妻共同债务的核心首先是形成债务，其次才是区分债务为夫妻共同债务还是个人债务，改变夫妻财产制只是更改了原法理基础下的方法论，并没有产生根本性的改变。此外，我国社会生活的习惯仍以婚后共同财产制为主，大部分夫妻对财产归属并未做出明确划分，《民法典》显然也没有改变法定夫妻财产制。在现有体系下，应当探寻以法律行为理论为法理基础解决夫妻共同债务认定问题的路径。

夫妻是否具有举债合意是法律行为理论认定债务是否为夫妻共同债务的核心问题。夫妻一方或者双方举债，只要夫妻意思表示一致该债务就构成夫妻共同债务。但由于实践中存在大量的夫妻非"共债共签"情形，日常家事代理权也未能涵盖所有夫妻共同债务的情形，且债权人对夫妻具有举债合意的举证存在困难，故学界对夫妻共同债务的类型进行补充，主要针对单方举债，但由于存在债务具有"夫妻生活共同体的强势外观性特征"[①]而被归于夫妻共同债务的情形，学者们补充了其他认定标准，其中有"用途论"和"利益论"两种观点。所谓"用途论"，源于《婚姻法》第41条的规定，债务用于家庭共同生活，无论其产生于婚前、婚后，还是婚姻关系存续期间，都被认定为夫妻共同债务。"用途论"明确了夫妻共同债务的本质特征，夫妻共同生活体现了举债的目的和实际用途主客观两个方面。[②]与"用途论"

[①] 曲超彦：《夫妻共同债务清偿规则探析》，《法律适用》2016年第11期，第67页。

[②] 邢景明、李富建：《夫妻共同债务的认定规则》，《人民司法（应用）》2016年第1期，第31页。

相并列的另一个标准被称为"利益论","利益论"认为对于夫妻关系存续期间一方以个人名义举债，只要夫妻分享了债务带来的利益，无论夫妻事前或事后有无共同举债的合意，该债务均应认定为共同债务。① 学界许多人支持以"用途论"取代推定规则来界定夫妻共同债务，《民法典》将用于共同生活、共同生产经营的债务归于夫妻共同债务也体现了这一标准。

"法律行为理论 + 用途论 + 利益论"要求在解决夫妻共同债务问题中，不仅要关注举债的名义，即举债行为是以夫妻一方还是双方名义做出的，还要关注所负债务是否用于夫妻共同生活。"法律行为理论 + 用途论 + 利益论"的立法模式使婚姻家庭生活中的举债情形均被囊括到"法律行为理论"的规制范围中来，既包括夫妻共债共签、日常家事代理权情形，也包括夫妻以一方名义举债但用于共同生活、共同生产经营的情形。

二　《民法典》颁布后夫妻共同债务制度设计的体系化

《民法典》基本建立了以"法律行为理论"为基础的夫妻共同债务认定规则。《民法典》关于夫妻共同债务制度的规定，采取了"法律行为理论"，依当事人的行为是夫妻共同行为还是个人行为的不同，区分夫妻共同债务和夫妻个人债务，而且以当事人的意思表示为主要判断依据。《民法典》根据共同意思表示形式的不同，将夫妻共同债务分为不同类型，并设置不同的举证责任分配方式，使不同的夫妻共同债务类型在《民法典》中有统一的逻辑体系。

（一）基于夫妻共同意思表示构成的债务

《民法典》规定：夫妻双方共同签名或者夫妻一方事后追认等基于共同意思表示所负的债务，以及夫妻一方在婚姻关系存续期间以个人名义为家庭

---

① 刘雁兵：《关于确认夫妻共同债务的审判思考》，《法律适用》2006 年第 5 期，第 56 页。

日常生活需要所负债务，属于夫妻共同债务。学界也认为"夫妻双方的合意是认定共同债务的直接依据"①，以下三种情形可被认定为具有债务合意：一是共债共签和事后追认情形直接认定为具有举债合意；二是日常家事代理权范围内的单方举债，同样被认为具有举债合意，只是这种夫妻共同的意思表示是推定构成的；三是尽管属于夫妻一方的行为，但若债权人能够举证证明夫妻有共同意思表示的，也可以推定构成夫妻共同债务。

由于家庭生活的复杂性，许多具体情形是否属于用于夫妻共同生活或共同意思表示尚存在争议，具体有如下情形应当给予充分重视。

其一，当事人有经常性赌博的恶习，作为夫妻的一方短期内大额举债，债权人未证明借款人用于或有其理由相信举债人未用于夫妻共同生活的，应认定为个人债务。

其二，不正常夫妻关系（包括但不限于夫妻分居）存续期间，夫妻一方单独举债且未用于共同生活，应当认定夫妻个人债务。夫妻共同债务认定中，婚姻关系存续与夫妻共同生活是两项重要标准，其中，夫妻共同生活是实质性要素和本质要素，所以欠缺这个要素则不能构成夫妻共同债务。

其三，夫妻一方为赡养父母所负的债务不应当为夫妻共同债务。一些学者认为赡养老人是中华民族的传统美德，是应该由家庭共同承担的责任，因而认定因赡养父母所负的债务应为夫妻共同债务。但《婚姻法》第 21 条规定"子女对父母有赡养扶助的义务"，可见赡养父母是子女的义务，但《婚姻法》通篇没有出现子女配偶对父母的赡养义务。可见，从法律角度而言，子女赡养父母属于个人义务，履行个人义务所产生的债务应当认定为个人债务。并且从《继承法》角度而言，子女有继承父母遗产的权利，但并没有赋予子女配偶继承权，除非丧偶女婿对岳父、岳母或丧偶儿媳对公公、婆婆尽

---

① 陈川、田桔光:《夫妻共同债务在审判实践中应如何认定》,《法律适用》2012 年第 9 期,第 115 页。

了主要赡养义务的，才能作为第一顺序继承人参加继承。一旦不属于丧偶情况，即使女婿、儿媳尽到了主要赡养义务，也无继承权。笔者认为这种情形下，将夫妻一方因赡养父母所负的债务认定为夫妻共同债务对配偶不公。

其四，夫妻个人的侵权行为导致的债务应当属于夫妻个人债务。夫妻个人的侵权行为，比如交通肇事或者故意伤害等导致的损害赔偿责任，笔者认为不应属于夫妻共同债务。认定夫妻共同债务从"法律行为理论"角度来看，要具有夫妻举债合意或者举债用于共同生活，侵权行为不符合以上要求，因而应当认定为个人债务。

其五，夫妻一方因对外担保或者无偿行为举债产生的债务应当属于举债方的个人债务。因为这种债务不具有夫妻共同意思表示和用于夫妻（家庭）共同生活等构成夫妻共同债务的核心要素。

（二）用于夫妻共同生活、共同生产经营构成的债务

法律行为理论强调个人对个人的举债负责，夫妻双方对共同的举债负责，但显然并非所有情形下夫妻都能做到共债共签。因而"法律行为理论"必须与其他学说相结合，才能发挥应有的规制作用。目前学界主要支持的"法律行为理论＋用途论＋利益论"的观点，主张以共同意思表示和夫妻单方举债但用于共同生活、共同生产经营这两个部分来认定夫妻共同债务，未用于夫妻（家庭）共同生活、共同生产经营的部分则属于个人债务。"用途论"在很大程度上填补了"法律行为理论"在处理夫妻共同债务方面的缺陷。法律行为理论主要针对夫妻达成举债合意的"共债共签""家庭日常生活需要"和其他可以推定为具有夫妻共同意思表示的那部分债务，"用途论"体现了《婚姻法》第41条的核心意旨，即在夫妻非共债共签情形下，用于共同生活是构成夫妻共同债务的核心要素。

判定夫妻一方从事个体工商户经营对外举债是否属于夫妻共同债务时，如果是夫妻双方共同经营，那么应当认为双方具有举债合意，则该债务为夫

妻共同债务。如果一方不参与平时的生产经营，仅个体工商户的日常收益用于家庭共同生活，则不应当认定该债务为夫妻共同债务。夫妻共同生活、共同生产经营是认定夫妻共同债务的间接依据，也是构成夫妻共同债务的重要依据。

《民法典》和"法释〔2018〕2号"改变了一直广为诟病的《婚姻法解释（二）》第24条所规定的夫妻共同债务的推定规则，扭转了举债方配偶在不知情的情况下背上巨额债务的不利局面，平衡了各方当事人的合法利益。其中，日常家事代理权构成推定夫妻共同意思表示和共同债务的规定，作为法律行为理论的补充运用。但将日常家事代理权写入立法存在争议，且规定不够完善：对"家庭日常生活需要"没有界定、其效力限制方面存在明显不足等。期待我国夫妻共同债务制度能够不断克服自身缺陷，越来越完善。

第三节　法律行为理论的逻辑性和优越性

"法释〔2018〕2号"对夫妻共同债务问题做出了新的规定。该规定的相关内容被2020年颁布的《民法典》所吸收，从夫妻共同债务构成规则的三种认定标准来看，其理论基础没有采取"财产共同共有理论"，而是采取了"法律行为理论"，《民法典》关于夫妻共同债务制度的规定具有进步意义。

与主张在《物权法》领域解决夫妻共同债务制度的立法路径的立场不同，依据"法律行为理论"构建夫妻共同债务制度的立法规则，可以使夫妻共同债务制度建立在夫妻双方法律行为基础之上，并以夫妻债务的来源为根据，将夫妻与第三人之间的行为分成个体行为和共同行为。从法律行为理论观察，夫妻的共同举债行为产生夫妻共同债务，夫或妻的单方举债行为产生个人债务。这种理论为《民法典》所采用，《民法典》以举债行为是夫妻共同意思表示、在"家庭日常生活需要"范围内或者用于共同生活、共同生产经营来判定债务构成夫妻共同债务，反之没有夫妻共同意思表示，超出家庭日常生活需要范围以外，没有用于夫妻共同生活、共同生产经营的债务则为夫妻个人债务。《民法典》关于夫妻共同债务认定和推定规则的规定较之《婚姻法》和相关司法解释显得逻辑清晰、明确。

一 "法律行为理论"的逻辑性

（一）法律行为理论符合《民法典》中的债体系逻辑

虽然《民法典》没有设立"债法总则"，但是第 118 条实际上已经承认债之概念，并且列举了债发生的原因。[①] 从《民法典》体例上看，"合同编"中的"通则"发挥了"债法总则"的作用，并体现了我国立法中合同的核心位置。合同行为也是法律行为的核心，可以说法律行为是债务形成的重要原因，夫妻共同债务的形成也不例外，其是由夫妻双方或一方与债权人的法律行为引起的，夫妻共同债务性质的认定也应从债务形成的原因进行溯源。以"法律行为理论"为基础正是从债务形成原因出发对债务性质做出逻辑梳理，个人债务或夫妻共同债务的认定应以举债时的真实意思表示为核心。反之，若以夫妻共同共有财产为基础，则夫妻关系存续期间的债务不问举债行为发生时的意思表示均为共同债务，这就忽视了债务关系产生的原因。以夫妻"财产共同共有理论"为基础，只能勉强理解为夫妻双方在认可婚后所得共同制时，也认可双方的一切财产关系变动都默认出于双方共同意思表示。但是显然无论夫妻采用婚后所得共同制还是分别财产制都不能将其意思表示扩大为共同承受还是分别承受婚后所有财产关系变动，一个行为中的意思表示不应无限扩大到整个财产关系中。

---

① 朱虎：《债法总则体系的基础反思与技术重整》，《清华法学》2019 年第 3 期，第 129 页。

（二）法律行为理论使夫妻共同债务制度形成统一逻辑

当"财产共同共有理论"下"被负债"现象频发时，最高人民法院以及学界都提出以"用途论""日常家事代理权""内外有别论"等来解决债务认定结果上的价值保护不平衡的问题。但从司法实践的角度来看，效果并不明显，《婚姻法》《婚姻法解释（二）》等法条适用混乱，无法形成一致的裁判逻辑。其原因在于"用途论"、"日常家事代理权"与"财产共同共有理论"下的"时间论"标准的理论基础不同，无法在标准上达成统一逻辑，这些标准的基础存在矛盾，不可同时适用。司法实践面对同时存在且法理基础不同的标准，当然会出现同案不同判的现象。而"法律行为理论"的适用使夫妻共同债务制度有较为通顺的逻辑。《民法典》中夫妻债务制度的三重认定标准为：共债共签，日常家事代理，债权人证明用于共同生活、生产经营。这正是按照"法律行为理论"中意思表示的共同性层次做出的分类。

（三）法律行为理论符合《民法典》"婚姻家庭编"的立法逻辑

《民法典》"婚姻家庭编"既保护婚姻家庭的整体稳定又保护夫妻个人的人格独立。从整体看，《民法典》"婚姻家庭编"明确婚姻受国家保护，明确要弘扬家庭美德、重视家庭文明建设，这些规定明显将家庭作为一个整体来保护，并且突出家庭整体的稳定性。在个体保护方面，从婚姻无效情形中删去重大疾病情形，增加婚内夫妻财产分割的规定，都体现出《民法典》"婚姻家庭编"更重视个体意思，将强制干预范围限缩，并且在保护婚姻整体稳定的前提下更为尊重个人意思，提供婚内解决财产问题的途径。以法律行为理论解释夫妻共同债务制度符合这种既保护整体又保护个体意思的立法逻辑。法律行为理论在债务认定上尽可能符合夫妻举债时的真实意思，不再以婚后所得共同制一刀切地对债务进行认定。从维护家庭整体的稳定来看，尽可能尊重夫妻真实意思在一定程度上能够避免夫妻在婚姻关系存续期间互不信任、相互猜忌，为夫妻在婚姻关系存续期间解决共同债务和个人债务的区分问题提供路径，避免随意绑定夫妻财产关系与人身关系。

二　"法律行为理论"的优越性

夫妻共同债务是基于民事法律行为产生的债权债务关系，不能将其简单归于《物权法》的财产共同共有范畴。对于夫妻债务而言，依据"法律行为理论"，以当事人举债行为来判断更加符合法理。

（一）尊重相关当事人的民事权利和生活事实

夫妻在家庭、社会生活中的活动具有复杂性。家庭虽然是社会生活的基本单位，但现代社会中家庭成员个人的独立性越发明显，夫妻以团体身份参与社会生活的法律行为显著减少，夫妻财产一体性受到冲击，个体在享有和处分财产方面有更大的独立性。最高人民法院相关司法解释也反映了这个特点[①]，尊重个体行为的法律属性是婚姻家庭法改革的方向所在。由于家庭生活的复杂性，夫妻在对外举债中有以共同名义为之的"共债共签"或者事后追认的情况；也广泛存在以一方名义举债、单方签字的情形或个人使用情形；还存在夫妻一方是法人的法定代表人或者代理人的情形等。法律行为理论模式下，夫妻对共同行为应当共同负责、对个人行为应当个人负责、法人行为应当法人负责的要求，更加符合当代人追求主体独立的价值取向和社会现实生活。

我们应当对夫妻在婚姻家庭和社会生活中的多样性的权利给予区分和尊重。必须承认，一个家庭中的不同的人，甚至同一个人的行为，可能代表着不同的人，也可能是相同的人；可能是一个家庭，也可能是一个法人。这说明一个人代表了不同的主体，有不同的权利。法律不应当苛求一个人只能有一种权利，必须尊重一个人所具有的全部权利，并规定不同行为的权利和

---

① 参见《最高人民法院关于适用〈中华人民共和国婚姻法〉若干问题的解释（三）》第4条、第16条。

义务关系。

(二) 有利于与相关立法的衔接

在解决夫妻共同债务的问题上，应当认识到夫妻共同债务的本质是行为问题而非物权法上的财产共同共有问题，是举债这一民事行为引发了后续的债权债务关系。《物权法》或者《民法典》"物权编"只能调整与物权有关的财产共同共有，对于属于共同财产中的其他类型的权利共同现象，例如共同债权，则由债法中的相应制度去规范。[①] 夫妻共同债务作为民间借贷纠纷中的常见问题，运用债权债务的基本法理和法律行为理论解决会在立法衔接上更加流畅自然。在与合伙、企业等经济团体的区分上，应当明确夫妻财产关系的形成基础是人身关系，但是人身关系并不决定财产关系的形式，在同样的婚姻关系下可以产生不同的财产关系。但是纯经济团体是建立在财产关系之上的，财产关系变了，经济团体的性质就变了，明确夫妻与第三人的财产关系的本质是行为问题而不是财产制问题，可以明确地区分夫妻与经济团体，夫妻关系不能等同于合伙关系，夫妻债务更不能等同于合伙债务，不能将财产关系与人身关系完全分割开进行解释，也不能抛开债务产生的原因来分析法律行为，只寻求改变夫妻财产制来解决夫妻共同债务问题。

"法律行为理论"强调区分行为人的意思是双方共同意思还是一方的个人意思或者法人意思。若举债行为出于夫妻双方共同意思或者在家庭日常生活需要范围内，则推定为夫妻共同意思，所负债务构成夫妻共同债务或者推定为构成夫妻共同债务；若出于夫妻一方的意思或者超出家庭日常生活需要，则应当推定为个人意思，属于夫妻一方的个人债务；基于法人意思构成的债务应当属于法人债务。

---

① 薛军:《〈物权法〉关于共同共有的规定在适用中的若干问题》,《华东政法大学学报》2007 年第 6 期, 第 120~121 页。

（三）区分夫妻共同行为与个人行为

婚姻家庭是一个生活共同体，一些行为是共同体的行为，由共同体承担相应的责任；共同体的组成人员（主要是夫妻）也可以有自己的行为，由自己承担责任；也可能还有其他情形，比如代表（或者代理）法人做出一定行为，由法人承担责任。所以，做出区分是必要的，也是必需的。"法律行为理论"下，行为人对各自的法律行为负责，在夫妻共同债务领域，共债共签当然是夫妻共同意思，夫妻对其共同意思负责，是构成夫妻共同债务的主要形式；夫或妻以一方名义举债，所举债务用于夫妻同生活也可以解释为夫妻共同意思，将夫妻共同债务用途释为推定用于共同生活的债务为夫妻共同意思表示，也符合"法律行为理论"下夫妻共同债务的认定。在"财产共同共有理论"下，无法区分举债行为是共同行为还是个人行为，若以财产制决定债务性质，不论债务原因为何都推定为夫妻共同意思，这种意思的推定，不能反映举债人和非举债人的原意。通过夫妻财产制的选择推定夫妻共同债务的性质，并非在一个行为下进行意思解释，而是以一个行为的意思表示推定另一个行为的意思表示，两个行为不存在因果关系上的联系，夫妻财产制的选择行为也不能构成夫妻共同债务的原因行为，这种意思的推定显然无限放大了共同意思的范围。相比《婚姻法解释（二）》第24条，《民法典》以"法律行为理论"为基础构建的夫妻共同债务制度与《婚姻法》第41条的衔接更加流畅，也更符合《婚姻法》第41条和夫妻共同生活的立法本意。

在夫妻共同债务的举证责任方面，《婚姻法》第41条并没有对举证责任的分配方式加以规定，因而应当适用民事诉讼法的一般规则。"法律行为理论"认为，夫妻共同债务问题应当采用债法原理或者合同法原理加以规制，适用"谁主张谁举证"的基本举证规则。因此，"法律行为理论"与民事诉讼法"谁主张谁举证"的分配规则更加一致，与《婚姻法》第

41 条的适应性更强。"法释〔2018〕2 号"第 3 条规定 ①，以及《民法典》第 1064 条的规定改变了《婚姻法解释（二）》第 24 条关于举证责任的规定，将单方举债构成夫妻共同债务的举证责任分配给了债权人。这就更加符合"法律行为理论"的本意，单方举债构成单方债务，债权人在债务人没有夫妻共债共签和超出家庭日常生活范围的情况下主张该债务构成夫妻共同债务，则应当自行承担举证责任。

（四）尊重当事人的意思且保护婚姻家庭的稳定

夫妻共同债务制度的构成以"法律行为理论"为基础，可以充分反映对当事人意思的尊重。在夫妻双方达成举债合意时，应当尊重当事人意思自治，此时构成的债务应当属于夫妻共同债务，由夫妻共同承担举债责任。这种举债无论是否用于夫妻共同生活、共同生产经营，也不论利益是否用于家庭生活，均应当构成夫妻共同债务，夫妻双方均要共同承担举债责任，当然也包括夫妻共同担保行为，其表现出的"法律行为理论"的包容性是"财产共同共有理论"无法比拟的，从而体现出法律对当事人自由处分财产意思的尊重，也有利于维护第三人的交易安全和合法财产权利的法律保护。

夫妻共同债务制度的构成以"法律行为理论"为基础，可以有效保护婚姻家庭的稳定和防止婚姻道德风险的发生。我国的法定夫妻财产制是婚后所得共同制，旨在鼓励夫妻双方共同经营婚姻家庭关系，促进婚姻家庭关系持续健康发展，维护婚姻家庭稳定。

---

① "法释〔2018〕2 号"第 3 条规定："夫妻一方在婚姻关系存续期间以个人名义超出家庭日常生活需要所负的债务，债权人以属于夫妻共同债务为由主张权利的，人民法院不予支持，但债权人能够证明该债务用于夫妻共同生活、共同生产经营或者基于夫妻双方共同意思表示的除外。"

第四节　《民法典》法律行为理论下的夫妻
共同债务的展望

《民法典》关于夫妻共同债务制度的立法已经基本形成以夫妻举债的共同意思表示为核心，以债权人举证用于夫妻共同生活、共同经营为辅助的认定和推定体系，但这一制度并没有达到尽善尽美，仍然有一些需要完善之处，包括举证责任的划分、日常家事代理权的条件、债务清偿的性质等诸多方面。

一　合理划分举证责任

《婚姻法解释（二）》第24条的推定规则以财产共同共有、债务共同承担为基础，在夫妻共同债务规则的客观效果上更加侧重于维护交易安全、保护债权人利益；《民法典》改以法律行为理论为基础则更加侧重于保护婚姻家庭、保护夫妻举债方配偶的利益，使其不陷入恶意串通的虚假债务。在举证规则方面，与《婚姻法解释（二）》第24条给夫妻举债方配偶安排了过重的举证责任不同，《民法典》更加强调要遵循《民事诉讼法》中"谁主张谁举证"的一般证明规则，举证责任会更多地落在主张夫妻共同还债的债权人一方，这使"法律行为理论"在对债权人的保护方面存在不周全之处。但从民事诉讼的基本法理来看，这种举证责任的分配是正当合理的，也提醒债权人在借款时尽量要求债务人夫妻共同签字，发挥主观能动性保护自身的合法权益。

非出于共债共签、家庭日常生活需要范围内形成的债务推定为个人债务，债权人若想证明债务用于夫妻共同生活、生产经营或者出于夫妻共同意思表示的则需承担举证责任。夫妻共同债务推定规则的改变已经暗含于该标准之中，《婚姻法解释（二）》将夫妻关系存续期间的债务全部推定为共同债务，而《民法典》的认定标准将非共同意思表示形成的债务推定为非共同债务，在此推定规则下，根据"谁主张谁举证"的证明规则，对于法律推定为个人债务而债权人认为是共同债务的，债权人负有证明债务为共同债务的证明责任。虽然债权人对共同债务负举证责任这一点一直被认为是不利于保护债权人利益的规定之一，因债权人独立于夫妻生活，对债务用途的证明难度极大，这无异于要求债权人直接承担败诉风险，但在《民法典》推定债务为个人债务情形下的举证责任分配是符合诉讼法一般规则的，债权人虽独立于夫妻生活，但债权人非夫妻共同债务局外人，不应独立于债务证明责任，当然，这也是债权人的注意义务应当承担的必然后果。

二　补正日常家事代理权的行使标准

"法律行为理论"使基于日常家事代理权形成的债务为夫妻共同债务有了理论基础。《民法典》也规定了日常家事代理权，并且规定夫妻一方基于"家庭日常生活需要"范围内的举债构成夫妻共同债务。若在"财产共同共有理论"下，日常家事代理权则没有存在空间和意义，甚至在财产关系上也没有其他意思表示存在的空间。《民法典》引入了日常家事代理权，但并没有明确日常家事代理权与一般代理权的区别，《民法典》总则规定代理分为委托代理和法定代理，但是日常家事代理权应属何种代理并不明确，也就没有相应的具体规定，若视日常家事代理为委托代理，则应规定双方委托范围；若视为法定代理则应由法律明确规定法定代理的开始、结束、代理权限等。① 笔者赞同日常家事代理权为法定代理权。所以，法律应当对家庭日常生活需要的范围、代理的效力范围给予明确规定。

---

① 李洪祥：《论日常家事代理权视角下的夫妻共同债务构成》，《当代法学》2020 年第 5 期，第 17~25 页。

除日常家事代理权性质应符合《民法典》体系中代理制度的规定外，日常家事代理权的范围也应予以明确，日常家事代理权的行使需要满足一定的条件，才能使该行为对夫妻另一方产生效力。首先，交易的目的是满足生活的需要；其次，交易的服务对象必须是家庭；最后，交易需符合家庭实际的经济状况。我国立法规定的日常家事代理权为"家庭日常生活需要"，但"家庭日常生活需要"的范围较广，可以包括家庭生活需要、家庭生产经营需要等，如果不对其范围进行明确或限制，恐怕会对"家庭日常生活需要"有扩大解释之嫌，造成权利滥用，违背制度设立的初衷。

日常家事代理权的效力影响夫妻共同债务的认定与清偿，若日常家事代理权范围内的债务全被认定为夫妻共同债务，那么夫妻对共同债务负连带清偿责任。抛开日常家事代理权范围不明确可能带来的问题，日常家事代理权一般涉及夫妻双方和第三人的利益，其效力有内部效力及外部效力之分，且在滥用该权利的情形之下，其效力如何与第三人的主观意识有关，立法对此并未有明确规定。而夫妻债务纠纷因经济发展而更加复杂，是否将日常家事代理权范围内的债务推定为夫妻共同债务、夫妻双方对该债务以何种财产范围承担何种责任是不得不解决的问题，如果简单地将日常家事代理权下的夫妻共同债务不区分具体债务类型、不问权利是否得到正常行使、不管第三人的主观意识，一概认定为由夫妻双方负连带清偿责任，难免会造成权利滥用、引发不公，甚至会破坏作为社会基础的婚姻家庭。这也明显与《民法典》"婚姻家庭编"的立法目的相悖。即使夫妻对共同债务承担连带责任，该连带责任也应当明确连带到什么程度，连带到的是夫妻共同财产、婚姻关系存续期间所得财产，还是夫妻个人财产。

三　完善夫妻共同债务认定与清偿规则的衔接与构建

《民法典》"婚姻家庭编"在夫妻共同债务认定上有很大变化，在价值选择、立法逻辑、具体规则上都与《婚姻法》有极大区别，但是在夫妻共同债务清偿规则上却延续了《婚姻法》的规定，仍然概括规定夫妻共同债务共同清偿，对共同清偿的责任性质、类型及财产范围均没有做出规定，而《民法典》本身又没有共同清偿的规定，使得共同清偿成为一个"空中楼阁"，看似明确却没有法理基础与制度依据。清偿是夫妻共同债务规则的重要一环，是连接夫妻共同债务认定与司法裁判、执行的关键，清偿规则的缺位使司法裁判也停留在夫妻共同债务认定层面，欠缺可明确执行性，导致司法裁判与执行不能很好地衔接，执行常常不能完全表达司法裁判的真实意思。实践中，夫妻共同债务执行裁定案件较多，而作为执行依据的实体判决书却不能解决夫妻共同债务清偿问题，其原因在于夫妻共同债务清偿规则的缺失，法院在认定债务清偿责任性质和财产范围时缺乏有效、有力的判决和释明依据。故在"法律行为理论"下，《民法典》应继续完善夫妻共同债务清偿规则，在确定责任类型与责任财产范围时，尽可能还原夫妻举债时的真实意思，不再以财产制决定清偿性质与责任财产范围，将共同清偿不加区分地等同于连带责任，将夫妻个人财产、共同财产全纳入责任财产范围。

四　优化夫妻共同债务制度立法构建与司法实践的衔接

《民法典》以"法律行为理论"为基础的夫妻共同债务认定标准基本确立，但从"法释〔2018〕2号"的适用情况来看，司法实践中仍没有将该标准完全适用于夫妻共同债务问题。法院在面对侵权形成的夫妻共同债务认定时，认为现行的夫妻共同债务认定规则仅适用于民间借贷等合同纠纷。[①] 在司法实践中，法院将侵权形成的夫妻共同债务独立于夫妻共同债务制度，而实际上"法律行为理论"下以意思表示为核心的理念依然适用于侵权之债。

---

① 蔡立东、杨柳：《侵权纠纷中夫妻共同债务认定的困境与立法回应——以机动车交通事故责任纠纷为研究对象》，《法学论坛》2020年第3期，第81页。

存在共同意思表示、由共同侵权产生形成的债务应属于夫妻共同债务，这符合《民法典》"共同意思产生的债务为夫妻共同债务"这一核心理念。而由一方意思形成的侵权在"法律行为理论"下则不应形成夫妻共同债务，因其并不具备共同意思表示，其侵权行为并非出于一方对另一方的代理，侵权形成的债务也并没有用于家庭共同生活、生产经营。如果仅因为一方的行为是由于工作或劳动过程中的侵权，就认为侵权形成的债务为夫妻共同债务，无异于以夫妻"财产共同共有理论"为基础。侵权行为形成的债务也符合法律行为理论，应以共同意思表示为核心认定夫妻共同债务。司法实践中，对夫妻共同债务问题仍进行意定之债与法定之债区分，应尽快将其与《民法典》中夫妻共同债务的认定规则接轨，不应将侵权之债排除于《民法典》中夫妻共同债务的认定规则之外。

第五节　夫妻共同债务制度的立法模式及其选择

我国夫妻共同债务制度立法一直没有系统、完整的规范，《婚姻法》中有规定，最高人民法院对于《婚姻法》的司法解释中也有规定，其认定（推定）标准不一致，导致司法实践中适用法律存在困难，甚至出现同案不同判的情况，影响司法公正性、权威性。这一问题已经获得立法、司法实务界和学界的普遍关注。采取何种立法模式对夫妻共同债务做出界定是科学、系统、合理、符合我国国情的，是《民法典》"婚姻家庭编"立法应当给予回应的理论问题和现实问题。

我国夫妻共同债务的立法和司法解释都采用了概括式的立法模式，只在法律和司法解释中做原则性的规定，如《婚姻法》第41条，《婚姻法解释（二）》第23条和第24条，"法释〔2018〕2号"和《民法典》"婚姻家庭编"

确立了夫妻"共债共签"、"日常家事代理权"以及"超出日常家事代理权范围的举债由债权人证明用于家庭日常生活或者家庭生产经营"等，都概括规定了夫妻共同债务构成的依据。^①立法和司法究竟应该采取哪一种立法模式？本书从比较法的视角，对域外关于夫妻共同债务的相关法律规定进行分析，寻找对我国夫妻共同债务立法模式设计的规律和启示。

一 我国夫妻共同债务制度的立法、司法解释规定和立法模式种类

（一）我国夫妻共同债务制度的立法、司法解释规定

《婚姻法》第41条在离婚部分规定了夫妻共同债务。这种极为简单的概括式规定是在我国经济尚不发达的背景下确立的，当时家庭财产远远不及现在丰富，与第三人的财产关系也远远不及现在复杂，"共同生活所负的债务"这种认定规则几乎可以解决实践中所产生的所有债务问题。随着经济的发展，人们之间的民事行为日趋多元化，夫妻财产也不仅是用于日常生活需要，可能还会用于生产、经营等经济活动，这时夫妻之间的债务该如何认定？"夫妻共同生活"这种认定规则在实践中又能否将丰富的财产关系包括殆尽？再如夫妻双方恶意串通，假借离婚之名逃避债务，这种既损害债权人的利益又不利于保护交易安全之情形能否排除呢？最高人民

---

① "法释〔2018〕2号"第1条："夫妻双方共同签字或者夫妻一方事后追认等共同意思表示所负的债务，应当认定为夫妻共同债务。"

"法释〔2018〕2号"第2条："夫妻一方在婚姻关系存续期间以个人名义为家庭日常生活需要所负的债务，债权人以属于夫妻共同债务为由主张权利的，人民法院应予支持。"

"法释〔2018〕2号"第3条："夫妻一方在婚姻关系存续期间以个人名义超出家庭日常生活需要所负的债务，债权人以属于夫妻共同债务为由主张权利的，人民法院不予支持，但债权人能够证明该债务用于夫妻共同生活、共同生产经营或者基于夫妻双方共同意思表示的除外。"

法院经过衡量多方利益出台了《婚姻法解释（二）》，其第 23 条[①]、第 24 条[②]做出了明文规定。第 23 条认为夫妻一方婚前所负债务，如果债权人能够证明用于婚后家庭共同生活的即可认定为夫妻共同债务，由夫妻双方共同偿还；第 24 条规定一方以个人名义所负债务，只要发生在婚姻关系存续期间的，即推定为夫妻共同债务，夫妻双方对债务承担连带清偿责任。同时还规定了两种除外情形作为抗辩事由：一是举债方配偶可以证明债权人与债务人明确约定为个人债务的；二是夫妻对于婚姻关系存续期间所得的财产约定归各自所有，且第三人知道该约定的。[③]该条规定看似解决了实践中关于夫妻共同债务认定的困难与矛盾，提高了法官的审判效率，但却导致法官对该条款的机械适用，引发了诸多争议，甚至可以说受到普遍质疑，"反第 24 条联盟"就是例证。

为了解决司法实务中法官机械适用《婚姻法解释（二）》第 24 条所带来的弊端问题，《婚姻法解释（二）的补充规定》在《婚姻法解释（二）》第 24 条的基础上又增加了两款除外规定[④]，很明显，这两种情形即使不做出规定，也不属于夫妻共同债务，所以其不具有改变性质或者可操作性上的实质意义。

"法释〔2018〕2 号"针对《婚姻法解释（二）》第 24 条做出的修正，试

[①]《婚姻法解释（二）》第 23 条："债权人就一方婚前所负个人债务向债务人的配偶主张权利的，人民法院不予支持。但债权人能够证明所负债务用于婚后家庭共同生活的除外。"

[②]《婚姻法解释（二）》第 24 条："债权人就婚姻关系存续期间夫妻一方以个人名义所负债务主张权利的，应当按夫妻共同债务处理。但夫妻一方能够证明债权人与债务人明确约定为个人债务，或者能够证明属于婚姻法第十九条第三款规定情形的除外。"

[③]《婚姻法》第 19 条第 3 款："夫妻对婚姻关系存续期间所得的财产约定归各自所有的，夫或妻一方对外所负的债务，第三人知道该约定的，以夫或妻一方所有的财产清偿。"

[④]《婚姻法解释（二）的补充规定》补充两项除外情形："夫妻一方与第三人串通，虚构债务，第三人主张权利的，人民法院不予支持。夫妻一方在从事赌博、吸毒等违法犯罪活动中所负债务，第三人主张权利的，人民法院不予支持。"

图使夫妻共同债务的相关规定变得更加完善，能够解决司法实践中存在的实际问题。该解释用三个条文对夫妻共同债务进行了规定，确立了夫妻共债共签①、日常家事代理权②、债权人主张超出日常家事代理权范围的债务构成夫妻共同债务的由债权人举证③，以及用于家庭共同生活、共同生产经营的构成夫妻共同债务等，相比之前的规定更加具体完善。该解释对夫妻共同债务的范围以及举证责任的分配均做出了规定，依然采用的是概括式的规定，但所采用的夫妻共同债务的认定标准是"法律行为意思表示一致、日常家事代理权、用于家庭共同生活（包括共同生产、经营）"，这是从法律行为理论出发认识夫妻债务问题的集中体现，尊重夫妻双方的意思自治，将夫妻双方合意所负的债务认定为夫妻共同债务，该解释已经在实践中得到了较为广泛的肯定和适用。④

（二）夫妻共同债务制度立法模式的种类梳理

1.概括式立法模式

概括式立法模式是指对夫妻共同债务的范围、清偿规则等不做具体规定，通常以一个条文做原则性、概括性的规定。《婚姻法》第 41 条只规定夫妻共同生活所负的债务用共同财产进行清偿，不做明确的、具体的规定。

---

① "法释〔2018〕2 号"第 1 条："夫妻双方共同签字或者夫妻一方事后追认等共同意思表示所负的债务，应当认定为夫妻共同债务"。

② "法释〔2018〕2 号"第 2 条："夫妻一方在婚姻关系存续期间以个人名义为家庭日常生活需要所负的债务，债权人以属于夫妻共同债务为由主张权利的，人民法院应予支持。"

③ "法释〔2018〕2 号"第 3 条："夫妻一方在婚姻关系存续期间以个人名义超出家庭日常生活需要所负的债务，债权人以属于夫妻共同债务为由主张权利的，人民法院不予支持，但债权人能够证明该债务用于夫妻共同生活、共同生产经营或者基于夫妻双方共同意思表示的除外。"

④ 笔者在"聚法案例"平台以该解释为关键词，限定在了"本院认为"的部分，截至 2019 年 1 月，一共检索到了 36740 篇文书。可见该解释在司法实践中被法官广泛采用。

2. 概括加排除式立法模式

这主要是《离婚财产分割意见》第17条①规定，其先是规定因共同生活、抚养、赡养所负债务为夫妻共同债务，紧接着又以四个具体条款排除了不能认定为夫妻共同债务的情形。

3. 列举加兜底式立法模式

该种立法模式详细规定了各种可以认定为夫妻共同债务的情形，使人能够直观地判断某一债务是否为夫妻共同债务，法官能够直接适用规定，无须再进行解释。在大部分进行列举规定的场合，一般还会加一个兜底条款，意在使得该规定更加完善，但兜底条款需要进行解释方能适用。

4. 列示式立法模式

列示式立法模式是指首先做一个原则性、概括性的认定夫妻共同债务的规定，再对各种可以认定为夫妻共同债务的情形进行详细的列举。一般是规定"何种情形可认定为夫妻共同债务；有下列情形之一的，可认定为夫妻共同债务"。中国法学会婚姻家庭法学研究会起草的《民法典》"婚姻家庭编"的专家建议稿采取了这种立法模式。②该建议稿在"夫妻债务"这一项下用三个条文规定了"夫妻共同债务""夫妻个人债务""夫妻债务的清偿"。比如条文规定："夫妻在婚姻关系存续期间所欠的下列债务属于夫妻共同债务：（一）夫妻双方共同合意所负的债务；（二）夫妻因共同生活、共同经营所

---

① 《离婚财产分割意见》第17条规定："夫妻为共同生活或为履行抚养、赡养义务等所负债务，应认定为夫妻共同债务，离婚时应当以夫妻共同财产清偿。下列债务不能认定为夫妻共同债务，应由一方以个人财产清偿：（1）夫妻双方约定由个人负担的债务，但以逃避债务为目的的除外。（2）一方未经对方同意，擅自资助与其没有抚养义务的亲朋所负的债务。（3）一方未经对方同意，独自筹资从事经营活动，其收入确未用于共同生活所负的债务。（4）其他应由个人承担的债务。"

② 夏吟兰、龙翼飞主编《家事法研究》，（2019年卷／总第15卷）社会科学文献出版社，2019，第332~334页。

负的债务；（三）夫妻因共同侵权所负的债务；（四）夫妻因被监护人侵权所负的债务。"①

总之，夫妻共同债务的立法模式主要存在概括式和列举式这两种主要模式，在一些情形下可能还存在列示、排除、兜底等模式，但一般会与概括式或者列举式模式相结合而存在。我国夫妻共同债务的立法模式一般采用概括式。《离婚财产分割意见》采用的是概括加排除式的立法模式。

我国立法一直在寻求制定一种科学、合理、完善的夫妻共同债务规则，以解决我国司法实践中认定夫妻共同债务时面临的问题。我国夫妻共同债务应当采取何种立法模式，是必须予以回答的问题。

二　国外夫妻共同债务制度立法模式的梳理和启示

大陆法系国家是法典化的国家，都制定有《民法典》，对于夫妻共同债务制度也规定得比较完善，夫妻共同债务制度的立法模式大体可以划分成三类：概括式立法模式；列举式立法模式；概括式或者列举式与排除、兜底式相结合的立法模式。对瑞士、日本、奥地利、西班牙、法国、意大利等国家夫妻共同债务制度立法模式的考察，将为我国夫妻共同债务制度的立法模式提供借鉴和启示。

（一）大陆法系国家夫妻共同债务制度的立法模式梳理

1. 概括式立法模式

概括式立法模式是域外大多数国家所采用的，瑞士、日本、奥地利均采取了此种立法模式。

《瑞士民法典》关于夫妻共同债务主要集中规定在第二编"亲属法"的第六章"夫妻财产权"中，在该章的"夫妻共同财产制"一节中，用一个条

---

① 夏吟兰、龙翼飞主编《家事法研究》（2019年卷／总第15卷），社会科学文献出版社，2019，第332页。

款对夫妻共同债务做出了规定（在该法典中称为完全债务），该法典第 233 条规定的四种属于完全债务即夫妻共同债务的情形 ①，采用的是概括式的立法模式，且较为简略。该条所规定的情形之一是因行使共同财产代理权或管理权而发生的债务，情形之二是因从事职业或经营而产生的债务与共同财产相关所以属于夫妻共同财产的范畴，这两种情形的规定都较为抽象，视为概括式的规定，后两种情形的规定更为简单抽象，实践中需要具体判断，可见《瑞士民法典》关于夫妻共同债务采用的是概括式立法模式。

《日本民法典》在夫妻财产制中用极为简略的条款对夫妻共同债务做了规定，第 761 条 ② 规定了日常家事债务的连带责任，认为夫或妻一方就日常家事对第三人负有债务，除非预先告知第三人，否则另一方对此债务承担连带责任。从该条规定来看，《日本民法典》将因日常家事所负的债务认定为夫妻共同债务，且将这种债务的性质认定为连带债务。所以日本关于夫妻共同债务所采用的是概括式的立法模式，规定适用于法定财产制，且极为简略。

《奥地利普通民法典》仅在第一编"人法"的第二章"婚姻法"中做了有关日常家事代理权的规定。该法典第 96 条规定："没有收入但负责料理共同家务的夫妻一方，得基于共同家务管理上的需要，并在符合夫妻双方生活条件的范围内，代理他方缔结与日常生活有关的法律行为。夫妻他方已向第三人表示不愿被其配偶代理时，不适用此项原则。第三人无法依有关情事得知实施行为的夫妻一方系作为代理人而与自己缔结法律行为者，夫妻双方应

---

① 夫妻各方对下列债务应以其特有财产和共同财产负其责任：（1）行使婚姻共同体的代理权或共同财产的管理权而发生的债务；（2）从事职业或营业而发生的债务，但其所从事的职业或营业不利用共同财产，或者其收益不归属共同财产者，不在此限；（3）他方个人亦须负责的债务；（4）夫妻双方与第三人约定，除债务人特有财产外，尚须以共同财产负责的债务。《瑞士民法典》，戴永盛译，中国政法大学出版社，2016。

② 《日本民法典》第 761 条规定，夫妻一方就日常家事同第三人实施了法律行为时，他方对由此而产生的债务负连带责任。但是，对第三人预告不负责任意旨者，不在此限。

负连带责任。"[①] 这就是该法典涉及的有关夫妻共同债务的规定，所采用的是日常生活代理权的标准，并且在债权人无法判断配偶一方为代理时，配偶另一方也要承担连带责任，在此种情形下保护善意的债权人。可以看出该法典对夫妻共同债务的规定较为简略，采取了概括式立法模式。

2.列举式立法模式

列举式立法模式是指将夫妻共同债务的具体情形一一列举出来的规定，采用此种立法模式的国家有西班牙、法国、意大利等，西班牙主要采取的是列举式立法模式，法国和意大利在采取列举式立法模式的同时，还采取了其他立法模式。

《西班牙民法典》将夫妻共同债务的有关规定放在第四卷"债与合同"中，规定得较为具体。该法典在第三集"婚姻经济制度"的"配偶共同财产制"一章中用诸多条文对夫妻共同债务（该法典中称为"共同财产的责任和义务"）做出了规定。总结出以下情形所生债务，属于夫妻共同债务的范围：（1）配偶一方因行使家庭支配权以及实施配偶共同财产的管理和支配相关的行为与债权人缔结的债务；（2）配偶一方实施与其职业、手艺、职位相关的日常行为，以及对其财产进行的日常管理而与债权人所缔结的债务[②]；（3）配偶一方为婚姻利益做出的债务或者因管理财产所生的债务[③]；（4）配偶双方

---

①　参见《奥地利普通民法典》，戴永盛译，中国政法大学出版社，2016，第16页。

②　《西班牙民法典》第1365条规定，因下列原因，由配偶一方与债权人缔结的债务应从配偶共同财产中偿还：①与家庭支配权以及配偶共同财产的管理和支配相关的行为，适用法律或本法典相应章节的规定。②与其职业、手艺、职位相关的日常行为，以及对其财产进行的日常管理。但配偶一方为商人的，适用商法典的规定。西班牙议会：《西班牙民法典》，潘灯、马琴译，中国政法大学出版社，2013，第351页。

③　《西班牙民法典》第1366条规定，配偶一方的债务，如果是为婚姻利益而作出的或者属财产管理领域的结果的，另一方也需承担债务，除非该债务的缔结是前者的恶意或重大过失造成的。西班牙议会：《西班牙民法典》，潘灯、马琴译，中国政法大学出版社，2013，第351页。

共同缔结或由一方缔结经另一方明示同意的债务 [①];（5）配偶双方在分居情形下其中一方为供养子女的养育、保育和教育而以自己名义缔结的债务 [②]。这些规定都较为具体，可以说虽然《西班牙民法典》对夫妻共同债务所采取的是概括加列举式的立法模式，但主要还是列举式的模式，用四个条文具体规定了何种债务属于夫妻共同债务，尤其是夫妻双方在分居情形下，一方为供养子女而缔结的债务，这种规定更为具体，在司法实践中可以直接做出判断。

3. 概括式或者列举式与排除、兜底式相结合的立法模式

《法国民法典》将关于夫妻共同财产负担共同债务的情形规定在第三卷"取得财产的各种方式"的第五编"夫妻财产契约和夫妻财产制"中，在"夫妻财产制"一编中也对夫妻债务做出了较为具体的规定 [③]，相关规定所采用的是列举加兜底式的立法模式。《法国民法典》在第五编的第二章"共同财产制"中，专门设有"共同财产的负债"一目，对有关夫妻共同债务做出了具体的规定，第1409条第1款较为具体，第2款可以视为兜底式的规定。[④]此外，该法典第1411条 [⑤] 规定，对属于第1410条的个人债务，在一定条件

① 《西班牙民法典》第1367条规定，配偶共同财产在任何情形下均应偿还配偶双方共同缔结的债务或者由一方缔结并经另一方明示同意的债务。西班牙议会：《西班牙民法典》，潘灯、马琴译，中国政法大学出版社，2013，第351页。

② 《西班牙民法典》第1368条规定，配偶共同财产也应偿还尚在事实分居情形下，由其中一方配偶为供养子女的养育、保育和教育而本应支付共同财产，但以自己名义而缔结的债务。西班牙议会：《西班牙民法典》，潘灯、马琴译，中国政法大学出版社，2013，第352页。

③ 《法国民法典》用诸多条文对共同财产负债的情形做出了规定，同时还对夫妻一方个人债务的范围做出了规定。

④ 《法国民法典》第1409条："下列各项，构成共同财产的负债：依据第220条之规定，为维持家庭日常开支与子女教育费用的支出，夫妻双方应当负担的生活费用以及缔结的债务，属于永久性负债；在共同财产制期间发生的其他债务，视情况，属永久性共同债务，或者应当给予补偿。"参见《法国民法典》，罗结珍译，中国法律出版社，2005，第343页。

⑤ 《法国民法典》第1411条："夫妻一方或另一方的债权人，仅得对其债务人的自有财产与收入，提出清偿请求。但是，如在结婚之日属于债务人的动产物品，或者因继承或赠与而归债务人接受的动产物品已混同于共同财产之内，并且不可能按照第1402条之规则进行区分时，夫妻一方或另一方的债权人亦可扣押属于共同财产内的财产。"

下也可能成为夫妻共同债务。以上两条是对何为夫妻共同债务所做的正面规定，此外，该法典的第 1410 条、第 1415 条还对个人债务的情形做出了具体规定。

由以上分析可以看出，《法国民法典》对应由夫妻共同财产负担的共同债务做出了具体规定，采用的是列举加兜底式的立法模式。此外，该法典还对应当由配偶一方个人进行清偿的债务进行规定，将共同债务与个人债务进行明确区分，对个人债务的规定可以视作共同债务的排除规定，使何为夫妻共同债务的认定显得更加明确具体。

《意大利民法典》在第六章"婚姻"的第六节"家庭财产制"中对夫妻共同债务和个人债务分别做出了规定，在"夫妻财产法定共有"这一分节当中，第 186 条[⑥]以具体列举的方式提出四种由夫妻共有财产承担债务的情形。

除了该条对夫妻共同债务的直接规定，该法典还规定了不属于夫妻共同债务的例外情形，如第 187 条[⑦]、第 188 条[⑧]的规定。该法典第 189 条[⑨]对承担债务的额度做出了限制，但该条所规定的情形在本质上仍然属于夫妻个人债务。

该法典对夫妻共同债务所采用的主要是列举式的立法模式，第 186 条较

---

⑥　《意大利民法典》第 186 条："由共有财产承担的义务有：取得该财产之时设立的一切负担和费用；全部的管理费用；维持家庭生活的费用、养育子女的费用以及夫妻双方为家庭利益共同或分别承担的债务；任何一项由夫妻双方共同承担的债务。"参见《意大利民法典》，费安玲、丁玫、张宓译，中国政法大学出版社，2004，第 55 页。

⑦　《意大利民法典》第 187 条："不得以夫妻共有财产清偿夫妻一方的婚前债务，但是第 189 条规定的情况除外。"

⑧　《意大利民法典》第 188 条："除第 189 条规定的情况外，赠与或继承的财产不属共有财产的，不得以夫妻共有财产清偿夫妻一方在婚姻关系存续期间因赠与或继承承担的债务。"

⑨　《意大利民法典》第 189 条对夫妻双方分别承担的债务做出了规定，第一款是这样进行规定的："无法以个人财产清偿全部债务的，夫妻一方在婚姻关系存续期间对应取得但未取得配偶他方同意的特殊管理行为所承担的债务，可以用共同财产清偿，但是以该配偶在共有财产中所享有的财产份额为限。"参见《意大利民法典》，费安玲、丁玫、张宓译，中国政法大学出版社，2004，第 55~56 页。

为具体地规定了应由夫妻共有财产承担的债务，同时还对不能由夫妻共有财产进行清偿的情形做出了规定，这可以视为排除式的规定，所以该法典对有关夫妻共同债务所采取的是列举加排除式的立法模式。

《德国民法典》将有关夫妻债务的条款规定在了"夫妻财产制"一节中，在法定财产制和约定财产制中分别对何为夫妻共同债务、何为夫妻个人债务做出了明确的规定，对各类债务如何清偿亦做出了明确规定。

夫妻共同债务主要规定在"约定财产制"一目，在夫妻双方采用约定财产制期间，夫妻间的共同财产存在两种管理模式，即由夫或妻一方管理共同财产以及由配偶双方管理共同财产。在这两种管理模式之下，该法典对何为共同财产债务做出规定。

第一，在由夫或妻一方管理共同财产的情形之下，《德国民法典》用第1437~1441 条以及第1443 条这几个条款对有关共同财产责任做出了规定，其中第1438 条、1440 条对共同财产的责任做出了明确规定。首先，第1438 条 ① 规定，对于因在财产共同制期间实施的法律行为而发生的债务，仅在两种情形之下由共有财产负责：管理共同财产的一方实施或同意该法律行为，即使不经管理共同财产的配偶一方同意也仍对共同财产的利益有效。该条第 2 款认为诉讼费用也应由共同财产负责。此外，该法典第1440 条 ② 也对共同财产的责任做出了规定。其次，该法典第1439 条以及第1441 条对共有财产

---

① 《德国民法典》第1438 条："（1）对因在财产共同制存续期间实施的法律行为而发生的债务，仅在管理共同财产的配偶一方实施该法律行为或同意它，或该法律行为不经其同意也为共同财产的利益而有效力时，共同财产才负责任。（2）即使判决对共同财产不生效力，共同财产也对诉讼费用负责任。"参见《德国民法典》（第 3 版），陈卫佐译注，法律出版社，2010，第 443 页。

② 《德国民法典》第1440 条："对在财产共同制存续期间，因属于保留财产或特有财产的权利或因占有属于保留财产或特有财产的物由不管理共同财产的配偶一方自身招致的债务，共同财产不负责任。但该项权利或该物属于配偶该方经配偶另一方允许而独立从事的营业，或该债务属于通常从收入中予以清偿的特有财产的负担的，共同财产负责任。"参见《德国民法典》（第 3 版），陈卫佐译注，法律出版社，2010，第 444 页。

不负责任的情形做出了具体规定：第 1439 条 [①] 规定在共同财产制存续期间，不管理共同财产的配偶一方将遗产或遗赠作为保留财产或特有财产而取得的，共有财产不对因此而发生的债务负责。第 1441 条规定了两种由招致共同财产债务的配偶一方承担责任，配偶另一方对此不担责的情形。[②]

第二，在由配偶双方共同管理共同财产的情形之下，《德国民法典》第 1460 条和第 1462 条对共同财产的责任做出了规定，其规定同第 1438 条以及第 1440 条的有关规定大体一致，在此不再赘述。有关排除性的规定也和第 1439 条以及第 1441 条的规定相类似，亦不再展开叙述。

（二）大陆法系国家夫妻共同债务立法模式的评析和启示

由于各国经济、政治、文化、历史等诸多因素的不同，有关夫妻共同债务的立法也存在一定的差异性，夫妻共同债务立法具有多样性，为我国夫妻共同债务的立法提供一定的启示。

1. 对大陆法系国家夫妻共同债务立法模式的评析

大陆法系国家对夫妻共同债务采用的立法模式各有不同，瑞士、日本、奥地利采用的是极为简略的概括式立法模式，德国也采用了概括式的立法模式，但对夫妻共同债务的范围、清偿等做出了较为具体的规定，而且从反面对不属于夫妻共同债务的情形做出了规定。至于采用列举式立法模式的西班

---

① 《德国民法典》第 1439 条："作为继承人的配偶一方不管理共同财产，且在财产共同制存续期间将遗产作为保留财产或特有财产而取得的，共同财产不对因取得遗产而发生的债务负责任；遗赠的取得亦同。"参见《德国民法典》（第 3 版），陈卫佐译注，法律出版社，2010，第 444 页。

② 《德国民法典》第 1441 条："在配偶双方的相互关系中，下列共同财产债务，由其自身招致共同财产债务的配偶一方负担：1. 因配偶该方在财产共同制开始后所实施的侵权行为或因刑事诉讼程序（它系因此种行为而针对配偶该方进行的）而发生的债务；2. 因与配偶该方的保留财产或特有财产有关的法律关系而发生的债务，即使它们发生在财产共同制开始之前或该财产成为保留财产或特有财产之前亦然；3. 关于第 1 项和第 2 项所称债务之一的诉讼的费用。"参见《德国民法典》（第 3 版），陈卫佐译注，法律出版社，2010，第 444 页。

牙、法国、意大利，对夫妻共同债务的规定较为具体。大陆法系国家的夫妻共同债务的立法模式主要可划分为以下几类。

（1）概括式立法模式

这种立法模式一般是对夫妻共同债务的相关情形进行较为抽象的规定，只进行原则性的规范，究竟何种债务属于夫妻共同债务，这需要对法律进行解释，在司法实践中需要法官自由裁量。此种立法模式免去了对夫妻共同债务的情形进行详细列举的麻烦，也能够囊括诸多属于夫妻共同债务的类型，所以为大多数国家所采用，比如德国、西班牙、瑞士、日本等国家均采取这种立法模式。但此种立法模式也存在一些不足之处，由于其规定较为抽象，在实践适用中可能需要对法律进行解释，很有可能引起法律适用的困难，甚至可能会导致同案不同判情况的产生。

（2）列举式立法模式

这种立法模式一般对属于夫妻共同债务的各种情形进行详细的规定，在实践中，何种情形属于夫妻共同债务的范围，一般情况下可以根据法律规定做出判断，如《法国民法典》[①] 第1409条、《意大利民法典》[②] 第186条均采用了列举式的立法模式。此种立法模式并不能将所有属于夫妻共同债务的情形列举完全，仍会存在一些漏洞，这点应当属于立法常识问题；同时，规定得越多，漏洞就越多。但由于其规定较为具体详细，可以省去一些实践中法律适用的麻烦及困难。

（3）概括加排除式或者列举加排除式的立法模式

除了上述概括式和列举式这两种主要的立法模式以外，国外民法典还采取了排除式的立法模式，对不属于夫妻共同债务、不应当由夫妻共同财产进行清偿的情形也进行了规定，比如《意大利民法典》第187条以及第188条

①　《法国民法典》，罗结珍译，中国法律出版社，2005，第1138页。

②　《意大利民法典》，费安玲、丁玫、张宓译，中国政法大学出版社，2004，第55页。

将夫妻一方的婚前债务、因继承不属于共有财产的财产所产生的债务，或接受不属于共有财产的财产赠与所产生的债务，排除在夫妻共有财产清偿的范围之外①；《法国民法典》第1439条将共同财产制存续期间不管理共同财产的配偶一方，因遗产或遗赠作为保留财产或特有财产的取得所产生的债务，排除在共有财产的负责范围之外。② 但此种立法模式一般不单独采用，都是结合其他立法模式，如概括式、列举式等立法模式而存在的，以使有关夫妻共同债务的相关规定更加完善。

2.大陆法系国家夫妻共同债务制度的立法模式对我国的启示

分析国外有关夫妻共同债务的规定，除了日本、瑞士、奥地利采用极为简略的概括式规定以外，西班牙采用的是单纯的列举式立法模式，其他大多数国家不管采用的是何种立法模式，对夫妻共同债务的规定都较为全面，不仅对夫妻共同债务的范围做出较为具体的规定，而且对夫妻共同债务的清偿、夫妻个人债务以及个人债务的清偿均做出了规定，不允许两种性质的债务相混淆。

三　我国夫妻共同债务制度立法模式的选择

关于我国的夫妻共同债务制度，学界一般对其认定规则讨论得较多，对夫妻共同债务的立法模式分析不足，但该问题也是我国《民法典》编撰过程中必须面对的问题。

对于夫妻共同债务的范围，应当沿用概括式的立法模式，在此基础上用相关司法解释来补充，还是应当采用列举式的立法模式，尽可能较为详细地规定属于夫妻共同债务的各种情形？笔者认为应当采用概括式的立法模式，在坚持"夫妻共同意思表示"和"用途论"标准的前提下，结合有关司法解

---

① 《意大利民法典》，费安玲、丁玫、张宓译，中国政法大学出版社，2004，第55页。

② 《法国民法典》，罗结珍译，中国法律出版社，2005，第1160页。

释的精神做适当补充，用理论以及实践进行支撑。

（一）概括式立法模式更加符合我国的立法现状

我国对于夫妻共同债务一直采用的是概括式的立法模式，规定一个原则性的条款，如"法释〔2018〕2号"第1条规定的基于夫妻双方合意所生之债为夫妻共同债务。至于用"列举加兜底"这种立法模式来详细列举夫妻共同债务的清偿范围，笔者认为此种方式并不具有可行性。

从文章的第二部分可以知道国外《民法典》关于夫妻共同债务的立法模式，既有概括式，也有列举式。法国、意大利所采用的列举式的立法模式是与夫妻财产制相结合的，严格区分了夫妻共同债务和夫妻个人债务的范围，并且对夫妻共同债务应当如何进行清偿进行了详细的规定，在此种情形下方采用了列举式的立法模式。我国的夫妻共同债务制度往往未能与夫妻财产制相结合，并且我国立法对夫妻财产制也并未像国外那样有系统详细的规定，在此条件之下，对夫妻共同债务并不适宜采用列举式这种立法模式。

此外，由于现实生活的复杂性，各国夫妻债务形成的原因、情形、民族习惯不尽相同，立法模式也有所差异。采取列举的方式并不能穷尽所有的可能，即使制定兜底条款还是会有疏漏，而且由于兜底条款具有一定的模糊性与不确定性，很有可能需要对其进行解释才能适用，这是立法要面临的问题，这个问题如果解决不好，该兜底条款很可能被束之高阁，成为"僵尸条款"。

（二）概括式立法模式符合我国的立法发展趋势以及实践需要

我国夫妻共同债务制度的规定源于《婚姻法》第41条这个概括式的条文，为解决实践中的诸多复杂问题，我国又出台了司法解释，但关于夫妻共同债务的问题依然存在，直至"法释〔2018〕2号"出台。该解释用三个概括式的条文对夫妻共同债务进行了规定，第1条确立的"共债共签"规则符合合同相对性的原理，第2条、第3条所确立的"用于家庭日常生活""超出家庭日常生活由债权人承担举证责任"的规则平衡了债权人以及举债方配偶的利益，符合各方的利益平衡以及当下的社会现状。"法释〔2018〕2 号"遵循了《婚姻法》第 41 条所确立的"用途论"规则，又从举证责任分配的角度平衡了债权人以及举债方配偶的利益，是适合我国立法以及实践需要的司法解释。在《民法典》颁布实施后，此前所确立的司法解释仍然有效，没有必要再用较大的篇幅采用列举式的立法模式来对夫妻共同债务进行详细规定，只需进行概括式的规定，同时沿用原有的司法解释，必要时进行适当的扩充即可。《民法典》"婚姻家庭编"完全吸收了"法释〔2018〕2 号"的规定。

从"法释〔2018〕2 号"和《民法典》"婚姻家庭编"的规定中可以看出我国更倾向于概括式的立法模式，这种立法模式可以包含绝大多数属于夫妻共同债务的情形，免去对夫妻共同债务一一详细归类列举的烦琐。而且任何一个法律都是严谨的，规定得越多，漏洞越多，如果在《民法典》中对有关夫妻共同债务的情形进行规定，还是采取概括式的立法模式较为合理。

在实践中，有关夫妻债务的纠纷时有发生，法官在对纠纷进行审理时运用"用于家庭日常生活"等这种概括式的规定，能够发挥自由裁量权对各种复杂的情形进行判断，而并不一定要机械地套用各种"列举式"的规定，试拟条文如下。

第×××条　夫妻双方以签字等方式做出共同意思表示形成的债务，属于夫妻共同债务。夫妻以婚姻关系存续期间所得财产为限对债务承担连带清偿责任。

夫妻一方行为形成的债务为夫妻个人债务。夫妻行为人以个人财产和双方婚姻关系存续期间所得财产二分之一为限对债务承担清偿责任。债权人知道债务人夫妻之间约定实行分别财产制或者有其他财产约定的，仅以债务人个人财产承担债务清偿责任。但下列情形除外：

（一）债权人能够证明债务用于夫妻共同生活或者家庭日常生活需要的，视为构成夫妻共同债务，夫妻对该债务应当承担连带清偿责任；

（二）债权人能够证明债务用于夫妻共同生产经营的，视为构成夫妻共同债务，夫妻对该债务应当以婚姻关系存续期间所得财产为限承担连带清偿责任；

（三）债权人能够证明夫妻另一方从债务中受益的，应当以受益范围为限认定夫妻共同债务和承担连带清偿责任；

（四）夫妻在抚养、教育未成年子女或者抚养、教育未有意思能力的成年子女中形成的债务为夫妻共同债务，夫妻对该债务应当承担连带清偿责任。

夫妻一方以个人名义所负债务清偿规则之解构 *

＊　本文系项目前期成果，原文发表于《政法论丛》2015 年第 2 期。

一　以夫妻一方名义所负债务清偿规则之现状

（一）以夫妻一方名义所负债务清偿规则之立法和司法

以夫妻一方名义所负债务按照《婚姻法》和相关司法解释，依据一定的条件做出推定或者认定为夫妻共同债务或者夫妻个人债务，这种立法或者司法规范为本文所称的"以夫妻一方名义所负债务清偿规则"。当前对于夫妻在共同生活中一方所负债务的清偿规则散见于1988年最高人民法院通过的《关于贯彻执行〈中华人民共和国民法通则〉若干问题的意见（试行）》（以下简称《民法通则意见》）、1993年《最高人民法院关于人民法院审理离婚案件处理财产分割问题的若干具体意见》（以下简称《离婚财产分割意见》）、2001年修订后的《中华人民共和国婚姻法》（以下简称《婚姻法》）及2001年12月《最高人民法院关于适用〈中华人民共和国婚姻法〉若干问题的解释（一）》（以下简称《婚姻法解释（一）》）、2004年4月《最高人民法院关于适用〈中华人民共和国婚姻法〉若干问题的解释（二）》（以下简称《婚姻法解释（二）》的规定中。近年来，在司法实践中也不乏地方法院对该问题提出具体意见来指导审判活动的情况出现。其中，《离婚财产分割意见》的相关规定为认定规则，其他相关规定在不指明的情况下均为推定规则。

《民法通则意见》第43条规定："在夫妻关系存续期间，一方从事个体经营或者承包经营的，其收入为夫妻共有财产，债务亦应以夫妻共有财产清偿。"此条在夫妻一方债务的推定规则上首次提出以"夫妻关系存续期间且收入为夫妻共有财产"为判断的标准，不论该债务是否用于共同生活，只要收入属于夫妻共有财产，债务就推定为共同债务。

《离婚财产分割意见》第17条规定："夫妻为共同生活或为履行抚养、赡养义务等所负债务，应认定为夫妻共同债务，离婚时应当以夫妻共同财产清偿。下列债务不能认定为夫妻共同债务，应由一方以个人财产清偿：（1）夫妻双方约定由个人负担的债务，但以逃避债务为目的的除外。（2）一方未经对方同意，擅自资助与其没有抚养义务的亲朋所负的债务。（3）一方未经对方同意，独自筹资从事经营活动，其收入确未用于共同生活所负的债务。（4）其他应由个人承担的债务。"如果对以上4项个人债务的认定规则进行反对解释，则影响债务性质的核心要素并不在于夫妻双方合意，而是在于该债务的产生是否为了夫妻双方的共同生活。

《婚姻法》第41条对夫妻债务的清偿做了如下规定："离婚时，原为夫妻共同生活所负的债务，应当共同偿还。共同财产不足清偿的，或财产归各自所有的，由双方协议清偿；协议不成时，由人民法院判决。"同时，该法第17条又规定"夫妻对共同所有的财产，有平等的处理权"。对"财产"做扩大解释可以得出财产包括积极财产和消极财产的结论，而消极财产的主要内容就是债务。这在一定程度上扩大了夫妻财产的范畴，也相应扩大了《婚姻法解释（一）》规定的日常家事代理权的权利行使外延。该解释第17条规定："婚姻法第十七条关于'夫或妻对夫妻共同所有的财产，有平等的处理权'的规定，应当理解为：（一）夫或妻在处理夫妻共同财产上的权利是平等的。因日常生活需要而处理夫妻共同财产的，任何一方均有权决定。（二）夫或妻非因日常生活需要对夫妻共同财产做重要处理决定，夫妻双方应当平等协商，取得一致意见。他人有理由相信其为夫妻双方共同意思表示的，另一方不得以不同意或不知道为由对抗善意第三人。"《婚姻法》保持了以"为夫妻共同生活"形成的债务由夫妻双方共同清偿的判断标准。在随后的《婚姻法解释（一）》中首次引入"日常家事代理权"的概念，将"日常生活需要"

作为判断夫妻处理财产行为的准绳。从该司法解释的颁布时间上来看，其紧随《婚姻法》之后，且该解释扩充了夫妻共同财产的内涵。从该条解释所处的体系来看，其意在完善我国夫妻共同财产的推定规则，因此该解释不仅适用于夫妻共同财产中积极财产的处理，还适用于消极财产的处理。

此后，《婚姻法解释（二）》第24条规定："债权人就婚姻关系存续期间夫妻一方以个人名义所负债务主张权利的，应当按夫妻共同债务处理。但夫妻一方能够证明债权人与债务人明确约定为个人债务，或者能够证明属于婚姻法第十九条第三款规定情形的除外。"不难看出，该条司法解释的宗旨意在保护交易安全、减少交易风险，特别是侧重保护与夫妻一方交易的第三人的利益。

针对该问题的立法整体状况而言，摆在法官面前可供选择的法律规范较为丰富，这一方面反映了立法发展紧跟司法实践和时代进步的步伐，另一方面也造成了法官在适用法律上陷入难以抉择的尴尬境地，特别是在不同时期、不同位阶、不同价值取向的法律规定面前甄别取舍，找到夫妻举债方、非举债配偶和债权人利益平衡点的前提下实现实质公平正义的判决结果，在现行法律框架下已然成为司法实务界面临的困局。

为了解决同案不同判的窘况，已经有地方法院以出台指导意见的形式试图统一司法适用，其中比较有代表性的是浙江省高级人民法院于2009年出台的《浙江省高级人民法院关于审理民间借贷纠纷案件若干问题的指导意见》（以下简称《民间借贷指导意见》）。该指导意见第19条规定："婚姻关系存续期间，夫妻一方以个人名义因日常生活需要所负的债务，应认定为夫妻共同债务。日常生活需要是指夫妻双方及其共同生活的未成年子女在日常生活中的必要事项，包括日用品购买、医疗服务、子女教育、日常文化消费等。夫妻一方超出日常生活需要范围负债的，应认定为个人债务，但下列情形除外：（一）出借人能够证明负债所得的财产用于家庭共同生活、经营所需的；

（二）夫妻另一方事后对债务予以追认的。不属于家庭日常生活需要负债的，出借人可以援引合同法第四十九条关于表见代理的规定，要求夫妻共同承担债务清偿责任。"可见，该条在推定夫妻一方举债的债务归属问题上采取的思路是利用日常家事代理权制度推定债务的性质并适当加重第三人的举证责任，以此来寻求第三人利益和非举债一方配偶利益的平衡。

（二）对以夫妻一方名义所负债务清偿规则的审思

上述清偿规则是我国多年来夫妻债务清偿制度演进的缩影，以该项制度的历史沿革为视角可以发现，夫妻债务清偿规则的发展贯穿立法者对夫妻共同债务之目的推定的主线。在主线延伸的方向上又反映了法律和时代演进过程中对个体利益和交易安全的保护。夏吟兰教授认为凡所欠债务是为了夫妻共同生活之用，即可推定为夫妻共同债务，反之则推定为夫妻一方的个人债务。[1]

目的推定的实质是看所负债务是否为家庭共同生活的需要。这样的立法规定最早出现在我国 1950 年《婚姻法》第 24 条规定中[2]，《婚姻法》第 41 条是对前项制度保留和发展的结果。《离婚财产分割意见》第 17 条的规定是在延续目的推定的前提下，在完善夫妻意思自治的基础上进一步明确夫妻一方对共同财产支配权的行使范围。在夫妻财产关系领域渗透民法财产交易规则，这一情况的发生与市场经济鼓励交易的时代背景密不可分。正是基于对交易安全的保障，《婚姻法解释（二）》第 24 条对婚姻关系存续期间夫妻一方举债的推定规则做出了更有利于保障第三人交易安全的规定。这样的制度倾斜在随后一度引发了债权人与举债方配偶恶意串通，损害非举债一方配偶

---

[1]　夏吟兰：《我国夫妻共同债务推定规则之检讨》，《西南政法大学学报》2011 年第 1 期，第 30 页。

[2]　1950 年《婚姻法》第 24 条规定，"离婚时，原为夫妻共同生活所负担的债务，以共同生活时所得财产偿还"。

利益的乱象，更由此加剧了夫妻关系的道德危机。正是在这样的背景下，浙江省高级人民法院出台的《民间借贷指导意见》将日常家事代理权制度引入夫妻一方举债推定规则中来，虽然有关条文出台后饱受争议，但这些条文充分体现了一线法官的审判智慧和制度思考的融合。法律规定之间的不统一引发了社会各界对以夫妻一方名义所负债务清偿规则的关注和反思。随着近年来夫妻离婚数量的增加和夫妻对外债务问题的频发，夫妻双方和债权人之间的矛盾也愈加凸显，妥善平衡非举债配偶和债权人利益之间的冲突，保障家庭、社会关系的和谐稳定，已经成为破解该困局的难点所在。[①]

对现行法律和司法解释中有关该问题的规定进行类型化梳理，有助于发现并填补法律漏洞。正如黄茂荣先生所言：由于具有共同存在特征者，有共同之当为要求。是故，以共同特征建立之类型，其规范或多或少会相似。此所以利用类型可以触类旁通，帮助了解或解释法律的道理。[②] 当前，以夫妻一方名义所负债务清偿规则可做如下分类。

第一种，看所负债务是否为家庭共同生活所需，也可称之为目的推定规则。该类规定的代表是《婚姻法》第41条、《离婚财产分割意见》第17条。

第二种，看举债时间是否发生在婚姻关系存续期间。代表性的推定规则有《婚姻法解释（二）》第24条、《民法通则意见》第43条。

第三种，看举债是否为日常家事代理权范围。此种分类是基于日常家事代理权范围来判断是否为夫妻共同债务。属于此种分类的推定规则有《婚姻法解释（一）》第17条、《民间借贷指导意见》第19条。

---

① 李洪祥、王春莹：《婚姻法律存在的问题及对策研究——以亲属法体系的完善为视角》，《当代法学》2012年第2期，第98~104页；李洪祥：《我国民法典立法之亲属法体系研究》，中国法制出版社，2014，第178~180页。

② 黄茂荣：《法学方法与现代民法》（第5版），法律出版社，2007，第632页。

二 夫妻一方以个人名义所负债务清偿规则的检讨

(一) 关于夫妻一方以个人名义所负债务清偿规则的主要观点

当前，学术界和司法实务界对此问题提出的解决观点并未形成一致意见且各方分歧较大。争议主要围绕两个层次进行。第一，法律适用位阶之争，即夫妻一方举债的清偿规则坚持采取《婚姻法》确立的夫妻法定财产制为婚后所得共同制。因此，以"共同生活维持"为夫妻共同清偿的一般推定规则。第二，法律对策中的立法重构与法律解释之争。按照上述逻辑进路对现有观点可做如下区分：在夫妻一方举债清偿规则中主张按照民法中债的相对性原理，无论是承担债务还是获得利益均为其个人债务或权利。[1] 该观点同时认为，将夫妻一方以个人名义所负债务按共同债务处理完全突破了个人责任的基本原则，使得另一方配偶必须为他方行为负责，此种规定与民法的基本精神相悖。[2] 还有学者指出，"共同债务推定"原则否认了夫妻各自人格的独立。[3] 在结论上，持此观点的学者普遍提出，改夫妻共同债务为推定规则原则的现状，变为以举债方个人债务为推定规则的原则，以夫妻共同债务为例外的立法建议。

与上述观点相对的是，夫妻一方债务问题坚持在《婚姻法》及相关司法解释所确定的原则和框架下，通过法律解释的方法或者通过创设新的法律规则完善债务推定规则。持此观点的学者虽然在解决该问题的途径上有所不同，但就如下法律基础可以形成一致意见。其一，我国法定夫妻财产制为婚

---

[1] 裴桦、刘接昌：《论夫妻一方所负债务对债权人的效力》，载夏吟兰等主编《婚姻家庭法前沿——聚焦司法解释》，社会科学文献出版社，2010，第122页。

[2] 郦诗远：《我国〈婚姻法司法解释二〉第24条重构》，《时代金融》2012年第11期，第133页。

[3] 江海：《论夫妻一方以个人名义所负债务的认定》，《中国检察官》2013年第24期，第17页。

后所得共同制，婚姻关系存续期间的债务作为消极财产，除了为约定夫妻财产制，且第三人知道该约定或者举债一方配偶与第三人明确约定为一方债务的以外，由夫妻共同清偿债务符合当前法定夫妻财产制的规定。其二，夫妻一方举债推定为共同债务与《婚姻法解释（一）》第17条所规定的夫妻间日常家事代理权制度相适应。既然夫妻间有日常家事代理权，在此范围内，夫妻一方的行为对另一方也会产生效力。将夫妻一方在婚姻关系存续期间以个人名义所负的债务推定为夫妻共同债务正是按此理。[1] 其三，夫妻一方举债推定共同债务扩张了夫妻双方的意思自治能力，促进了经济交往，同时也有利于婚姻家庭生活的便利，减少婚姻生活成本，维护民事交往的安定性和稳定性[2]，且该制度并非我国所独有，域外也有类似的立法例。[3]

尽管以上观点在《婚姻法》所规定的夫妻财产制框架下解决该问题能够在一些方面达成共识，但是在解决措施方面仍有明显分歧。

其一，通过法律解释实现债务推定。具体到《婚姻法解释（二）》第24条采取扩张解释的方法，则是对"但书"中夫妻一方免除责任承担的"除外"事实作适当扩大的理解，即如果夫妻中非借款一方举证证明债权人明知或应当知道该债务非用于家庭共同生活，而是借债方个人债务的，应由借债方承担清偿责任。[4] 以此尝试解决夫妻一方举债责任承担问题中片面依靠《婚姻法》第41条和《婚姻法解释（二）》第24条可能带来的冲突。

其二，建立日常家事代理权制度。通过正式在立法上建立日常家事代理

---

① 卓冬青：《夫妻一方以个人名义所负债务的认定》，载夏吟兰主编《婚姻家庭法前沿——聚焦司法解释》，社会科学文献出版社，2010，第128页。

② 刘雁兵：《关于确认夫妻共同债务的审判思考》，《法律适用》2006年第5期，第57页。

③ 孙科峰：《论夫妻一方以个人名义所负债务的性质》，《甘肃政法学院学报》2011年第5期，第139页。

④ 夏正芳：《由两则案例引发的夫妻共同债务认定的思考》，载中国法学会婚姻法学研究会编《中国法学会婚姻法学研究会2013年年会论文集》，2013，第224页。

权制度，实现对夫妻一方举债清偿问题的合理解决是目前在各方观点中论述最多的。多数学者赞同将日常家事代理权制度同《婚姻法解释（二）》第24条的推定规则相衔接。学者杜江涌指出，根据日常家事代理权、表见代理的法理，审慎推定夫妻共同债务。① 学者张驰等也认为，在夫妻日常家事代理权限范围内的单方负债，应以交易安全为重，倾向于保护债权人的利益。② 在司法实务领域，有法官提出根据《婚姻法》第41条规定，首先将夫妻共同生活作为夫妻共同债务的内在本质，并将其限定在日常家事代理权所负债务范围内③，再以日常家事代理权范围承接《婚姻法解释（二）》第24条，实现了对三条推定规则的有效衔接。

其三，在现行法律对此问题的规定的基础上创设新的法律规范，弥补立法缺憾。持此观点的学者对此提出的对策可分为两种。一是采取具体列举方式确定夫妻共同债务和一方债务的情形；二是采取抽象概括的方式提出新的推定规则。坚持第一种观点的学者在列明的各项情形后分别附加"兜底条款"。④ 学者在立法设计时不仅涉及对实体法的重构，还涉及从程序法的角度平衡享有债权的第三人和非举债一方配偶的利益。从程序的角度进行尝试，主要以分配举证责任的方式实现。有学者提出：夫妻一方以个人名义举债，债权人主张为夫妻共同债务，但夫妻非举债一方提出异议的，由夫妻非举债一方提供证据证明该举债并未用于家庭共同生活，举证不能或证据不

① 杜江涌：《审判实务视角下的夫妻共同债务制度研究》，载夏吟兰等主编《婚姻家庭法前沿——聚焦司法解释》，社会科学文献出版社，2010，第112页。

② 张驰、翟冠慧：《我国夫妻共同债务的界定与清偿论》，《政治与法律》2012年第6期，第83页。

③ 林振通：《夫妻一方对外举债纠纷裁判方法的选择与适用》，《人民司法》2010年第22期，第65页。

④ 何焕锋：《论婚姻关系存续期间夫妻一方以个人名义所负债务的性质——兼评〈婚姻法司法解释（二）〉第24条》，《辽宁行政学院学报》2009年第4期，第35页；姜大伟：《我国夫妻共同债务认定规则的反思与重构》，《西南政法大学学报》2013年第4期，第36页。

充分的，应推定为夫妻共同债务。[①] 采取抽象概括方式重构推定规则的学者提出"双重推定规则"，可以完善现行推定规则的不足，即在《婚姻法解释（二）》第24条夫妻共同债务推定规则的基础上，再增加一项推定规则，推定举债方配偶实施了欺诈行为。[②]

（二）对夫妻一方以个人名义所负债务清偿规则的主要观点的评析

1. 对以推定为个人债务为原则并辅以例外的观点的评析

第一，该观点认为其合理性在于自身符合民法中债的相对性原理，而夫妻一方举债推定为双方共同债务的不合理之处在于其对自己责任的违反。笔者认为，首先，从伦理角度分析，在该问题的法律适用上，不应片面从债的性质考虑，继而适用有关债法原理，而应全面考察该债务发生的夫妻身份性特点。众所周知，债的法律关系属于财产法范畴，带有浓厚的利己性特征，而夫妻间债务的分配和承担的特殊性在于紧密的人身关系，很多情况下，债务的发生是利他的。一味从财产关系角度去适用法律，会对夫妻间的身份关系带来彼此防范和诚信危机。《婚姻法》作为调整夫妻间人身、财产关系的法律规范具有其特殊性，这种特殊性反映在债务承担问题上就是具有夫妻伦理关系的债务推定规则，这是单纯以债务公平分配为理念的财产法规则所不具备的。婚姻关系存续期间发生的债权债务应该考虑其特殊性而适用《婚姻法》的有关规定。其次，从法律适用规则分析，法律规范依其来源不同，而在拘束力上有不同高低层次，从而构成法律的位阶关系，上位规范的效力高于下位规范。[③]《婚姻法》与《民法通则》均由全国人民代表大会审议通过，不存在位阶上的高低之别。在夫妻债务清偿问题上，《婚姻法》与《民法通

[①] 姜大伟：《我国夫妻共同债务认定规则的反思与重构》，《西南政法大学学报》2013年第4期，第37页。

[②] 胡苷用：《夫妻共同债务的界定及其推定规则》，《重庆社会科学》2010年第2期，第68页。

[③] 黄茂荣：《法学方法与现代民法》（第5版），法律出版社，2007，第46页。

则》相比，前者为特别规定而后者为一般规定，根据《立法法》第 83 条法律规范冲突的适用规则的规定，特别规定与一般规定不一致的，适用特别规定。可见，在此问题上适用《婚姻法》的有关法律规范更符合法律适用规则。最后，《婚姻法》是我国民法体系的有机组成部分，其基本价值和精神并不与民法精神相悖。有学者指出，亲属法虽然隶属于民法的范畴，却并不等同于一般的民事法律，民法的一般规则不能简单地照搬到亲属法中。[①] 笔者赞同这一观点，《婚姻法》更侧重夫妻和家庭成员间的伦理关系，在处理亲属间的财产问题上，理应考虑人身关系的特殊性。由此可以看出，学者指出的《婚姻法》推定为夫妻共同债务的规定有悖于民法基本精神的说法是有待探讨的。

第二，将夫妻一方举债的清偿规则调整为以举债方个人清偿为原则，夫妻共同清偿为例外，不符合《婚姻法》法定财产制为夫妻共同财产制的价值理念和实践要求。在当前夫妻法定财产制为共同财产制的条件下，如果将婚后夫妻一方的积极财产作为共同财产，而将其消极财产原则上推定为个人财产，则在财产的推定规则上恐存在规则的理念、价值的不统一。关键是该财产是否进入家庭当中来，成为家庭财产或者夫妻共同财产。

第三，将夫妻一方所负的债务推定为个人债务，势必难以防范夫妻串通逃债现象的发生。这一推定规则相当于使我国夫妻债务清偿制度再次回到了《婚姻法解释（二）》第 24 条实行前的状况，是为立法的倒退。

第四，在此推定规则下存在逻辑冲突。该规则认为，将夫妻一方所负债务推定为共同债务，违反债的相对性原理。但同时，该推定规则将日常家事代理权范围内的债务推定为共同债务并不突破债的相对性原理。[②] 以此逻辑，

---

① 马忆南、杨朝:《日常家事代理权研究》,《法学家》2000 年第 4 期, 第 31 页。

② 裴桦、刘接昌:《论夫妻一方所负债务对债权人的效力》,载夏吟兰等主编《婚姻家庭法前沿——聚焦司法解释》, 社会科学文献出版社, 2010, 第 124 页。

日常家事代理权即为推定共同债务不违反债的相对性原理的根据所在。但对此根据，持以个人债务为原则的观点的学者认为：日常家事代理权制度的合理性并不能推导出"推定共同债务"规则。[①] 推定共同债务的前提和关键是该财产是否进入家庭当中来，成为家庭财产或者夫妻共同财产。

第五，针对有学者认为推定夫妻一方债务为共同债务是对夫妻个人人格的否认的说法，笔者认为，夫妻的人格权是夫妻的法律地位问题，我国当前《婚姻法》及司法解释关于夫妻财产的规定一贯坚持夫妻别体主义下的婚后所得共同制。这是符合我国婚姻关系的现实状况的。因此，并不能把夫妻的法律地位和婚后财产制的形式绝对化看待。

2. 对非举债配偶一方增加否认途径的观点的评析

夏正芳法官提出对《婚姻法解释（二）》第 24 条的"但书"做扩大解释，增加非举债配偶一方否认债务的途径，有助于改善非举债配偶一方的举证负担过重的情况。笔者虽然也赞同通过法律解释的方法解决此类问题，但笔者同时认为，局部的法律解释不能根本解决《婚姻法》第 41 条和《婚姻法解释（二）》第 24 条之间选择上的两难境地。这种观点尽管拓宽了非举债配偶一方的举证路径，但举证责任并未转移、证明程度也未减轻，因此还难以实质上平衡非举债配偶一方和作为债权人的第三人之间的利益。

3. 通过日常家事代理权制度解决债务推定的观点的评析

笔者以为，对于学术界和司法实务界提出通过日常家事代理权制度解决债务推定问题的考虑也具有相当的合理性。对现有法律和司法解释的衔接可以发挥现行法律的作用，节约立法资源。但通过日常家事代理权制度解决该问题，当前仍难以有效减轻举债方配偶的证明责任。笔者认为，明确不同清偿规则下的举证责任分配仍是各方利益平衡的难点所在。日常家事代理权制

---

① 裴桦、刘接昌：《论夫妻一方所负债务对债权人的效力》，载夏吟兰等主编《婚姻家庭法前沿——聚焦司法解释》，社会科学文献出版社，2010，第 121 页。

度的应用主要从实体法层面实现了对债务清偿规则的完善。因此，必须有程序法层面的举证责任分配制度与之对应，才能实现二者在功能上的互补。

4. 对构建新的法律推定规则的观点的评析

就构建新的法律推定规则解决夫妻债务困局的观点，笔者认为，在对现行法律和司法解释进行法律解释的范围内解决当前的问题是最行之有效的。通过列举的方式划定个人债务和共同债务，其弊端主要是容易出现挂一漏万的情形，其次是兜底条款在缺乏推定原则的支撑下又留下了巨大的立法空白。相反，通过"双重推定规则"可以在一定程度上实现对交易安全和非举债配偶一方个人利益的平衡，但难以找到对第二重推定规则的合理法律支撑。而且，"双重推定规则"与《婚姻法》第41条之间在适用中存在的冲突未能得到妥善解决。在不对债务进行区别的基础上，单纯从债务推定规则的角度很难周全地顾及非举债配偶一方和第三人的利益。"双重推定规则"的构建尚难以应对夫妻一方举债通过离婚逃避债务的情形，在此情形下，虽然推定为共同债务，但同时又推定夫妻当中举债一方实施了欺诈行为，只要举债一方故意无法证明自己未实施欺诈行为，该债务则被推定为举债一方配偶的个人债务。该规则无疑加大了夫妻串通离婚逃债的风险。

三 夫妻一方以个人名义所负债务清偿规则的分层和实现路径

（一）夫妻一方以个人名义所负债务清偿规则的分层

笔者认为，《婚姻法》及其相关司法解释在解决夫妻一方以个人名义所负债务方面的总体思路是正确的。在司法实务中之所以出现问题，主要是对现存制度没有进行适当的整合与衔接。因此，对于法律规定不周全的地方，应致力于在法律解释层面进行完善，而非对现行法律做出根本性的改变。我国夫妻法定财产制符合当前社会发展的现实状况，而对于约定财产制的规定又为社会的发展预留一定的空间。因此，实行夫妻共同财产制是当下和今后一段时期必然的选择。正是基于这一选择，夫妻一方举债清偿规则的完善也应以此为基调。

通过对目前各种观点的评析，笔者认为破解该困局的难点在于平衡非举债配偶一方和作为债权人的第三人之间的利益。从法律对策解构的角度来看，应注意结合实体规范间的衔接和程序规范举证责任的合理分配。就实体规范的衔接来说，既要构建层次清晰的清偿规则体系作为对该问题的概括性指引，又要考虑特殊情况予以列举性规定。而就程序举证责任分配问题来说，证明责任的分配应该与推定规则相适应，避免出现对双方利益保护的不平衡的问题。

换言之，就实体层面的法律清偿规则来说，应以判断夫妻一方在婚姻关系存续期间所负债务是否因夫妻共同生活所负为逻辑起点，即以《婚姻法》第41条作为债务清偿的原则。在以判定该债务是否为夫妻共同生活所负债务或者该债务是否成为夫妻共同财产为前提的情形下，将《婚姻法解释（一）》第17条中对"日常生活需要"的界定作为判断夫妻共同生活所负债务的标准。对于符合第17条第1款规定的情形，属于"日常生活需要"之内的债务，适用《婚姻法解释（二）》第24条的规定；此处对《婚姻法解释（二）》第24条应当做出限缩解释，将其中"婚姻关系存续期间夫妻一方以个人名义所负债务"实际限定为"婚姻关系存续期间夫妻一方在日常生活需要范围内以个人名义所负债务"。对于符合《婚姻法解释（一）》第17条第2款情形的，属于"非因日常生活需要"所负的债务，按照该条后半句即表见代理有关制度处理，以推定为夫妻共同债务为原则。对于日常家事代理权范围之外的且不属于表见代理情形的按照举债一方的个人债务推定，对此债务的推定，当下可以以《离婚财产分割意见》第17条第2款规定的4种认定情形为参照。由于在处理夫妻一方以个人名义所负债务推定问题上，坚持以夫妻共同债务为原则、个人债务为例外的推定规则，因此有必要对推定为个人债务的情形予以列举以明确其适用范围，但在日常家事代理权范围外的且不属于表见代理的夫妻一方所负债务的推定不宜规定得过于狭窄。在此情形下，债权人应负有较高的注意义务。

举证责任分配是在实体推定规则之后的第二层次，通过平衡各方举证责任来应对不同推定规则可能造成对一方利益保护不周的情况。具体来说，对于日常家事代理权范围内的夫妻一方举债，适用《婚姻法解释（二）》第24条，原则上推定为夫妻共同债务。符合该条"但书"情形、《婚姻法》第19条第3款情形、《离婚财产分割意见》第17条情形的依照法律规定由夫妻一方负举证责任。同时，笔者赞同将《婚姻法解释（二）》第24条中"但书"的文义做扩张解释，即非举债一方配偶如能证明债权人明知或者应当知道该债务非用于日常生活需要，应当推定为举债一方配偶个人债务的，由举债一方配偶承担还款责任。

日常家事代理权范围之外的夫妻一方所负债务，在符合《婚姻法解释（一）》第17条第2款"表见代理"的范围内，推定为夫妻共同债务。夫妻一方虽不能以不同意或不知道为由对抗善意第三人，但非举债一方配偶仍可以上述推定个人债务的途径将其推定为举债一方配偶的个人债务。日常家事代理权范围之外的债务普遍为非因日常生活需要之债，债权人对其债权应有审慎注意义务。对未尽注意义务的债权人，有责任承担由此产生的债务风险。表见代理规则虽然导致推定债务为共同债务，但债权人仍要承担证明表见代理情形成立的举证责任，从举证责任需要证明的程度来看，债权人需要证明该项财产已经成为夫妻共同财产，法官可以在自由裁量权限度内予以权衡。

在日常家事代理权范围之外的夫妻一方所负债务，又不符合表见代理情形的，原则上应推定为举债一方配偶的个人债务。债权人对夫妻一方举债而请求夫妻共同偿还的，需对债务确实用于共同生活或者成为夫妻共同财产负证明责任，否则非举债一方配偶不承担清偿责任。在这种情形下，由债权人承担举证责任虽然加重了其证明负担，但对于作为出借方的债权人来说，在其债权既不属于夫妻日常生活需要的范围，也没有表见代理的情形下，则应当对该债权存在的风险承担必要的注意义务。如果在此情形下，将该注意义务及举证责任分配给非举债一方配偶来负担，显然是不公平的。

（二）夫妻一方举债清偿规则的实现路径

1.日常生活需要范围的界定

在前述推定规则中，对债务性质的最终认定需要从选择推定规则和举证责任分配两个方面进行。推定规则的选定取决于对夫妻一方举债所生债务是否属于日常生活需要或者日常家事代理权范围的判断。在《婚姻法解释（一）》第17条对日常家事代理权的界定尚不清晰的情况下，有必要以法律解释的方法明确其范围。

对此范围的界定，我国司法解释认为，日常家事代理权的范围，通常包括家庭生活所必要的一切事物。[①] 对家庭生活的宽泛性如不加限定势必导致对日常家事代理权的滥用。我国台湾地区学者史尚宽先生曾对日常家务的范围有所讨论，他指出通常必要的一切事项，一家之食物、光热、衣着等之购买，保健（正当）娱乐、医疗，子女之教养，家具及日常用品之购置，女仆、家庭教师之雇佣，亲友之馈赠，报纸杂志之订购等，皆包含在内。反之夫或妻纯粹职业上之事务，非日常家务，为超出日常生活费之借款，将配偶特有财产供担保或出卖之处分行为，一般认为在此代理权之范围以外。[②] 我国有学者提出，对日常家事范围宜做概括规定，界定为："为了满足家庭和家庭成员的生存、保健和发展需要的事务"[③]，"所谓日常家事是指夫妻双方及其共

---

① 最高人民法院民事审判第一庭编《婚姻法司法解释的理解与适用》，中国法制出版社，2002，第64页。

② 史尚宽：《亲属法论》，中国政法大学出版社，2000，第316页。

③ 卓冬青：《夫妻一方以个人名义所负债务的认定》，载夏吟兰等主编《婚姻家庭法前沿——聚焦司法解释》，社会科学文献出版社，2010，第131页。

同的未成年子女日常共同生活所必需的事项"①。

当前，日常家事范围不宜具体限制在列举的事项中。尽管具体列举对于司法实践有更强的可操作性和针对性，但难以为制度发展留下空间。此外，日常家事范围的认定在不同经济条件和风俗习惯的地区也会有所不同。对以数额论日常家事代理权范围的认定模式，笔者难以认同，在不同经济条件下的当事人对财产支配的数额很难有一定的标准，如果以表示数额的"较大""巨大"等程度的词语来厘定日常生活需要的范围，这一认定是不清晰的。对此范围的界定，笔者赞同史尚宽先生的意见，同时还应考虑我国现阶段婚姻家庭生活的实际情况，以满足夫妻及其子女所组成的家庭为保持、发展共同生活需要而发生的符合家庭经济计划的事项。同时，对此判断应赋予法官根据个案自由裁量的权力。

2. 各方利益的有效平衡

能否应对当前司法实践中出现的夫妻一方与第三人串通以伪造债务的方式侵害非举债配偶一方利益的情形和夫妻串通逃债侵害债权人利益的现象，是制度设计的最终归宿，也是验证该清偿规则能否有效的实践标准。

在夫妻串通逃债的情形中，日常家事代理权范围内的债务可直接推定为夫妻共同债务，由夫妻双方承担债务清偿责任。即使在日常家事代理权范围外的债务，债权人也可以通过表见代理制度，在举证证明符合表见代理的责任内推定该债务为共同债务，从而充分保证债权人利益。

在夫妻一方与第三人串通侵害非举债配偶一方利益的情形下，通过日常家事代理权范围的界定，对于在日常家事代理权范围内的债务，按照《婚姻法解释（二）》第24条中"但书"的规定做扩张解释，以使非举债配偶一方

---

① 杜江涌：《审判实务视角下的夫妻共同债务制度研究》，载夏吟兰等主编《婚姻家庭法前沿——聚焦司法解释》，社会科学文献出版社，2010，第111页。

有相应的救济途径，同时按照法律规定可以直接推定为一方债务的情形，则直接推定为夫妻一方债务。日常家事代理权范围之外的债务，第三人需要承担相应的证明责任，在符合表见代理的情形下，债权人仍需要对所负债务的真实性和有代理权的外观承担举证责任。在不具备表见代理的条件下，原则上推定为举债一方的个人债务。在举证责任的分配中，实现对非举债配偶一方的有效保护。必须杜绝以夫妻一方名义举债的数额已经超出全部家庭财产价值且属于夫妻共同债务的情形发生。

附录二

夫妻共同债务规则的法理逻辑 *

* 教育部人文社会科学研究规划基金项目（16YJA820009）的阶段性成果，准确地说是项目结项后完成的成果，由李洪祥、曹思雨合作完成。相关内容发表于《交大法学》2021年第 1 期。

《中华人民共和国民法典》（以下简称《民法典》）第 1064 条中将夫妻共同债务的认定及推定规则分为以下三种标准：夫妻双方共同意思表示标准，基于夫妻双方的意思表示所负债务包含夫妻双方共同签字也就是通常所说的"共债共签"和夫妻一方的事后追认；家庭日常生活标准，单方举债且债务符合婚姻关系存续期间为家庭日常生活所负；共同生活、共同生产经营用途标准，债务人在夫妻单方举债时，能够证明债务用于夫妻共同生活、共同生产经营。该条款在《最高人民法院关于审理涉及夫妻债务纠纷案件适用法律有关问题的解释》（以下简称"法释〔2018〕2 号"）的基础上修改继受，夫妻共同债务范围与《法释〔2018〕2 号》没有大的区别。追溯夫妻共同债务规则时，《中华人民共和国婚姻法》（以下简称《婚姻法》）第 41 条的夫妻共同债务认定规则为"为夫妻共同生活所负债务"，即"用途论"标准，后《婚姻法解释（二）》第 24 条规定了夫妻共同债务的推定规则，将夫妻关系存续期间发生的债务推定为夫妻共同债务，即"时间论"推定标准。可以看出《民法典》在夫妻共同债务规则上对原有的"用途论"进行了修改，对"时间论"标准进行了改变，以双方的共同意思表示为首要认定标准，以用于家庭日常生活、共同生产经营为认定标准和推定标准。规则的改变反映出价值选择以及法理逻辑的改变，探讨夫妻共同债务规则的法理逻辑可以明确夫妻共同债务的认定与推定范围、通过解释明确债务的责任财产范围以及清偿规则等，明确价值选择、发展方向，寻找现存的问题，进行立法完善。

一　《民法典》夫妻共同债务规则的前因后果

《民法典》颁布之前，夫妻共同债务认定与推定适用的标准一直未有定论，即使"法释〔2018〕2号"已经出台了与《民法典》夫妻共同债务规则几乎一样的规定，但在实践中，适用"法释〔2018〕2号"的相关案例仅有142件①，2018年后，夫妻共同债务相关案例仍然以适用《中华人民共和国合同法》（以下简称《合同法》）、《婚姻法》、《婚姻法解释（二）》为主②，可见"法释〔2018〕2号"的出台未能完全扭转夫妻共同债务的逻辑，诸多不同的夫妻共同债务认定、推定标准一起适用，无法就夫妻共同债务认定、推定形成统一规则。夫妻共同债务纠纷自2013年的2.6万余件案例激增至2016年的16万余件，案件量一直居高不下，需要出台统一的夫妻共同债务规则以明确夫妻共同债务的认定和推定范围。在此背景下，编纂的《民法典》改变原有"时间论""用途论"等夫妻共同债务规则，并将夫妻共同债务的认定、推定与清偿规则分开，第1064条单独规定了三种夫妻共同债务的认定和推定标准。

《民法典》中关于夫妻共同债务的第一个认定标准是共同意思表示，共同意思表示最初出现于夫妻约定财产制中，即《婚姻法》第19条、《婚姻法解释（二）》第8条，以法律的形式认可在夫妻财产关系上，夫妻可以依据双方意思表示选择不同的夫妻财产制度。婚姻家庭的形成基础本就是夫妻双方的意思表示，人身关系的形成是由于夫妻达成结婚合意而形成婚姻关系，

---

① 对"法释〔2018〕2号"以"北大法宝"为检索平台进行法规检索，共检索出142件相关案例，引用第1条的23件，引用第2条的15件，引用第3条的98件，其他案例未明确适用的具体条款。

② 在"聚法案例"平台，以"夫妻共同债务"为关键词在"本院认为"中进行检索，实体法条引用以《合同法》第205条、第206条、第207条为主，引用《婚姻法》第41条的仅1212件。

而夫妻财产关系也可以基于双方的自愿选择不同的财产制度；从债务的形成来看，共同债务也必须是债务人与债权人基于意思表示自由形成债权债务关系。将共同意思表示认定标准写入《民法典》是贯彻婚姻自由、男女平等婚姻原则的应然性选择，也弥补了《婚姻法》及相关法律法规的不足。共同意思表示既包含"共债共签"，也包含另一方以其他方式或事后追认，仅将共同意思表示标准表述为"共债共签"并不全面。

《民法典》第1060条确立了日常家事代理权，第1064条中规定了家庭日常生活需要所负债务为共同债务的认定标准，该标准的雏形最早出现在《婚姻法解释（一）》第17条中，后"法释〔2018〕2号"第2条也规定了家庭日常生活需要的认定标准，但是并没有相应地规定日常家事代理权的范围，造成了请求权权力基础的缺失。家庭日常生活需要的范围在《民法典》中尚无具体规定，但从具体案例的判决可以看出，一般所说的家庭日常生活需要范围包括衣食住行、医疗、子女教育、日常娱乐活动等，从文义上来看，家庭日常生活需要没有规定数额，但在司法实践中，超出家庭收入过多或严重不符合家庭消费水平的债务，不论债务用途为何均难以符合该标准。[①]

债务用于夫妻共同生活、生产经营或基于共同意思表示是夫妻共同债务规则的第三个认定标准。《婚姻法》将债务用于夫妻共同生活作为唯一认定规则，而《民法典》的规则相对多元化。必须明确用途标准的共同生活与家庭日常生活需要标准不同，夫妻共同生活范围一般认为包括夫妻共同收入、共同消费等，也包括赡养老人所负债务和一方婚前财产转化成的夫妻共同财产如房产，但这些完全不属于夫妻家庭日常生活的种类或已经超出家庭日常生活的数额限制。债务用于共同生产经营的标准于"法释〔2018〕2号"中做出规定，该规则符合夫妻共同债务的发展趋势，夫妻共

---

① "连东华、李玉荼民间借贷纠纷二审民事判决书"，（2017）闽03民终3454号，福建省莆田市中级人民法院。

同债务的案由不局限于婚姻家庭、继承领域，涉及合伙协议、农村土地承包合同、公司、企业的纠纷越来越多，对夫妻共同生产经营中所负债务进行规定是社会经济与《民法典》完善的必然。共同生产经营的内涵一方面由意思表示决定，另一方面由用途决定，即双方共同决定生产经营事项和一方从生产经营活动中受益。该标准所涉及的夫妻身份与个体工商户，有限责任公司、股份有限公司的法定代表人、控股股东的身份重叠，债务承担须与《民法典》规则进行衔接，而不能只考虑夫妻共同债务规则。

《民法典》夫妻共同债务规则有限地吸收了原有夫妻共同债务认定、推定标准，如《婚姻法》第41条"用途论"，将原本的唯一标准修改后作为共同债务构成的标准之一；也摒弃了《婚姻法解释（二）》的"时间论"标准，认定标准或推定标准都不再以夫妻关系存续期间为界定债务性质的依据；吸收完善了"法释〔2018〕2号"中"共同意思表示""家庭日常生活需要"等认定标准。

二 《民法典》中夫妻共同债务规则的理论依据

其一，《民法典》共同意思表示的认定规则依据为法律行为理论，法律行为理论重视当事人意思自治，《民法典》第133条也突出了民事法律行为的关键是"意思表示"。当事人按照自己的意思为自己设定权利义务，权利义务发生的根据正是当事人的意思表示。[①] 如果债务是出于夫妻双方意思一致又与第三人达成共识，该借贷行为产生的义务亦应由夫妻双方共同承担。在这一逻辑下，即使夫妻共同签字或追认发生于婚姻关系产生前，在婚姻关系产生后该债务依然是夫妻共同债务；夫妻共同债务的构成与夫妻采用何种财产制无关，只要夫妻双方都有共同举债的意思表示即可成立共同债务，不需

---

① 尹田编著《法国现代合同法》，法律出版社，1995，第13页。

要财产共同共有的物权理论基础。

其二，家庭日常生活需要推定规则形成的基础是夫妻之间的日常家事代理权，夫妻因行使日常家事代理权形成的债务属于共同债务。《民法典》颁布前，家庭日常生活需要标准的基础是财产共有还是日常家事代理权未有定论，此前日常家事代理权并没有得到立法确认，是一个源于罗马法的概念，不能当然用于解释夫妻共同债务认定推定标准。《民法典》第1060条中日常家事代理权得到立法确认，债务用于家庭日常生活需要、基于日常家事代理权而成立共同债务。夫妻一方为用于日常生活的债务借贷行为实际上是一种行使日常家事代理权的代理行为，单方借贷债务成立共同债务的逻辑在于表征上该行为是以单方名义实施的借贷，实际上该行为包含自己的意思表示和代理意思，效果归于行为人自己和被代理人。代理行为是一种法律行为，其运行要基于法律行为的逻辑。在司法实践中常常认为"时间论"标准的基础是日常家事代理权[①]，即将日常家事代理权与财产的共同共有相联结。代理权基于代理行为而来，其逻辑必然遵循以意思表示为核心的法律行为理论，那么代理权的范围界定在日常家事范围内是否基于财产共同共有呢？就《民法典》第1060条规定看显然不是，夫妻一方对日常家事范围可以进行约定，该约定显然可以超出财产共同共有范围，甚至可以突破婚后所得共同制。在分别财产制之下日常家事代理权依然成立，以财产共同共有作为日常家事代理权的法理逻辑无法形成逻辑通路。此外，不论代理权范围为何、日常生活需要的范围是大是小，均不应该改变代理权的性质和逻辑基础。该推定规则是对权利进行的推定，举债方配偶为推翻权利推定必须证明造成共同债务的

[①] "欧阳炅与王正刚、付玉云民间借贷纠纷一审民事判决书"，（2017）湘0111民初1953号，湖南省长沙市雨花区人民法院；"南通市云顶实业总公司与金燕妮、蔡鹏驰合同、无因管理、不当得利纠纷二审民事判决书"，（2017）苏01民终1527号，江苏省南京市中级人民法院；"邹利辉、欧阳晃民间借贷纠纷二审民事判决书"，（2017）湘01民终7564号，湖南省长沙市中级人民法院。

日常家事代理权实际上不存在或有消灭日常家事代理权的事实存在，这使得举债人配偶陷入非常残酷的境地①，也为夫妻共同债务规则埋下隐患。

其三，用于夫妻共同生活、共同生产经营的债务为夫妻共同债务的法理逻辑依然是法律行为理论。债务用于夫妻共同生活缘何为共同债务，该债务性质不因夫妻之间财产共有还是分别所有而改变，财产的共同共有既不能构成充分条件也不能成立必要条件。用于共同生活的债务构成共同债务的基础是夫妻双方在共同生活中共同经营家庭生活，履行了家庭义务，所以用于共同生活标准的本质是家庭成员是否共同履行了家庭义务，非举债方家庭成员是否实际享有、使用债务。②在夫妻双方对举债没有形成共同意思表示的情况下，非举债人对债务的使用与债务利益的享有，正体现了非举债人对举债的意思表示。这种意思表示是默示的，是通过非举债方对债务的使用体现的。通过对共同生活含义的分解观察，共同生活首先要求夫妻有共同生活的能力，双方具有独立人格，有独立参与共同生活、履行义务的能力，而非一个共同体。夫妻履行生活义务是一种法律行为，是出于自身意思表示，只有双方共同生活履行生活义务才会共同享受债务利益，权利与义务不可分割，如果夫妻分居或一方不尽家庭义务也就没有享受债务利益的可能，故用于共同生活的债务成为夫妻共同债务的基础是夫妻双方的意思表示，只是这种意思表示并不体现于签字或追认，而是通过债务用途体现的默示意思表示。正因为这种默示意思表示区别于一般共同意思表示与日常家事代理权，共同生活标准区别于共同意思表示标准和日常生活需要标准，只有债权人证明债务用于共同生活才构成共同债务，债务人不需要证明自己没有默示意思表示。此外，该标准是一种事实上的推定规则，即"以对易于证明事实的证明来替

①　〔日〕高桥宏志：《民事诉讼法——制度与理论的深层分析》，林剑锋译，法律出版社，2003，第458页。

②　李洪祥：《论夫妻共同债务构成的依据》，《求是学刊》2017年第3期，第86页。

代对难以证明事实之证明，"①，债权人以证明债务用于共同生活的事实来替代证明夫妻双方的默示意思表示，因默示的意思表示本身是难以证明的事实，而在婚姻家庭中享有使用的债务可以外在地证明举债人配偶知道债务存在并且没有回避债务的使用与利益享有，故以用途推定夫妻双方实际的共同意思，降低了债权人的证明难度。

由共同生产经营的含义可以看出，共同经营的判断依据是夫妻双方是否决定生产经营事项，或债务人配偶是否于生产经营中受益。以共同或授权合意决定生产经营事项为认定共同生产经营的标准，本质仍是共同意思表示规则，共同生产经营债务推定标准实质是推定双方因共同决定经营事项而知道、默认债务产生。但是从生产经营收益推定共同债务的逻辑上还存在一定的"岔路"，在实践中法院通常以夫妻间财产制度——婚后所得共同制作为债务人配偶受益的依据，即使债务人配偶不知或没有使用债务依然推定债务人配偶从生产经营中受益，这种实践逻辑又回到以财产为共债基础上了。在该逻辑下有学者提出，不能因经营者的家庭成员、身份关系而怠于考察举债人与配偶的真实举债意思，否则极有可能因夫妻财产制度而造成共同债务推定范围的任意扩大。②

对比完全被《民法典》摒弃的《婚姻法解释（二）》的"时间论"规则，其逻辑以物权共同共有理论为基础，物权逻辑核心是在夫妻关系存续期间夫妻是一个整体，而夫妻在对第三人承担债务的财产关系上被看作一个整体的表现在于婚后所得共同制。以财产共同共有为逻辑基础认为男女在缔结婚姻之后如无特殊约定采取法定财产制，即《婚姻法》第17条、第18条规定的

---

① 〔日〕高桥宏志：《民事诉讼法——制度与理论的深层分析》，林剑锋译，法律出版社，2003，第458页。

② 陈凌云：《夫妻共同债务认定规则中的伪命题：共同生产经营》，《当代法学》2020年第2期，第32页。

婚后所得共同制，在该财产制下，夫妻双方对夫妻任何一方的婚后所得享有共有权，及以平等的形式占有、使用、收益和处分的权利。基于财产共有中利益共享、风险共担的理论，因婚后财产共有，债务利益属于共同财产，故共享债务利益的夫妻应当共同承担债务。故最终在婚姻关系存续期间，如夫妻没有约定特殊财产制或约定财产制不被债权人知晓，那么在此期间形成的债务均可认定为夫妻共同债务。① "时间论"的合理性在于其是基于婚后所得共同制下家庭关系常态做出的假设，但也应该对举证责任进行重新分配，以规避利益过度倾斜等不利影响。② 学者认为其合理性在于历史上我国对于夫妻财产契约制的接受程度低，债权人出于传统家庭观念、交易习惯以及对婚后所得共同制的认识，相信债务及所得由夫妻共知共享，认为夫妻双方均对债务负责。并且婚姻家庭带来的亲密关系决定了婚姻中的夫妻任何一方都不会划分财产中的得失，对于单方举债，其配偶往往认可。③ 但物权共同共有理论作为法理逻辑，在整个夫妻共同债务规则领域是无法做到逻辑完善的，而且以此逻辑作为推定逻辑会导致共同债务范围的随意扩大，使价值选择过度倾斜于债权人，损害举债方配偶利益，增加婚姻道德风险，破坏婚姻家庭制度，与我国立法意旨相悖。④

三　夫妻共同债务规则的理性回归

《民法典》中夫妻共同债务规则从多方面对认定和推定规则进行完善，整体上的法理逻辑已经回归法律行为理论。有学者主张夫妻共同债务与共同

---

① 李红玲：《论夫妻单方举债的定性规则——析〈婚姻法解释（二）〉第24条》，《政治与法律》2010年第2期，第119页。

② 孙若军：《论夫妻共同债务"时间"推定规则》，《法学家》2017年第1期，第148页。

③ 汪金兰、龙御天：《我国夫妻共同债务推定规则的法理基础与适用》，《安徽大学学报》（哲学社会科学版）2018年第2期，第108页。

④ 李洪祥：《论夫妻共同债务构成的依据》，《求是学刊》2017年第3期，第86页。

财产制有关，或者夫妻共同债务应该在共同财产制下研究，并且从《德国民法典》的内容来看，现在的三种认定标准与德国法定财产制下的夫妻共同债务情形一致。但是德国的法定财产制虽为共有，实则不同于我国的财产共同共有，而是增益财产制，夫妻双方的财产由各自管理、债务独立承担，在法定财产制结束时，对比各自财产在增益共有制开始和结束时的价值，将得出的增值数额在双方中平衡。在增益财产制下，配偶单方处分财产需要获得许可，法律行为须得配偶另一方同意。[①] 与此不同，我国法定财产制下的"时间论"规则，不问配偶是否知情均先推定为共同债务。故夫妻共同债务的认定范围虽然基本一致，但基于共同财产制的内涵不同，不能将共同债务的认定比照德国法中的共有财产制。从《民法典》的三个认定、推定标准来看，夫妻共同债务与财产制并无必然联系，不论夫妻采用何种财产制均不影响夫妻共同债务的认定、推定。饱受争议的《婚姻法解释（二）》第24条是财产共同共有逻辑下的产物，这一逻辑下的夫妻债务规则的弊端也在第24条中体现得淋漓尽致。该规则的部分合理性建立于传统夫妻财产共同共有和夫妻一体的观念下，但传统家庭观念受到经济理性和个人人格的观念发展的影响，正在向个人人格独立以及夫妻对共同财产平等使用权转变。

（一）财产共同共有逻辑下夫妻共同债务规则的困境

1.夫妻财产成为一方举债的债权人债权的担保

在传统交易习惯尤其是民间借贷中，债权人出借时无须问借款的用途，且在共有逻辑推定中，债权人无须考察债务用途也无须过问夫妻财产制度，这些对债权人来说不影响共同债务认定。债权人在出借时无须尽这些注意义务的原因在于：基于传统家庭观念，夫妻一体、财产共同支配，不论夫妻一方谁举债，该债务都属于共同债务，由夫妻共同偿还，故在财产共有逻辑

[①]　王葆莳：《德国联邦最高法院典型判例研究·家庭法篇》，法律出版社，2019，第156页。

下，债权人出借时的考量因素只为家庭，造成债权人不必然考察举债方配偶是否知情或夫妻财产制情况。传统家庭观念下，采用约定财产制的家庭极少，基本上是只要结婚，夫妻财产关系就是婚后所得共同制。造成在共有逻辑下夫妻双方或家庭财产、个人财产都成为一方举债时债权人的债权担保。

而随着交易习惯的改变，人们的出借行为越来越谨慎，加之男女平等原则的贯彻以及人们独立人格和权利意识的觉醒，人们越来越重视婚姻中的独立人格与权利行使，财产共有与财产共益、财产共用的距离越来越远。现实的婚姻家庭关系中，越来越多的家庭采用约定财产制，即使夫妻没有约定分别财产制，但财产的使用却常常是分开的，夫或妻并不完全清楚另一方工资或财产的使用情况，在此条件下使举债方配偶对自己完全不知情的债务承担共同偿还的责任，会造成夫妻债务规则的实质不平等。并且默认婚后所得共同制带来的债务由夫妻双方共用的历史背景已经改变，基于该背景，婚后所得共同制带来的一定程度上对妻一方的保护价值也不存在了，能起到的保护妇女、弱者的价值作用非常有限，就如罗马法时代的法谚："立法的理由不存在，法律也就不存在了。"随着社会经济、观念的发展，夫妻共同债务规则须与时俱进。虽然婚后所得共同制依然是法定财产制，但从立法来看，关于夫妻财产制的类型越来越丰富和规范，夫妻合意选择财产制的情况越来越多。婚后所得共同制是法定财产制，以此推断婚后所得共同制为逻辑出发点，还会造成推断的不当扩张，"那就是生吞活剥地借用外国的制度、规则，把它们当作解决中国问题的灵丹妙药。"[①] 并且婚后所得共同制虽然是法定财产制，但是采取何种财产制本质上是夫妻合意选择的，并非具有夫妻关系就一定采用婚后所得共同制，只是法律推定夫妻双方未采用约定所有制即采用法定财产制，财产共有不能成为逻辑的起点，起点仍是法律行为理论的核

---

① 陈瑞华：《社会科学方法对法学的影响——在北大法学院博士生〈法学前沿〉课上的演讲》，《北大法律评论》2007 年第 1 期，第 205 页。

心——意思表示与法律行为。所以，仅因财产共有就当然推断夫妻双方和家庭财产、个人财产成立债权的担保是有违立法原则和立法价值的。

2.婚姻不仅仅是夫妻共同生活的"共同体"

婚姻关系不等于捆绑关系，夫妻双方的婚姻均建立在独立人格和财产的基础上。但共有逻辑中，财产共有将人身关系密切的夫妻关系作为一个整体或等同于经济团体，认为夫妻做出意思表示的目的与经济团体成员类似，但实际上家庭成员做出法律行为的出发点并非以经济目的、经济利益为首要目标，还会考虑该行为是否危及家庭关系。虽然合伙组织在商事领域是成员联系紧密的团体，但与家庭相比存在根本差异。夫妻关系从伦理上来说，远比合伙成员的感情联系紧密，尤其是有孩子的家庭，感情上存在不可分割的纽带。从法律上来说，婚姻关系是被法律承认的一种亲密关系，夫妻双方的人身和财产都有了一定程度的联结。但婚姻家庭关系中的成员并不丧失主体人格，否则等于开历史倒车。[①] 合伙组织成员首先是基于共同利益联系在一起的，出发点是为了经济利益；而人身关系的联系仅是选择何种经济组织形式的依据。婚姻的缔结并非出于经济利益目的，夫妻关系与合伙组织做出法律行为的逻辑出发点不同，前者是以人身关系为基础联结在一起的，财产关系建立于人身关系的基础上，二者虽有相似点，但不可类比，更不能以经济团体的逻辑推论夫妻共同债务规则。此外，财产上，夫妻共同财产与个人财产没有分割与合伙企业中企业财产与个人财产未做区别[②]，仅具有形式上的相似之处。我国在共同财产上也没有像《德国民法典》一样引入财产管理者或其他共同财产管理的相关规定，无论是在逻辑起点还是在具体规则上都不适宜将夫妻看作一个合伙组织。

---

① 李洪祥:《论夫妻共同债务构成的依据》,《求是学刊》2017 年第 3 期，第 85 页。

② 冉克平:《论夫妻共同债务的类型与清偿——兼析法释〔2018〕2 号》,《法学》2018 年第 6 期，第 69 页。

如果按照经济团体的财产共有逻辑为出发点，以共财推理共债势必会造成家庭成员对其不知情、不受益的债务承担责任。《婚姻法解释（二）》第24条出台后，"被负债""反24条联盟"等新闻、组织层出不穷，《检察日报》《新京报》《工人日报》《北京青年报》等刊物都对夫妻共同债务中"被负债"问题有多次报道。以"夫妻共同债务"为原告诉称关键词的案件中，二审、再审的比例高达13.83%，而婚姻家庭纠纷案件整体的二审、再审率仅有5.99%。① "被负债"现象已经成为司法实践和社会生活中的问题、难题。

3. 不尊重当事人意思且违反立法原意

违反立法原意使机会主义行为多发。将婚姻关系存续期间的债务全部推定为夫妻共同债务是将债务关系高度身份化，忽视夫或妻的个体意思，这显然违背私法中意思自治原则，突破了债的相对性原理，也与《婚姻法》越来越强调个体独立的理念相违背。在这种情况下，将举债方配偶强行拉进债务关系，不问其是否真正认同该债务也不问债务用途，让举债方配偶承担债务责任，必然会损害举债方配偶的合法利益，并且造成举债方与债权人虚构债务侵害举债方配偶利益的乱象，同时，机会主义行为频发不利于维护婚姻家庭的和谐稳定，是对既有婚姻家庭制度的破坏。而上述所说婚后所得共同制的目的在于注重公平，促进男女双方在婚姻家庭中相互帮扶，共同营造良好家庭环境。但是若以婚后所得共同制为共同债务认定的逻辑基础，使得婚姻关系存续期间的债务全部由夫妻共同承担，显然与婚后所得共同制的立法价值相违背。②

未尊重当事人意思且忽略个体为经济理性人的特点。制度的产生受经济

---

① 以2010年7月6日的"聚法案例"平台的案例数量为基础，在民事判决下，对比婚姻家庭纠纷案由整体与该案由下原告诉称中关键词为"夫妻共同债务"的案件二审、再审比率。

② 李洪祥：《论夫妻共同债务构成的依据》，《求是学刊》2017年第3期，第86页。

基础的制约，虽然经济分析的方法在婚姻家庭领域还没有广泛应用，但经济利益分配平衡，社会关系才能平衡稳定[①]，在婚姻家庭领域也是如此。此前，北京房产税规定引发的"假离婚"现象，正是因为没有考虑夫妻经济理性的特点，政策引发婚姻关系内成员的经济理性特质，造成"假离婚"现象。"被负债"现象频发也有此原因——主观认定夫妻的道德和感情高于个人经济理性，而不顾个人经济理性。"被负债"往往产生于夫妻感情或家庭伦理关系出现裂痕的时候，这时个人出于经济理性考虑引发机会主义行为，造成"被负债"。

（二）法律行为理论是夫妻共同债务规则的理性选择

法律行为理论是夫妻共同债务规则的理性选择，其基本的运行逻辑是：自己的行为由自己负责，共同行为共同担责。夫妻共同债务由夫妻共同行为形成。夫妻双方就举债达成合意，基于对夫妻意思自治的保护的法理和原则，由夫妻双方共同对债务承担责任。以法律行为理论为法理逻辑的夫妻共同债务规则既利于保护夫妻自由处分财产的意思自由，又有利于保护债权人与夫妻双方的交易安全和合法财产权利。法律行为理论强调债务应形成于夫妻双方合意，有效排除了夫妻双方没有合意，举债人配偶又没有获得利益的情形造成的"被负债"现象。[②] 夫妻财产关系如离婚财产分割、涉及忠诚协议的财产关系并非单纯的财产关系，而是以夫妻人身关系为前提，财产关系变化并不一定以协议中的意思表示为基础而以双方人身关系的存续为起点，故不能仅以法律行为理论进行解释。夫妻共同债务规则不论夫妻人身关系是否存续，都不影响夫妻共同债务的存在，仅有可能影响共同债务的范围及清偿，这种财产关系可以适用法律行为理论。

[①]　夏扬:《中国法律传统的经济理性》,《法学研究》2016 年第 5 期, 第 192 页。

[②]　李洪祥:《制度法理依据的理性回归》,《法制日报》2019 年 7 月 4 日, 第 5 版。

1. 充分尊重夫妻双方的意思表示

夫和妻共同构成婚姻家庭，作为生活共同体，可以基于夫妻双方的共同意愿做出一定的行为，该行为是共同体的行为，共同体应当承担相应的责任；夫妻一方也可以有自己独立的行为，对自己的行为当然应当自己承担责任。法律行为理论认为行为人基于自己的意思表示对自己的法律行为负责，在夫妻共同债务领域，《民法典》第1064条第1款中规定共同意思表示是构成夫妻共同债务的主要形式，是法律行为理论的逻辑；第1款中家庭日常生活需要的日常家事代理权与第2款共同债务的共同生活、共同生产经营用途都可以与法律行为理论衔接，他们最终都是因为意思表示而承担债务责任，有自己意思和代理意思以及推定意思表示的区别。

《民法典》虽然越来越强调家庭的重要性，如第1034条规定了家庭文明建设，但同时也更强调婚姻家庭是由个体组成，不能因为缔结婚姻就忽视了个体的存在，要重视个体意思表示，如婚内析产、夫妻共同债务规则、子女抚养权的规定，充分说明家庭关系中应充分重视成员意愿，任何人的意愿不可随意代替其他人的意愿。尤其在现代社会中，家庭成员依附关系减弱，更强调成员间的平等关系。夫妻个人的人身独立性越发明显，夫妻越来越少地以共同体身份参与社会活动，夫妻财产不再是截然不可分或独属于一方的，夫妻个体完全享有独立处分财产的权利和能力。法律行为理论不仅能涵盖"共签共债"的情形，夫妻单方签字但是有证据证明是夫妻共同意思表示的，或是可以推定为夫妻共同意思表示的认定规则均可以被法律行为理论所涵盖。法律行为理论所强调的是尊重夫妻双方的意思表示，而不是为了限缩夫妻共同债务的范围。同时法律行为理论也要求不能随意地将以夫妻单方意思表示的举债行为效果施加给举债方配偶。故法律行为理论体系的夫妻共同行为共同负责、个人行为个人负责的要求更加符合当代人追求个体独立的价值取向和社会现实生活。

2. 客观上起到保护女性的作用

从司法实践出发，虽然我们赋予夫妻双方平等的权利，双方都可以对外举债，但是在实践中更多的是丈夫单独举债，而妻子一般被迫加入共同债务，女方"被负债"的情况占比达73%。[①] 如果以财产共同共有为基础，那么债务一旦进入婚姻关系存续期间，举债方配偶将必须共同承担债务，而举债方配偶在实践中多为女性。显然在女方不知情情况下让其对债务承担责任会严重损害女方利益，与婚姻家庭法保护弱者的原则相违背。以法律行为理论为逻辑基础，让女方承担债务责任的前提是女方必须有意思表示，即表明共同借债或对债务进行追认。这就极大程度地避免了婚姻家庭中弱势一方被裹挟进债务之中。

3. 举证责任可与民事诉讼法进行衔接

《民法典》中夫妻共同债务规则的举证责任分配相对明晰，简单梳理有以下几种。一是在共同意思表示标准下，主张债务为共同债务的债权人须证明债务为双方共同意思表示。二是在日常家庭生活需要标准下，债权人承担初步举证责任，如果举债方配偶认为该债务不属于日常家庭生活需要范围则应当承担相应的举证责任，如证明夫妻处于分居中、夫妻处于离婚诉讼中、债权人明知夫妻财产分别所有等情况。共同生活、共同经营标准下，债权人对所负债务用于共同生活负举证责任，要证明债务为双方约定的共同债务，债务是为抚养、教育等所负，债务人有大额财产无法说明来源等情况。可以看出《民法典》中夫妻共同债务规则的举证责任分配可以适用"谁主张谁举证"的基本举证规则。法律行为理论与民事诉讼法"谁主张谁举证"的分配规则更加一致。反观《婚姻法解释（二）》第24条需要非举债方为共同债务负担举证责任并承担举证不能的败诉风险，而主张

[①] 刘吟秋：《离婚夫妻之间未举债被负债，女方占比73%》，《人民法院报》2019年3月26日，第6版。

债务为共同债务的债权人根据财产共有的推定规则不需要承担举证责任，这是有违"谁主张谁举证"的基本规则的。民间借贷的债权人与债务人之间大都是熟人、亲戚关系，债权人有能力知晓债务用途，并非完全处于举证弱势一方，债权人应当对出借的款项负责，即没有强有力的理由使债权人突破"谁主张谁举证"的规则。而《民法典》规定债权人要承担债务为共同债务的初步举证责任，虽然这与传统交易习惯"借钱不问用途"有悖，但这可以使借贷行为更谨慎，更有利于厘清债务关系，保护当事各方利益。

四　夫妻共同债务规则的立法缺憾与展望

（一）清偿规则的内容与理论衔接存在问题

《民法典》改变了《婚姻法》第41条以一个条文规定共同债务范围与共同债务清偿两个问题的状态，将共同债务规则与清偿规则拆分，清偿规则单独规定于第1089条中。清偿规则是夫妻共同债务制度的重要内容，不可或缺，但《民法典》将《婚姻法》第41条中关于清偿的规则保留未做改动，清偿的方式仍然是"共同偿还"。但"共同偿还"在法律中是一个相对模糊的概念，夫妻双方负连带清偿责任、按份清偿责任、有限责任，都可以构成"共同偿还"，清偿规则并没有明确"共同偿还"的性质，也没有将不同认定、推定规则下的债务分别对应不同的清偿方式，应当明确何种债务由夫妻承担连带清偿责任，何种债务由夫妻承担共同的有限责任等。

在共同债务范围规则与清偿规则的理论衔接问题上，共同债务认定、推定基本回归法律行为理论，但共同清偿规则仍没有明确改变。对于共同清偿规则，学界普遍的理解是应以连带责任为主，以有限责任为辅。"共同偿还"债务性质为何为连带债务？其逻辑基础仍以《民法典》第307条基于共有财产"对外连带、对内按份"的债务清偿规则为依托，仍落脚于财产共同共有，但这就导致共同债务规则内清偿规则与范围认定规则的逻辑无法衔接。如果以法律行为理论为基础，那么清偿规则应根据认定标准不同进行分类，在性质上分连带责任、有限责任，在责任财产范围上分共同财产、个人财产，在清偿顺序上分以共同财产为先、共同财产个人财产不分顺序进行清偿，不能仅以"共同偿还"蔽之。而目前的清偿规则仍以财产共有为依据，那么不同夫妻财产制下的清偿顺序、责任财产范围也应不同。在清偿内容上，不论何种理论基础都不能简单以"共同偿还"为规定。在理论衔接上，认定规则遵从法律行为理论，清偿规则仍以财产共同共有为基础，导致同一认定标准下的债务在不同的夫妻财产制下可能产生不同的清偿方式，使夫妻共同债务规则的逻辑不一致。

（二）日常家事代理权规则有待完善

日常家事代理权的社会背景变化。日常家事代理权起源于罗马法，是在"男主外女主内"的家庭模式下产生的[①]，家庭妇女没有收入但是又要管理日常家庭生活，负责购买物品。在此背景下，德国民法认为男性应当对妇女进行日常家庭生活采买的债务承担责任。其基本目的是保护没有收入但负责日常家庭生活的妇女。后为平衡男女权利与义务，日常家事代理权的内涵拓展为夫妻双方都可以将个人为家庭日常生活需要进行的交易活动的效果归于另一方，也就基本上与现在意义上的"日常家事代理权"相类似。但是随着经济发展与男女平等观念的贯彻，家庭中男女在地位和经济上都趋于平等，如今双职工家庭普遍存在，男女在经济上趋于平等，都足以实施独立的法律行为。[②]

日常家事代理权的权能改变。日常家事代理权本是作为补充女方财产处

---

① 冉克平：《论因"家庭日常生活需要"引起的夫妻共同债务》，《江汉论坛》2018年第7期，第104页。

② 王战涛：《日常家事代理之批判》，《法学家》2019年第3期，第140页。

分权而产生的，现在发展成夫妻相互代理的一项"权能"，《民法典》将其规定于第 1060 条。日常家事代理权本是赋权性规定，但从实践用途来看，在新的家庭关系、男女地位、财产关系背景下，即使没有日常家事代理权也并不影响日常家事活动的正常进行。并且在日常家事活动进行过程中，第三人在与夫妻一方进行债务活动的时候，夫妻很大程度上没有行使代理权的意思，第三人也没有意识到夫或妻是在进行代理行为，即在进行日常家事活动时，日常家事代理权并非必需。反观债务承担中日常家事代理权在法律体系与实践中发挥的作用，其成为夫妻共同债务认定的标准之一。日常家事范围内，夫妻行使代理权使法官在裁判时或债权人在出借时推定夫妻有举债合意，无论夫妻任何一方以个人或者双方名义处分共同财产，另一方都不得以对方的处分行为未经其同意而主张无效，都要承担清偿债务责任。日常家事代理权在实践中非赋权意义而是设定义务的依据，应避免滥用和机械适用。

日常家事代理权已经写入《民法典》，但"家庭日常生活需要"是一个模糊概念，日常家事代理权范围没有明确界定、效力没有明晰化，日常家事代理权的适用风险和空间仍然值得进一步探讨。[①] 如果日常家事代理权仅作为夫妻共同债务规则的一种权力基础，是可以被共同意思表示标准与用于家庭共同生活标准替代的。法律将日常代理权确立下来是否代表其属于夫妻间法定权利？法定权利的权力基础为何？我国立法一直没有明确说明，对其适用范围也不明确，司法实务中法院对其认识很不统一。[②]

（三）"被负债"风险仍然存在

"时间论""用途论"标准下，夫妻共同债务纠纷常出现于借贷之后，一方主张没有达成共同意思或没有受益。在共同意思表示标准之下，夫妻之

---

① 李洪祥：《论日常家事代理权视角下的夫妻共同债务构成》，《当代法学》2020 年第 5 期，第 21~22 页。
② 李洪祥：《制度法理依据的理性回归》，《法制日报》2019 年 7 月 4 日，第 5 版。

间的矛盾并不是不存在，而是时间提前，在未借贷时夫妻就不能达成一致意见。这虽然减少了共同债务纠纷，但实际上对婚姻家庭稳定的影响依然存在，债务利益共享而风险不共担势必造成婚姻家庭关系的不稳定，婚姻危机并未解决。在一方举债的情形下，债务人一方与配偶联合转移财产以及举债人一方与债权人串通，证明债务为共同债务，其余一方均很难规避"被负债"情况。在日常家事代理权与共同生活、共同生产经营标准之下也仍有产生"被负债"的可能。

但总体来说，夫妻共同债务制度向着逻辑统一、认定和推定标准细化完善、可操作性强的方向发展。《民法典》改进完善"用途论""时间论"标准，整合为现在的第1064条，标准的逻辑基础较为统一，覆盖债务较为全面，为司法实践提供了具有较强可操作性、一致性的法律规范。在修改完善过程中借鉴了外国经验，如日常家事代理权，但并没有完全按照德国法、日本法的规则规定我国夫妻共同债务，仍保留我国婚姻家庭的传统财产制度与习惯，如夫妻共同财产制、债务认定中的"用途论"标准。《民法典》中夫妻共同债务制度虽仍有待进一步解释与完善，但相信符合我国国情的、具有可操作性的、完善的夫妻共同债务制度距离我们已经越来越近。

附录三

法律行为理论视角下夫妻共同债务清偿规则 *

＊ 基金项目：教育部人文社会科学研究规划基金项目（16YJA820009）的阶段性成果，作者为李洪祥、曹思雨。原文发表于《山东社会科学》2021 年第 4 期。

《民法典》"总则编"对民事责任的规定延续了连带责任与按份责任的二分传统，"婚姻家庭编"应遵循"总则编"中民事责任的规定。基于夫妻共同财产制，夫妻共同债务在性质上应属连带债务。在法律行为视角下，根据确定夫妻共同债务认定和推定标准，可以划分为夫妻共同行为形成的债务与夫妻一方个人行为形成的债务。原则上，夫妻共同行为形成的债务，其责任财产包括夫妻共同财产与夫妻一方的个人财产；个人行为形成的债务，其责任财产仅为夫妻一方的个人财产，但债务用于夫妻共同生活、共同生产经营的，从公平原则考量，夫妻双方应以婚姻关系存续期间所得共同财产对债务承担连带责任。

一　问题的提出

（一）司法实践中夫妻共同债务清偿的回应

在司法实践中，法院关于夫妻共同债务确定和清偿的案件，裁判结果存在以下三种情况：其一，夫妻双方对共同债务承担连带责任，但不明确责任财产的范围。[①] 其二，夫妻双方对共同债务承担连带责任，并明确责任财产的范围。根据笔者收集到的情况，最高人民法院曾做出过两份判决书，其中一份判决书明确举债方配偶应当以夫妻共同财产对举债方的保证债务承担连带责任；[②] 另一份判决书则是举债方配偶自愿以夫妻共同财产为限承担清偿

[①]　参见"易清娥、卢迎春借款合同纠纷再审民事判决书"，（2018）最高法民再213号，最高人民法院。

[②]　参见"中国光大银行股份有限公司天津分行与李强、天津天成制药有限公司等金融借款合同纠纷二审民事判决书"，（2015）民二终字第303号，最高人民法院。

责任，法院尊重举债方配偶的意愿。^① 其三，夫妻双方对共同债务承担共同清偿责任，既没有指出责任类型，也没有明确责任财产的范围，法院确定的争议焦点为主体是否承担共同清偿责任。^② 该种情况在法院判决中大量存在。

从上述司法裁判结果可以看出，法院在夫妻共同债务的清偿问题上并没有明确清偿的性质，也没有明确清偿责任财产的范围。即使法院对清偿责任的性质和责任财产的范围做出说明，在不区分债务类型的条件下直接将夫妻共同债务性质定性为连带责任，也存在着逻辑不顺的问题，责任财产范围的划分也无法给出有力的说理依据。

（二）《民法典》对夫妻共同债务清偿的规定

《民法典》对夫妻债务制度进行了改进，明确规定了基于"共债共签"等共同意思表示、日常家事代理权、用于夫妻共同生活或者共同生产经营等形成的债务构成夫妻共同债务。但《民法典》对夫妻共同债务的清偿规则并未作修改，其第 1065 条与第 1089 条大体沿用《婚姻法》第 19 条与第 41 条的规定，对债务清偿责任的性质、责任财产的范围与清偿顺序都没有改变和进一步细化。可以预见，在没有其他司法解释的情况下，夫妻共同债务的清偿在解释上与司法实践上仍会存在较大的不确定性与争议。

《民法典》第 1089 条明确了"夫妻共同债务应当共同偿还"规则，《最高人民法院关于适用〈中华人民共和国民法典〉婚姻家庭编的解释（一）》（以下简称《婚姻家庭编解释（一）》）第 35 条第 2 款规定，一方就夫妻共同债务承担清偿责任后，有权主张由另一方按照离婚协议或者人民法院的法律

---

① 参见"恒丰银行股份有限公司昆明分行、红河州南砂矿业有限责任公司金融借款合同纠纷二审民事判决书"，（2019）最高法民终 1636 号，最高人民法院。

② 参见"周彪、张丽萍民间借贷纠纷二审民事判决书"，（2019）最高法民终 306 号，最高人民法院；"董卫星、刘争艳民间借贷纠纷再审民事裁定书"，（2019）最高法民再 378 号，最高人民法院；"王鹏、昆明泰中房地产开发经营有限公司民间借贷纠纷再审民事判决书"，（2018）最高法民再 116 号，最高人民法院。

文书承担相应债务。根据这一规定，夫妻一方先对共同债务承担责任的，应属对外责任；而一方承担债务后可以要求另一方承担相应债务，应属于夫妻共同债务在夫妻间的分割。如此看来，这种债务清偿符合连带责任"对外连带、对内按份"的特点，但这种特定情形下的清偿责任，并不能直接扩张解释为夫妻共同债务的清偿责任为连带责任。《民法典》《婚姻家庭编解释（一）》均没有对夫妻共同债务的清偿进行详细规定，也未区分不同原因形成的夫妻共同债务的清偿责任。

（三）夫妻共同债务清偿的理论争论

从近年的研究成果看，有关夫妻共同债务的清偿问题在以下三个方面已经达成了一定程度的共识。其一，夫妻共同债务不等于连带债务。夫妻双方对共同债务不应一概承担连带清偿责任，更不能把夫妻共同债务的清偿责任定性为连带责任。其二，在责任财产范围上，应当区分个人财产与共同财产。即使是夫妻共同债务，也不应将夫妻双方的个人财产与夫妻共同财产全部纳入责任财产的范围，应根据不同的债务类型进行区分。其三，责任财产的范围在清偿顺序上应有所区别。

虽然学界基本认可夫妻共同债务清偿规则需要进行上述区分，但在如何区分上却存在不同认识，而且阐释的角度区别很大。其一，夫妻共同债务清偿的责任财产包括举债方个人财产、夫妻共同财产、离婚时分得的夫妻共同财产中的财产。原则上，夫妻共同债务应由夫妻共同财产清偿，当一方举债被认定为夫妻共同债务时，责任财产的范围及于举债人的个人财产，且没有清偿顺序的限制。[1] 从夫妻财产制来看，实行夫妻共同财产制的目的是保全夫妻共同财产，共同债务的责任财产也不应该超出该范围。[2] 其二，夫妻

---

[1]　参见缪宇《走出夫妻共同债务的误区——以〈婚姻法司法解释（二）〉第24条为分析对象》，《中外法学》2018年第1期，第255页。

[2]　参见龙俊《夫妻共同财产的潜在共有》，《法学研究》2017年第4期，第36页。

共同债务清偿的责任财产包括共同财产与个人财产，但清偿有先后顺序，只有当共同财产不足清偿时，才可以用个人财产清偿。[①] 其三，在现有债法体系下，细化债务类型并将不同成因的债务划分成共同债务与个人债务再进行清偿。[②] 其四，将夫妻共同债务的类型根据责任财产进行区分，具体分为"个人责任""有限责任""连带责任"，对应的责任财产为举债方个人财产、举债方个人财产与夫妻共同财产、双方个人财产和共同财产。[③] 上述问题，在《民法典》中并没有解决或引导，导致《民法典》颁布后夫妻共同债务的清偿也未能看见一个较为清晰的规则。

二 法律行为理论下夫妻共同债务的分类

在夫妻财产制理论下，对夫妻共同债务进行类型化区分，往往是基于法定夫妻财产制进行是共同财产制还是分别财产制的区分，不同财产制下的夫妻共同债务的清偿规则不同。从《民法典》对夫妻共同债务的认定和推定规则来看，夫妻共同债务的确定不受夫妻财产制的影响，而以行为人意思表示为确定夫妻共同债务的核心要件。从有关夫妻共同债务的司法案件中可以看出，法院对执行清偿夫妻共同债务的态度是不统一的。[④] 故在法律行为理论下，《民法典》应继续完善夫妻共同债务的清偿规则，在确定责任类型与责任财产范围时，尽可能还原夫妻举债时的真实意思，不再以财产制决定清偿

---

① 参见张弛、翟冠慧《我国夫妻共同债务的界定与清偿论》，《政治与法律》2012年第6期，第87页。

② 参见刘征峰《夫妻债务规范的层次互动体系——以连带债务方案为中心》，《法学》2019年第6期，第99页。

③ 参见申晨《夫妻债务类型的重构：基于有限责任的引入》，《清华法学》2019年第5期，第116页。

④ 参见安徽省宿松县人民法院（2019）皖0826执异13号执行裁定书、安徽省安庆市中级人民法院（2019）皖08执复24号执行裁定书、河北省保定市中级人民法院（2016）冀06执异82号执行裁定书。

的性质与责任财产的范围。①

（一）夫妻共同行为形成的债务

《民法典》对夫妻共同债务的确定规则进行了修改但清偿规则并未改变，原则上仍是夫妻共同债务由夫妻共同清偿。同时，夫妻共同财产不足清偿或夫妻实行分别财产制时，双方协议清偿。仅从文义解释的角度来看，共同清偿的责任财产的范围应该是夫妻共同财产。若不考虑债务的性质，夫妻双方或单方的举债，其责任财产的范围应是举债方个人的全部财产。若夫妻共同债务的责任财产仅限于夫妻共同财产，一定程度上就限缩了责任财产的范围。

依法律行为理论，夫妻共同债务构成应以共同意思为核心，所以应以举债行为是个人行为还是共同行为来区分债务清偿责任。出于个人意思表示所为的行为是个人行为，出于夫妻共同意思表示所为的行为是共同行为。在夫妻债务中，个人意思是指在举债时，举债意思仅由夫妻一方做出，举债方配偶没有举债意思或不知举债行为；共同意思是指举债时夫妻双方共同作出的意思表示或举债方代理配偶进行举债的意思表示。本文所讨论的意思表示是法律行为事实构成层面上的，行为人希望其所表达的内容产生法律效力的意思。意思表示问题对法律行为效果产生影响，但不是法律行为问题本身。②夫妻个人举债行为仅包含夫妻一方的意思表示，夫妻共同举债行为包含夫妻共同意思表示，因此，夫妻共同债务的清偿责任原则上应严格限定：共同行为构成的债务，以夫妻双方的共同财产清偿。

（二）个人行为形成的债务

个人行为形成的债务是基于夫妻一方意思表示而形成的，属于个人债

---

① 参见李洪祥《〈民法典〉夫妻共同债务构成法理基础论》，《政法论丛》2021 年第 1 期，第 68 页。

② 参见〔德〕维尔纳·弗卢梅《法律行为论》，迟颖译，法律出版社，2013，第 30 页。

务范畴。但是，当个人债务用于夫妻共同生活或共同生产经营时，举债方配偶也通过举债人的举债行为享受了相应利益。因此，若将配偶排除在债务清偿责任之外，对举债方和债权人都不公平。出于公平原则考量，举债方配偶应与举债方共同承担债务责任。同样，依公平原则，清偿责任财产的范围应根据举债方与举债方配偶的受益范围来确定。

三 夫妻共同债务清偿责任性质的确定及原因

（一）夫妻共同债务清偿责任的性质

夫妻共同债务与夫妻共同债务责任不同，债务的性质和责任的性质不同。虽然夫妻共同债务在体例上属于《民法典》"婚姻家庭编"的内容，但在内在逻辑上其应与整个债法体系相一致，在债务责任性质上应与《民法典》"总则编"的规定相一致，为连带责任或按份责任。因此，夫妻共同债务清偿的责任不应另行创设新的责任类型，但是可以通过对责任承担的具体方式的调整来设计夫妻共同债务的清偿规则。在《民法典》"侵权责任编"中，第三人违反安全保障义务需要承担相应的补充责任，这是一种对连带责任的补充。借鉴这种规定，可以通过责任承担的具体方式的设计而使夫妻共同债务的清偿规则更加完善。

关于夫妻共同债务清偿的性质，理论上存在着不同的认识。有学者主张夫妻共同债务清偿的性质是连带责任。例如，有学者认为，夫妻为共同债务人与债权人存在内部关系和外部关系，婚姻关系存续期间夫妻有共同利益存在的一面，也有人称之为"共同体"，应以夫妻共同财产对债务进行清偿。一旦夫妻身份关系破裂，共同财产分割为个人财产，原本对外的共同责任转变为连带责任，夫妻任何一方都有清偿全部债务的责任，当一方清偿全部债务后，超出自己应清偿的数额，发生内部追偿之债，离婚时应确定夫妻各方的清偿比例。[①] 还有学者认为，夫妻共同债务应先以共同财产清偿，夫妻共同财产不足以清偿的由夫妻各方承担连带责任，夫妻一方承担了全部债务后，取得了向夫妻另一方追偿其所应承担份额的权利。[②] 也有学者主张应当引入有限责任，将夫妻债务类型整体重构，将"共同债务""个人债务"的二分改为根据责任财产范围的三分。[③]

笔者认为，为符合《民法典》对民事责任的规定，避免另行创设民事责任类型，基于夫妻共同债务清偿的特点以及立法原意，夫妻共同债务的清偿责任应认定为连带责任。从理论上看，法律要求承担连带责任的主体具有牵连关系，如合伙、代理、共同行为等。从实践上看，司法实践认为，债消灭的效力及于其他责任人，其虽没有明确说明债务性质，但适用的是连带责任的效力规则。如最高人民法院认为，夫妻共同债务和责任财产的范围应该是一致的，因此，一方在发生抵销的情况下，另一方也应在相应范围内免除责任。[④] 这正是连带责任绝对效力产生的债消灭的效果。可见，夫妻共同债务清偿的责任性质符合连带责任特点与司法实践传统。

（二）夫妻共同债务清偿责任性质确定的原因

从《民法典》第 1064 条来看，夫妻债务的确定与夫妻财产制没有必然联系。夫妻共同债务并非只产生于夫妻财产共同制之下，关键要看夫妻举债

---

① 参见李晓斌、何学忠《离婚案夫妻共同债务处理之我见》，《现代法学》1995 年第 3 期，第 59 页；邓卫平：《离婚案件中夫妻共同债务处理存在的问题及建议》，《法律适用》1996 年第 5 期，第 23 页。

② 参见尚志东、张西、王文信《婚姻法不宜设定以夫妻共同财产清偿共同债务》，《人民司法》2009 年第 1 期，第 69 页；冯源：《夫妻债务清偿规则的价值内涵与立法改进》，《中南大学学报》（社会科学版）2014 年第 5 期，第 136 页；王歌雅：《离婚财产清算的制度选择与价值追求》，《法学论坛》2014 年第 4 期，第 30 页。

③ 参见申晨《夫妻债务类型的重构：基于有限责任的引入》，《清华法学》2019 年第 5 期，第 116 页。

④ 参见"肇庆市东方广场商业投资有限公司、王如洪债权转让合同纠纷再审民事裁定书"，（2018）最高法民再 29 号，最高人民法院。

时的真实意思表示，或根据债务用途判断夫妻对债务的知情情况，其核心是看举债行为中的意思表示，包括代理的意思等。笔者认为，夫妻共同债务的清偿规则也应该贯彻法律行为理论，依意思表示进行整体上认定。从国外立法例中，也可以看出夫妻共同债务清偿规则具有整体性，采用何种财产制、债务认定与推定规则、清偿规则等应当具有逻辑上的一致性。

采用共同财产制为法定财产制的国家，在共同债务清偿规则设计上均明确划分共同财产与个人财产的责任财产范围，并与债务形成的原因、用途进行匹配，最终形成不同债务的不同清偿方式。如《法国民法典》第1409条将夫妻共同债务根据用途分为两个部分：一是为维持日常家庭生活开支和子女教育的费用、夫妻应负担的生活费用及缔结的债务；二是在夫妻共同财产制下发生的其他共同债务。前一种债务由夫妻双方负连带清偿责任，而后一种债务的清偿则不发生连带效果。但《法国民法典》第1413条也明确规定在夫妻共同财产制下，不论债务用途与产生原因，债权人可以请求以共同财产进行清偿。①

采用分别财产制为法定财产制的国家，原则上夫妻双方对财产分别所有、管理、使用，对债务独立承担责任，对于共同债务的范围予以明确，并且认定非常严格。如日本民法规定，日常家事代理权所生债务为共同债务、因共同财产所生债务属共同债务，并由夫妻双方承担连带责任。德国、瑞士等采用盈余分配制的国家，在夫妻共同债务的认定上，都不约而同地对因日常家事代理权而发生的夫妻共同债务做出限缩解释，夫妻仅对被认定的共同债务承担连带责任或由双方负责，而分别财产制下的连带责任由于夫妻财产分别所有，故其责任财产范围仅及于夫妻个人的全部财产。②

---

① 参见《法国民法典》，罗结珍译，法律出版社，2005，第1140页。
② 《德国民法典》，郑冲、贾红梅译，法律出版社，1999，第316、317页；《瑞士民法典》，殷生根、王燕译，中国政法大学出版社，1999，第45~56页。

可见，财产制与夫妻共同债务清偿规则，并非一一对应的必然关系，故不能以清偿规则的好坏肯定或否定夫妻财产制度，反之亦然。[1] 同时，不同财产制度或清偿规则也不存在天然的优劣。在我国婚后所得共同财产制下，如果债务清偿规则能与财产制相适应，符合夫妻双方采用的财产制和负债时的真实意思表示，能平等保护和协调债务关系中各方利益，又能得到有效执行，就构成适合我国实践的规则。因此，更改夫妻财产制并非解决债务清偿问题的唯一途径。

四 夫妻共同债务清偿规则的理论依据

（一）以法律行为理论为依据的必要性

根据《民法典》的规定，夫妻债务确定规则的理论依据已经从物权法财产共有理论转向法律行为理论。[2] 在夫妻债务制度统一逻辑下，即使夫妻债务清偿规则未作改变，但其理论依据并非必然不发生改变。在采用夫妻共同财产制为法定财产制的国家，其清偿规则的理论基础仍无法避免适用物权法财产共有理论。溯源清偿责任，考虑的核心要素并非夫妻意思而是夫妻采取的财产制度，是典型的"财产共有、债务共担"理念。相比之下，采用分别财产制的国家原则上债务由夫妻各自清偿，其理论基础是夫妻财产制。但是，这些国家也都不同程度地吸收了法律行为理论或"用途论"的理论，对夫妻共同债务清偿的特殊情形进行理论补充解释。

在我国，《民法典》规定的夫妻法定财产制依旧为婚后所得共同制，但夫妻共同债务确定规则不再一概以婚姻存续时间为标准，而是以是否有举债

---

[1] 参见王礼仁、何昌林《夫妻债务的司法认定与立法完善》，人民法院出版社，2019，第287页。

[2] 参见李洪祥《〈民法典〉夫妻共同债务构成法理基础论》，《政法论丛》2021年第1期，第62页。

合意为核心进行确定。这说明，我国在夫妻共同债务规则上的理论基础已从由夫妻财产制决定转向由双方合意决定了。此外，《民法典》在夫妻共同债务的确定规则上并没有像《意大利民法典》等对共同债务基于不同财产制进行分类。若仅在清偿部分依据物权法财产共有理论将不同类型的共同债务进行类型划分，这将导致同一认定标准下的债务清偿责任财产的范围差异巨大，而这种差异又不符合夫妻双方在举债时的真实意思。因此，夫妻债务清偿规则的理论依据应当与认定规则的理论依据统一为法律行为理论。

（二）夫妻共同债务清偿规则中的意思表示

法律行为与事实行为区别的标志就是意思表示，法律行为必须是根据行为人的意思表示设立，不可脱离行为中的意思表示另行产生效力。法律行为中的意思并非是心理层面的内在意思，而是法律秩序所确定的法律行为事实构成层面的意思。[1] 法律不仅保护行为人的意思自治还保护相对人对行为人意思的信赖，因此，在设计清偿规则时需要在二者中进行平衡而非单纯保护债务人或债权人利益。同时，意思表示关注的是行为人的行为意思以及效果意思，而相对人对表示的理解并不总能与行为人的理解完全一样，因此，出于公平考虑，在解释意思表示时必须把相对人的理解与行为人本身的意思表示都考虑在内。如果只考虑行为人的意思，就无法以该意思去约束相对人；而如果不考虑行为人原意解释意思表示，则难免有悖于诚实信用原则。[2] 故依法律行为理论考察夫妻共同债务，并非只从个人角度对共同债务进行确定与清偿，只考虑举债方原意，使夫妻共同债务的清偿倾向于尊重举债方的利益。夫妻共同债务的行为人并非只有举债方一人，在解释举债方本意的同时必须考虑债权人对意思表示的识别，而为保护债权人利益的实现，必然会考

---

[1] 参见〔德〕维尔纳·弗卢梅《法律行为论》，迟颖译，法律出版社，2013，第60页。

[2] 参见〔德〕卡尔·拉伦茨《法律行为解释之方法——兼论意思表示理论》，范雪飞、吴训祥译，法律出版社，2018，第75页。

虑举债方与其配偶作为共同体对债权人负责的情况。法律行为理论并非只能从个体或团体某一个角度进行分析，个体和团体利益在法律行为理论下具有可兼容性。①

五　完善夫妻共同债务清偿规则的建议

（一）共同行为形成的债务的清偿规则

1. 共同签字等共同意思表示形成的债务的清偿规则

基于夫妻双方"共债共签"等共同意思表示形成的债务，也包括举债方配偶事后对债务的追认，均构成夫妻共同债务。在夫妻共同行为下，其意思表示可分为两种情形。其一，夫妻共同举债但对如何清偿没有另行约定。此时，若夫妻对共同意思表示所负债务都认可且愿意承担责任，则成立连带责任。在责任财产的范围方面，夫妻双方都对债务承担全部责任，债权人可以向夫妻双方或者任何一方进行求偿，夫妻个人财产和共同财产都属于责任财产的范围。若夫妻婚姻关系存续，应先以共同财产进行清偿，不足部分由个人财产进行清偿；若夫妻离婚且夫妻共同财产已经分割，则债权人可以向夫妻双方或任何一方进行求偿，夫妻双方都有清偿全部债务的责任。应当指出，离婚判决及财产分割协议仅对夫妻双方具有约束力，一方清偿全部债务后可以向另一方追偿，具体比例应当依照离婚判决书中对债务的划分确定。其二，夫妻共同举债但对债务清偿另有约定。此时，若债权人明知此约定，则债务清偿责任应根据约定进行分配；若债权人不知该约定，则该约定不影响债权人债权实现，仅影响夫妻间的债务追偿和追偿比例。

2. 行使日常家事代理权形成的债务的清偿规则

夫妻行使日常家事代理权的行为实际上包含两个法律行为，即举债人

---

① 参见李洪祥《亲属法规则财产法化趋向论》，《求是学刊》2016年第4期，第89页。

自己的举债行为和代理配偶举债的行为。由于夫妻之间的特殊人身关系，双方都对对方在日常家事代理权范围内的行为具有代理权，这种代理是随着身份关系的确定而依法成立的，相应地在债务关系中突破了合同的相对性。在婚姻关系存续期间，举债方与其配偶基于夫妻身份关系的紧密联系与对共同生活情况的基本认知，夫妻一方在家事范围内的举债效果也应及于举债方配偶，其原理是通过推定举债方配偶有举债的共同意思而对债务负责。[①] 在责任财产方面，实务中相较于基于经营活动形成的债务，基于日常家事代理权形成的债务小额居多，且债权人往往与债务人的经济实力相当，故在责任财产范围的确定上应尽量帮助债权人实现债权，以保持夫妻双方之间对债务承担的相对平衡。就债务清偿规则而言，应根据举债方实质上的两种行为确定责任承担：一是举债方自己进行举债的，因属于个人行为应以共同财产和个人财产对债务承担清偿责任；二是代理配偶进行举债的，举债方配偶因承受代理的效果，须对日常家事范围内的债务承担与本人实施法律行为时相同的效果，也需要以共同财产和个人财产对债务承担清偿责任。在清偿顺序上，基于日常家事代理权形成的债务应先由夫妻共同财产进行清偿。若对共同财产和个人财产的清偿顺序不加以区分，会造成夫妻间的债务清偿责任承担不平衡，也会导致夫妻离婚时再倒查共同债务清偿责任而增加夫妻离婚时证明责任承担的难度。从真实意思表示来看，因日常家事代理权形成的债务，推定夫妻双方意图以共同财产清偿符合常理。而一方先以个人财产负担日常家事代理权形成的共同债务，在没有另行约定的情况下明显加重了夫妻一方的债务负担，客观上使一方仅享受债务利益而不承担责任，这不符合当事人的真实意思表示。

[①]　参见李洪祥《论日常家事代理权视角下的夫妻共同债务构成》，《当代法学》2020年第5期，第20页。

（二）个人行为形成的债务的清偿规则

1. 用于共同生活的债务的清偿规则

在个人行为形成的债务中，夫妻一方以个人名义超出家庭日常生活需要的举债，法律规定应由举债方自行承担债务清偿责任。但是，由于债务用于夫妻共同生活，举债方配偶在日常生活中享受到举债带来的利益，因此，其在该债务的清偿上也不能置身事外。"利益共享、风险共担"与财产共有逻辑下"财产共有、风险共担"有所区别，财产共有是以夫妻财产制为基础的，夫妻都将对婚姻关系存续期间的全部债务承担共同清偿责任。但在"利益共享、风险共担"中，无论是共同财产制还是分别财产制，夫妻是否承担债务清偿责任要看其是否实际享有债务带来的利益。在个人行为形成的债务的清偿规则上，应当区分以下两种情况：其一，以个人名义超出家庭日常生活需要的夫妻一方的举债，而债务用于夫妻共同生活；其二，在日常家事代理权范围内的夫妻一方的举债。在前者，于债务性质的认定上，若举债方配偶没有与举债方共同生活或因其他情形未享受举债利益的，则不应负有清偿责任。对于后者，因日常家事代理权是法律赋予夫妻双方的权利，所以双方在行使日常家事代理权时就已经代表了夫妻双方的意思表示，这种债务当然属于夫妻共同债务，只是日常家事代理权的权限范围是"日常家事"，债务用途落入日常家事的范畴是行使代理权的客观结果，而不是认定债务性质的依据。考虑夫妻双方身份关系的特殊性，以及债务用于夫妻共同生活的份额在夫妻间很难进行区分，在现有民事责任体系下，将债务清偿责任认定为连带责任是符合常理的。以个人名义举债而用于共同生活形成的夫妻共同债务，依据"利益共享、风险共担"原则，不论是债务用途范围还是举债人配偶受益范围都应限于"共同生活"限度内。若在责任财产的范围上推定举债方配偶以个人财产和共同财产承担责任，将会扩大举债方配偶风险承担的范围。同时，举债方配偶仅是在共同生活过程中享受了债务利益，故无理由将举债方配偶个人财产纳入债务风险承担的范围；并且从债务利益只在夫妻共同生活中被分享的角度来看，举债方配偶的个人财产完全可以不列入清偿债务的责任财产的范围。综上，在清偿顺序上，用于共同生活的债务应优先以夫妻共同财产清偿，共同财产不足以清偿的部分再以举债方个人财产补充清偿。而且用于共同生活的债务数额相对较小，即使优先以共同财产清偿再以个人财产补充清偿，也不会对债权人债权实现产生太大的影响。

2. 用于共同生产经营形成的债务的清偿规则

对于个人行为形成的用于夫妻共同生产经营的债务，举债方配偶亦有义务清偿，其前提是举债方配偶享有债务带来的利益。夫妻共同享有债务利益，意味着夫妻共同从事生产经营行为或能明确夫妻共享债务带来的收益，这是《民法典》第1064条中强调"共同"生产经营的原因。可见，共同债务的基础是夫妻共同经营或者共享举债行为带来的财产利益。对此，债权人要举证证明存在夫妻共同经营这一债务用途。在有共同经营行为时，即使夫妻以一方名义举债，但基于举债方配偶的商事组织成员的身份，其共同生产经营行为足以说明举债方配偶对举债行为带来的财产利益在使用和享有上与举债方居于相同地位，因此，不应将举债方配偶排除于债务清偿责任之外。在清偿责任的财产范围方面，应当强调以下几点：首先，生产经营尤其要强调家庭成员的相对独立性。商事组织与家庭组织是相对独立的，因此，进行商事活动的财产与家庭财产也是相对独立的。即使财产在用于生产经营之前与共同财产或个人财产并未完全独立，一旦被用于生产经营，就会与共同财产或个人财产相对分离。虽然用于生产经营的财产来源于夫妻共同财产或个人财产，但夫妻共同财产或个人财产与生产经营财产具有较大的可区分性，这种可区分性为夫妻债务承担有限责任提供了可能性。其次，债权人在出借财产给债务人用于共同经营时，债权人的信任基础由婚姻家庭关系变为商事组织的生产经营活动，而生产经营活动带来的身份和财产上的利益联系比婚姻带来的利益联系更为紧密。从债权人的信任基础角度来看，其债务清偿的责任财产应限定于双方利用债务实施经营行为的财产范围之内。再次，在用于生产经营的债务中，由于举债人意思表示的独立性、主体身份的双重性，其责任财产的范围也应与基于法律行为理论中共同意思表示的确定规则有所区别。最后，用于共同生产经营所负债务的数额一般较大，债权人对于用于生产经营的借贷也应有较强风险意识，不能一味地保护债权人债权而不顾债权人应尽的注意义务，否则容易造成不良债权债务关系。据此，不能无条件地让举债方与举债方配偶对债务承担连带责任，必须确定一个相对于其他债务更为严格的责任财产的范围，具体应以举债方和举债方配偶因生产经营行为产生的婚姻关系存续期间的财产利益范围和举债方的个人财产为责任财产的范围。在清偿顺序方面，举债人应当首先承担责任，但基于共同生产经营的特殊用途，举债方配偶也应为相应债务承担一定程度的连带责任。出于生产经营的相对独立性以及大额借贷中债权人应尽的注意义务和借贷信赖基础的变化，举债方配偶对此情形所形成的共同债务应较其他单方举债形成的共同债务受到更多的保护，不应让其陷入与举债方同等的不利地位。在清偿顺序上，举债方个人财产与共同财产中的受益财产不应区分先后，这可以使举债方承担起以个人名义举债应尽的清偿责任，也可以有效避免举债方抱有的以共同财产清偿共同债务的侥幸心理。在举债人对债权人承担清偿责任问题上，明确以共同生产经营行为受益范围或相对独立的生产经营收益为限，既能更好地实现债权人的债权，又能保护举债方配偶尽量避免落入"被负债"情境。总之，在这类债务中，举债方配偶个人财产不应负清偿责任，债权人可以向举债方配偶请求清偿债务的责任财产的范围应仅限于婚姻关系存续期间取得的夫妻共同财产。

后　记

由我主持的教育部人文社会科学研究一般项目夫妻共同债务制度研究（16YJA820009），已于2019年年底通过项目审核准予结项。需要说明，项目成果由文献综述、相关论文等组成，其中，有部分内容在项目研究过程中或者结项之后，已经作为阶段性成果在CSSCI期刊等公开发表。具体为：《论夫妻共同债务构成的依据》，发表于《求是学刊》2017年第3期，被中国人民大学复印报刊资料《民商法学》2017年第9期全文转载；《我国夫妻共同债务构成依据的反思》，发表于《江汉论坛》2018年第7期，被《中国社会科学文摘》2018年第12期《论点摘要》转载；《论日常家事代理权视角下的夫妻共同债务构成》，发表于《当代法学》2020年第5期；《夫妻共同债务规则的法理逻辑》（李洪祥、曹思雨合作），发表于《交大法学》2021年第1期；有的成果内容在中国法学会婚姻法学研究会上进行了交流，有的成果（《夫妻共同债务制度立法路径研究》）在吉林大学鼎新大讲堂、西南政法大学、西北政法大学以专题讲座形式向相关师生做过汇报交流，后改题目为《〈民法典〉夫妻共同债务构成法理基础论》，发表于《政法论丛》2021 年第 1 期。全国人大法工委民法室曾经就夫妻财产制和夫妻共同债务问题向我做过个人专题咨询，我以书面报告形式向其及时做了汇报；同时，全国人大法工委经济法室杨明仑巡视员、民法室段京连副巡视员率调研组一行来吉林大学法学院调研夫妻共同债务问题，我也参与了调研活动，向调研组汇报了当时我正在研究的"夫妻共同债务制度研究"项目的成果。相关成果得到了全国人大法工委、最高人民法院、全国妇联等有关方面专家的关注和肯定。

现在，《民法典》已经颁布了，对夫妻共同债务问题也做出了规定，就夫妻共同债务制度而言，尽管与理想预期存在距离，但与《婚姻法》第 41 条规定和相关司法解释比，应当肯定其取得了可喜的进步，这体现在夫妻共同债务构成从夫妻财产共同共有的物权理论改为"共债共签"等以意思表示为核心的法律行为理论；在诉讼方面，将一般情形由举债人配偶举证改为"谁主张谁举证"的正确的民事诉讼基本规则；在立法模式方面，坚持了概括性的立法模式等。我们应当注意而且必须承认，《民法典》中规定的夫妻共同债务制度仍然不够尽善尽美，其仍然存在清偿规则应当进一步明晰、日常家事代理权中的"家庭日常生活需要"应当明确界定、"夫妻共同债务"存在扩大解释的风险、日常家事代理权与用于（家庭）夫妻共同生活存在区别且需要区分，以及是否可以直接适用民事法律行为规则认定或者推定构成夫妻共同债务等问题。同时，该项目结项于 2019 年年底，所以无论如何修改与更新，仍然存在《民法典》颁布之前的痕迹。这恐怕也是我在本书稿中的一种遗憾。

项目成果在完成后得到了民法学、婚姻家庭继承法学领域有关专家如中国人民大学法学院的龙翼飞教授、西南政法大学民商法学院的陈苇教授、黑龙江大学法学院的王歌雅教授、华东政法大学民商法学院的李霞教授、吉林大学法学院的曹险峰教授的充分肯定。同时，专家对这一成果也提出了非常必要且富有建设性的意见和建议，作为项目主持人的我一定会继续研究，不断加以改进和完善。

在此，我要特别感谢给予项目立项的不知姓名的评审专家，向他们由衷地道一声"谢谢"。

项目成果写作过程中吸收、借鉴了民法学、婚姻家庭法学领域的已有研究成果，对这些成果的作者表示衷心感谢。

吉林大学法学院是一个有情感、有温度的集体，我不会忘记许多同人、导师、院领导以及同事对我工作、学习给予的关心、鼓励和帮助，也在此对他们表示衷心感谢。

对为项目成果出版付出辛勤劳动的社会科学文献出版社刘骁军编审、姚敏编辑表示衷心感谢。

吉林大学法学院李洪祥

2019 年 11 月

修改于 2020 年 5 月

再次修改于 2020 年 12 月

图书在版编目（CIP）数据

夫妻共同债务制度／李洪祥著. -- 北京：社会科
学文献出版社，2021.6（2024.7 重印）
　ISBN 978 - 7 - 5201 - 8381 - 9

　Ⅰ.①夫… 　Ⅱ.①李… 　Ⅲ.①债务－婚姻法－研究－
中国　Ⅳ.①D923.904

　中国版本图书馆 CIP 数据核字（2021）第 092842 号

夫妻共同债务制度

著　　者／李洪祥

出 版 人／冀祥德
组稿编辑／刘骁军
责任编辑／易　卉
文稿编辑／李菁菁

出　　版／社会科学文献出版社·法治分社（010）59367161
　　　　　　地址：北京市北三环中路甲 29 号院华龙大厦　邮编：100029
　　　　　　网址：www. ssap. com. cn
发　　行／社会科学文献出版社（010）59367028
印　　装／唐山玺诚印务有限公司

规　　格／开本：787mm × 1092mm　1/16
　　　　　　印张：20.75　字数：266 千字
版　　次／2021 年 6 月第 1 版　2024 年 7 月第 2 次印刷
书　　号／ISBN 978 - 7 - 5201 - 8381 - 9
定　　价／98.00 元

读者服务电话：4008918866